NOTRE DOMAINE COLONIAL

X

L'Océanie Française

LA NOUVELLE-CALÉDONIE
LES NOUVELLES-HÉBRIDES
LES ÉTABLISSEMENTS FRANÇAIS DE L'OCÉANIE

par

G. REGELSPERGER
Ancien secrétaire de la rédaction de "La Revue de Géographie"

E. PELLERAY
Secrétaire général adjoint du Comité de "l'Océanie Française"

GEORGES FROMENT-GUIEYSSE
Directeur général du Comité de "l'Océanie Française"

6 Cartes - 30 Photographies

EDITION
NOTRE DOMAINE COLONIAL
20, Rue de Mogador, PARIS (9e)

1922

Prix : 7 fr. 50

NOTRE DOMAINE COLONIAL

X

La Nouvelle-Calédonie

Les Nouvelles-Hébrides

Les Établissements français de l'Océanie

NOTRE DOMAINE COLONIAL

I. — Les Colonies Françaises *(volume paru)*

II. — Algérie.

III. — Tunisie.

IV. — Maroc.

V. — A. O. F.

VI. — A. E. F.

VII. — Madagascar. Comores. Réunion.

VIII. — Indochine Française.

IX. — Antilles et Guyane.

X. — Nouvelle-Calédonie. Nouvelles-Hébrides. Établissements Français de l'Océanie *(volume paru)*.

NOTRE DOMAINE COLONIAL

X

L'Océanie Française

LA NOUVELLE-CALÉDONIE

LES NOUVELLES-HÉBRIDES

LES ÉTABLISSEMENTS FRANÇAIS DE L'OCÉANIE

par

G. REGELSPERGER
Ancien secrétaire de la rédaction de " La Revue de Géographie "

E. PELLERAY
Secrétaire-général adjoint du Comité de " l'Océanie Française "

GEORGES FROMENT-GUIEYSSE
Directeur général du Comité de " l'Océanie Française "

---

6 Cartes - 30 Photographies

EDITION
NOTRE DOMAINE COLONIAL
20, Rue de Mogador, PARIS (9e)
1922

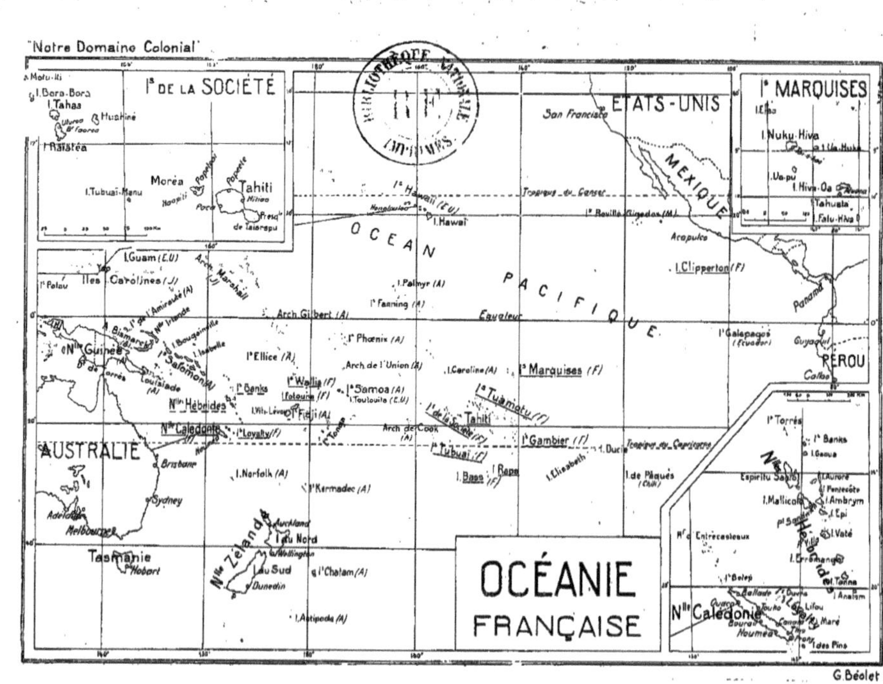
"Notre Domaine Colonial"
Ies DE LA SOCIÉTÉ
I. Bora-Bora
I. Tahaa
Huahiné
I. Raïatea
I. Tubuai-Manu
Moréa
Tahiti
Papeete
ETATS-UNIS
MEXIQUE
San Francisco
Tropique du Cancer
Is Hawaii (E.U.)
Honolulu
I. Hawaï
Is Revilla Gigedos (M.)
Acapulco
Is MARQUISES
I. Nuku-Hiva
I. Ua-pu
I. Hiva-Oa
Tahuata
Fatu-Hiva
OCEAN
PACIFIQUE
I. Guam (E.U.)
Iles Carolines (J.)
Arch. Marshall
Is Palau
I. Palmyr (A)
Is Fanning (A)
I. Clipperton (F)
Panama
Arch. Gilbert (A)
Equateur
Is Phœnix (A)
Is Ellice (A)
Arch. de l'Union (A)
I. Caroline (A)
Is Marquises (F)
Is Galapagos (Equateur)
Guyaquil
PEROU
Callao
Nlle Guinée
Bismarck
Nlle Irlande
Is Salomon (A)
I. Bougainville
Is Banks
Is Wallis (F)
Is Samoa (A)
Nlles Hébrides
I. Fidji (A)
Is Tuamotu (F)
Tahiti
Arch. de Cook (A)
Nlle Calédonie
Is Loyalty (F)
Is Gambier (F)
I. Ducie
Tropique du Capricorne
Is Tubuai (F)
I. Rapa (F)
I. Bass
I. Elisabeth
I. de Pâques (Chili)
AUSTRALIE
Brisbane
Sydney
Adélaïde
Melbourne
I. Norfolk (A)
Is Kermadec (A)
Auckland
I. du Nord
Wellington
I. du Sud
Dunedin
Nlle Zélande
Is Chatam (A)
I. Antipodes (A)
Tasmanie
Hobart
OCÉANIE
FRANÇAISE
Is Torrès
Is Banks
Espiritu Santo
I. Aurore
I. Pentecôte
I. Mallicolo
I. Ambrym
I. Epi
I. Vaté
Nlles Hébrides
I. Erromango
I. Tanna
I. Aneiom
Is Belep
Nlle Calédonie
Lifou
Maré
Nouméa
I. des Pins
G. Béolet

PREMIÈRE PARTIE

La Nouvelle-Calédonie et Dépendances

PAR

Gustave REGELSPERGER
Ancien secrétaire de la rédaction de "La Revue de Géographie"

NOUVELLE-CALÉDONIE ET DÉPENDANCES

CHAPITRE PREMIER

Géographie physique — Population indigène

SITUATION ET SUPERFICIE. — La Nouvelle-Calédonie, qui appartient au groupe d'îles de l'Océanie appelé Mélanésie, est située, avec ses dépendances géographiques, entre les îles Salomon et la Nouvelle-Guinée au nord-ouest, l'Australie à l'ouest, la Nouvelle-Zélande au sud-sud-est, les îles Fidji à l'est-nord-est. Elle est à 1.445 kilomètres de l'Australie, à 1.555 de la Nouvelle-Zélande, et 1.775 de la Nouvelle-Guinée.

Ile en longueur, orientée du nord-ouest au sud-est, elle est située entre 20°10' et 22°26' lat. S., 161°30' et 164°40' long. E. Cette colonie française doit à sa position d'être presque aux antipodes de la France; elle est exactement aux antipodes du Rio de Oro, possession espagnole voisine du Maroc et de la Mauritanie. Une distance de 20.500 kilomètres la sépare de Marseille.

Longue de 400 kilomètres du nord-ouest au sud-est, la Nouvelle-Calédonie est large de 45 à 50 ; elle représente une ellipse très allongée. On a évalué son pourtour approximativement à plus de 1.000 kilomètres. Comme superficie, elle mesure 16.712 kilomètres carrés, dépassant de beaucoup celle de la Corse, qui est de 8.722 kilomètres carrés, et approchant presque du double.

Un assez grand nombre d'îles avoisinent la Nouvelle-Calédonie, quelques-unes même de très près, et elles en sont des dépendances naturelles en géographie physique; elles lui sont restées rattachées aussi au point de vue politique et administratif, ce qui devait logiquement arriver. Les plus petites, dont beaucoup sont très proches, n'ajoutent comme superficie à la Nouvelle-Calédonie que 208 kilomètres carrés, ce qui amène à un total de 16.920. Mais si l'on joint aussi d'autres îles beaucoup plus grandes, l'île des Pins, qui a près de 160 kilomètres carrés, les îles Loyalty qui en ont 2.743, on arrive à un ensemble de 19.823 kilomètres carrés. A ce chiffre le petit groupe des îles Chesterfield n'ajoute même pas un kilomètre carré, n'ayant que 0,80.

OROGRAPHIE. — La Nouvelle-Calédonie est une île entièrement montagneuse et ne renfermant pas de région plate étendue, mais seulement quelques plaines séparées les unes des autres. L'ensemble de son système orographique est fort difficile à décrire, car il est très irrégulier. Longtemps on avait cru que la Nouvelle-Calédonie était traversée du nord au sud par une chaîne centrale ou par plusieurs chaînes parallèles, séparant comme par une muraille la côte est de la côte ouest. Mais s'il y a des traces manifestes de cette disposition qui correspond au sens de la longueur de l'île, elles ne sont que très partielles et l'on a pu constater depuis qu'il n'y avait nullement continuité de ligne au centre, et que cette terre est couverte de massifs montagneux allant dans toutes les directions, présentant constamment des coupures et des escarpements abrupts, et laissant entre eux des vallées plus ou moins profondes. On sent que c'est un sol qui a été bouleversé par d'anciennes éruptions.

C'est dans la partie septentrionale de l'île que le système montagneux présente le plus de régularité. Par delà le massif de Oua-Tilon, où se trouve un sommet de 1.058 mètres, une chaîne centrale descend vers le nord-ouest jusqu'à l'extrême pointe de l'île devant Baaba. Des deux côtés s'étendent des chaînes côtières, parallèles à celle-ci. La chaîne orientale est de beaucoup la plus élevée des trois ; là se trouvent le mont Panié (1.650 mètres), qui est le plus haut sommet de l'île, puis en allant vers le nord-ouest, le mont Colnett (1.510 m.), le mont Ignambi (1.310 m.).

Au sud de ce massif de Oua-Tilon, dans le centre de l'île, les montagnes sont beaucoup plus fragmentées et l'on y trouve des chaînons dirigés en tous sens, quelques-uns même presque entièrement transversaux de l'est à l'ouest. Il n'y a pas, dans cette zone, de séries de hauts sommets se succédant d'un même côté de l'île et dans une même direction; les plus élevés se trouvent épars aux endroits les plus divers, parmi tous ces chaînons disloqués, coupés de profonds ravins aux pentes abruptes, de sorte que toute la région offre une inégalité de relief extrêmement accentuée. Parmi les principales cimes du centre de la Nouvelle-Calédonie, nous citerons : au sud du massif de Oua-Tilon, le mont Tchingou (1.374 m.), situé à peu près au milieu de l'île ; plus au sud et dans des parties plus rapprochées de la côte occidentale, le mont Paouea (1.141 m.), le mont Boulinda (1.243 m.), le mont Mé Maoya (1.441 m.). Beaucoup d'autres sommets, répartis de tous côtés, dépassent 1.000 mètres d'altitude.

Quand on avance plus au sud, on commence à retrouver quelques lignes plus nettement orientées du nord-ouest au sud-est, mais ne présentant pas de continuité et étant constamment entrecoupées. C'est même l'une des régions de la Nouvelle-Calédonie où, malgré ces quelques apparences de lignes, les massifs montagneux se présentent dans le plus grand désordre, ne se reliant nullement les uns aux autres et leurs cimes projetant dans toutes les directions d'énormes contreforts qui sont souvent d'un difficile accès. Un certain nombre de sommets assez élevés appartiennent à la moitié orientale : le mont Nakada (1.137 m.), le mont Ningua (1.345 m.), le mont Sindoa (1.380 m.), le mont Nekando ou Humboldt (1.634 m.). Plus près de la côte occidentale sont la Dent de Saint-Vincent (1.445 m.), le mont Tonta (1.177 m.), le mont Mou (1.220 m.). Plus au centre sont ensuite le mont Ouin (1.200 m.), le mont Dzoumac (1.200 m.), le mont des Sources (1.025 m.).

Le sol de l'île s'abaisse ensuite notablement jusqu'à son extrémité méridionale. Beaucoup des derniers sommets avoisinant la mer atteignent cependant encore de 500 à 600 mètres, et le mont d'Or, qui domine la baie de Boulari, en face de la pointe où se trouve Nouméa, a 775 mètres.

HYDROGRAPHIE. — La Nouvelle-Calédonie est très arrosée, et l'on pourrait y compter une centaine de cours d'eau, mais dans cette région montagneuse si bouleversée, la plupart des rivières sont très sinueuses et très torrentueuses, et de peu d'étendue; souvent elles sont coupées par de fortes chutes, et il arrive à quelques-unes qu'elles ont, par endroits, un cours souterrain. Il en résulte que les embouchures sont fréquemment obstruées par des blocs de rochers et que beaucoup de ces cours d'eau ne sont navigables que sur un faible parcours.

La direction un peu plus régulière que présentent les montagnes au nord de l'île amène exceptionnellement une rivière, la plus longue de toutes, à suivre elle aussi dans son cours l'axe de l'île, du sud-est au nord-ouest, c'est le Diahot, mot qui veut dire « grande rivière ». Descendu du mont Colnett, le Diahot fait de nombreux circuits et après un parcours de 100 kilomètres environ, il va se jeter dans la baie d'Harcourt, à l'est de la pointe extrême de l'île ; la navigation est souvent difficile à cause des bancs que l'on y trouve et qui se déplacent ou s'élèvent au cours de fréquentes inondations. Un autre cours d'eau beaucoup moins important, la rivière de Néhoué, longue de 36 kilomètres, se jette dans la baie du même nom, également au nord de l'île, à l'ouest de sa pointe extrême, après avoir coulé aussi dans la même direction que le Diahot.

A part ces deux cours d'eau, on verra sur tout le reste de la longueur de l'île, toutes les rivières suivre comme ligne générale une direction transversale par rapport à son axe pour aller se jeter à la mer, sur l'une comme sur l'autre côte.

Sur la côte orientale, la chaîne de montagnes qui borde la rive droite du bassin du Diahot étant très rapprochée du littoral, ce n'est qu'au sud des monts Colnett et Panié que des cours d'eau un peu plus importants commencent à déboucher dans la mer et le

Gué de la rivière de la Mission.

premier pouvant être cité est l'Ouaïème. En descendant vers le sud, on rencontre ensuite : la rivière d'Hienghène ; la Tipindié, qui prend sa source au mont Tandji (1.020 m.) ; la Ti-Waka, issue d'une région très proche ; la Tchamba, formée de deux grands bras, dont l'un porte le nom d'Yahoué ; la rivière de Ponérihouen, l'une des plus longues de cette côte, formée de deux branches, la Nounin et la Nérihouen, cette dernière qui passe dans une gorge d'une sauvage beauté; la rivière de Houaïlou ou Boama, qui se jette à la mer par trois bras ; la rivière de Koua, qui débouche au-dessous du cap de ce nom ; la rivière de Kouaoua, qui prend sa source au mont Arembo (1.112 m.) ; les deux rivières, très diversement dénommées, qui se jettent dans la baie de Canala, la plus grande, au nord, le Negropo, qui descend de la Table Unio (1.026 m.), près du col d'Amieu, la plus petite, au sud, l'Alima, qui l'une et l'autre forment de fort belles cascades ; la rivière de Nakéty, qui descend du Nakada ; la rivière de Thio qui prend sa source au mont Dô (1.014 m.) ; la rivière N'Gone, qui descend du Humboldt ; l'Ouinné, venant du mont Dzoumac ; enfin le Yaté qui, coulant d'abord vers le sud-est, se dirige progressivement vers l'est et reçoit un affluent venu du sud, la rivière des Lacs. Aucun cours d'eau notable ne gagne la pointe méridionale extrême, comme le Diahot le fait au nord.

Sur la côte occidentale, si nous remontons du sud au nord, nous avons à enregistrer comme principales rivières : la rivière des Pirogues, dont l'embouchure est très dangereuse, à cause de sa largeur et des sables mouvants qui en forment le fond; la Dumbéa, qui prend naissance du côté du mont des Sources derrière la chaîne du Koghi; la Tontouta, dont la forte source sort du mont Humboldt, puis disparaît et, après avoir reparu, s'écoule vers la baie Saint-Vincent ; la Ouenghi et la Ouaméni, toutes deux se jetant dans cette même baie, la première, au cours fort dangereux, qui prend sa source au mont Sindoa, au nord de la Dent de Saint-Vincent, la seconde qui sort du nord du mont Dô et dont le cours supérieur contourne la source de la rivière de Thio ; la Foa, l'une des plus grandes rivières de la côte occidentale, sortie des montagnes qui relient le mont Canala au mont Nakada et navigable jusqu'à 16 kilomètres ; le Moindou ; la Néra, qui se jette dans la baie de Bourail et qui est formée de la jonction de la Boghen et de l'Ari, celle-ci recevant elle-même la Douencheur et la Pouéo ; la rivière du Cap, qui fait tout un circuit par derrière une petite chaîne bordant la côte ; la rivière de Poya, qui descend du mont Apinié (1.006 m.), tout au centre de l'île ; la Népoui, dont la source se trouve séparée par une toute petite pointe montagneuse de celle de la rivière de Ponérihouen, qui appartient à la rive orientale ; la rivière de Pouembout, navigable sur 5 kilomètres, grossie à gauche par de nombreux affluents et qui, par suite de son parcours étendu, produit de fortes inondations ; la rivière de Koné qui reçoit aussi plusieurs affluents et traverse une vaste plaine avant de se jeter à la mer ; la rivière de Voh, qui descend du mont Tandji, comme la Tipindié, rivière de l'est ; la rivière de Témala, qui descend de la chaîne centrale du nord et par deux bras gagne à travers les plaines de Pouina la baie Chasseloup ; la rivière Taom, qui descend du mont du même nom (1.094 m.) et coupe aussi les plaines de Pouina; la Iounga ou rivière de Gomen, d'une longueur de 48 kilomètres, qui sort aussi du même massif, mais qui fait tout un circuit vers l'est et le nord avant de gagner la côte occidentale; la rivière de Koumac, qui descend du centre de l'île et a un parcours de 43 kilomètres.

LITTORAL ET ILES VOISINES. — Dans son ensemble, le littoral de la Nouvelle-Calédonie est très découpé, mais sur les deux longues façades de l'île il ne présente pas le même aspect. La côte orientale est bordée de beaucoup plus près par les montagnes dont les pentes viennent directement s'abaisser jusqu'à la mer; aussi est-elle bien plus rocheuse et escarpée. Des pointes montagneuses qui, souvent, se projettent en avant dans le sens même de l'île, y forment des baies resserrées. On voit même certaines roches énormes entièrement détachées du rivage à une faible distance; le plus bel exemple nous en est donné par des roches hautes de 80 mètres, connues sous le nom de Tours de Notre-Dame, qui se dressent devant l'embouchure de la rivière d'Hienghène et rappellent par leur forme la façade de la cathédrale de Paris. La côte occidentale s'étend plus en avant de la zone montagneuse et elle est bordée par toute une suite de plaines, d'étendues diverses, dont les rives présentent des baies plus profondes et plus arrondies que sur l'autre côte.

Parmi les baies de l'est, étroites pour la plupart, on peut citer, en remontant du sud au nord, celles de Yaté, Ouinné, Nakéty, Canala, Kouaoua, Bâ. Au nord de l'île, des deux côtés de sa pointe extrême, se trouvent deux baies beaucoup plus vastes : à l'est, celle d'Harcourt où se jette le Diahot ; à l'ouest, celle de Néhoué où descend la rivière du même nom. Si nous suivons la côte occidentale, nous rencontrerons plus de baies que sur l'autre et parmi celles-ci, généralement plus vastes, nous citerons, en allant vers le sud, la baie de Gomen, la baie Chasseloup, l'anse Kataviti, la baie de Bourail, la baie Ouarail, la baie Saint-Vincent, celles de Dumbéa et de Boulari, entre lesquelles s'avance la pointe où est Nouméa, la baie Ouie. A l'extrémité sud, est la baie de Prony.

La Nouvelle-Calédonie offre cette particularité d'être, sur toute son étendue, entourée, à une distance des côtes atteignant par endroits une vingtaine de kilomètres seulement et ailleurs une centaine au moins, par une ceinture madréporique qui se prolonge en outre, par delà l'extrémité nord-ouest de l'île et dans le sens de son grand axe, sur une longueur d'au moins 300 kilomètres. Malgré la direction générale régulière que présente cette ligne madréporique, elle a cependant des sinuosités qui correspondent parfois plus ou moins aux ondulations de la côte et sa continuité est interrompue de place en place par des passes qui font face ordinairement aux embouchures des cours d'eau et sans lesquelles cette suite de récifs formerait une ceinture infranchissable.

Toutes les îles qui avoisinent la Nouvelle-Calédonie et sont indubitablement des fragments séparés de son propre sol, sont englobées dans ce même encerclement; elles sont de petite dimension, l'île des Pins étant la plus vaste, et souvent même ce ne sont que de simples rochers. Autour de la pointe nord-ouest de la Nouvelle-Calédonie se trouvent, à l'est de l'île de Pam, à l'embouchure du Diahot, et l'île Balabio; au centre, devant la pointe même de la grande terre, l'île Baaba, d'une superficie d'environ 3.000 hectares; puis, à l'ouest, celles de Mouac, Néba et Yandé, en face de la presqu'île de Poume. Ces groupes d'îles apparaissent comme des prolongements des chaînes intérieures. A quelque distance de la pointe calédonienne, toujours dans la direction du nord-ouest, sont les îles Bélep, dont les principales sont Art et Pott, toutes encadrées par la continuation des lignes de récifs. Au delà, dans les récifs d'Entrecasteaux, sont les îles Huon.

Vue sur l'île Nou.

Les îles de la côte orientale sont les plus petites et les plus montagneuses. Nous nous bornons à mentionner, du nord au sud, le petit groupe des îles Yen-guen, comprenant Yen-ga, Yen-gu et Uao, puis les îles d'Harcourt; la petite île Nani, au nord-est de la baie de Nakéty; les îles Nenou et Toupeti, cette dernière haute de 344 mètres; les îles Mendingue et Ouémié.

Au sud de la Nouvelle-Calédonie, nous trouvons du côté de l'est les îlots de Nau et de Néa, prolongements d'un petit promontoire ; du côté de l'ouest, l'île Ouen, qui porte une hauteur de 282 mètres. A 80 kilomètres de la pointe sud-est de la Nouvelle-Calédonie, dans la suite de son grand axe, en face du cap Ndoua, est l'île Kounié ou île des Pins. Entre cette île et la pointe calédonienne s'étend un inextricable enchevêtrement de récifs de corail et, au sud-ouest, au-dessous de l'île Ouen, se trouve le Grand Récif Sud, parsemé d'îlots rocheux.

En remontant vers le nord la côte occidentale, on rencontre un peu plus d'îles que sur l'autre, et il en est même ayant plus d'étendue. Nous citerons, entre autres : les îles Bailly et Ngea, à l'entrée de la baie de Boulari ; l'île Maître, devant la presqu'île de Nouméa ; l'île Ngé et l'île aux Goëlands, un peu plus rapprochées des récifs ; l'île Nou, qui forme la rade de Nouméa ; l'île Freycinet, en face de la presqu'île Ducos; les îles de la baie de Saint-Vincent, dont quatre grandes contribuent à la former, à savoir les îles Mathieu, Hugon, Ducos, Leprédour, et à l'intérieur l'île Parseval ; puis en allant de l'île Leprédour vers le nord-ouest, les îles Montravel, Puen et Tamboroa ; les îles Lebris et Mara, à l'entrée de la baie d'Ouarail ; l'île Siandé, à l'entrée de la baie de Bourail ; l'île Nenimboué ou Contrariété, près du récif extérieur où se perdit l'aviso-transport *le Cher* en 1885 ; l'île Grimoult, dans la baie de Mouéo; l'île Pingiane, touchant presque au cap Poa; enfin, les îles de la baie de Néhoué, dont les principales sont Boh et Tanlé, au sud de la presqu'île de Poume.

Quelques groupes d'îles qui se rattachent à la Nouvelle-Calédonie et en sont des dépendances administratives sont beaucoup plus éloignées. A l'ouest de la pointe nord de la Nouvelle-Calédonie, à une distance d'environ 900 kilomètres, est le groupe des îles Chesterfield, bordé lui aussi à l'ouest par toute une ligne de récifs. Puis, à une centaine de kilomètres à l'est de la grande terre sont les îles Loyalty, dont les principales sont, du nord au sud, Ouvéa, Lifou et Maré.

CONDITIONS GÉOLOGIQUES. — Le sol de la Nouvelle-Calédonie a comme base des terrains primitifs, sur lesquels reposent des couches sédimentaires et des terrains modernes. De plus, on y relève des traces considérables d'éruptions volcaniques qui ont beaucoup modifié la constitution du sol et qui ont joué un rôle capital au point de vue de la richesse minière du pays. Il y a une très grande ressemblance entre la constitution géologique de la Nouvelle-Calédonie et celle de la Nouvelle-Zélande.

Les terrains primitifs occupent pour la plus grande partie toute la moitié septentrionale de la Nouvelle-Calédonie. L'étage inférieur, formé de gneiss et de micaschistes, s'étend au nord-est de l'île entre la mer et le cours du Diahot, jusqu'à la rivière Ouaïème au sud. L'étage supérieur, comprenant des schistes à séricites et des schistes talqueux, des phyllades et calcaires cristallins, s'étend au centre et dans l'est de l'île. Les terrains sur lesquels porte ce deuxième étage sont limités : à l'est, par la mer, depuis Ponérihouen jusqu'à la rivière Ouaïème; au nord-est par la rive gauche du Diahot; au nord-ouest, par la mer, de la baie d'Harcourt à la rivière de Néhoué; à l'ouest, depuis cette rivière jusqu'à Bourail, par une ligne généralement peu éloignée de la côte; au sud, par une ligne qui, de Bourail, va passer à Carovin, arrive derrière Houaïlou et se termine en suivant parallèlement la mer, à la rivière de Mou, très près de Ponérihouen.

Les terrains sédimentaires sont tous de la série secondaire. Il y a d'abord une assise triasique, constituée par des schistes, marnes et grès; puis quelques lambeaux jurassiques de peu d'étendue; enfin, une assise crétacée ayant une extension beaucoup plus considérable et qui renferme de la houille dans ses couches supérieures. Quant à la série tertiaire, il n'y en a pas trace dans la Nouvelle-Calédonie. En les envisageant dans leur ensemble, ces formations secondaires constituent une très longue bande de terrain s'étendant, le long de la côte ouest, de la rivière Iouanga, au nord de Gomen, jusqu'au mont d'Or. Sa largeur est très variable; très minime en certains endroits, elle en arrive à gagner toute la largeur de l'île entre La Foa-Moindou et Houaïlou, de même qu'entre Bouloupari et Thio.

Comme terrains de formation moderne, ce que l'on trouve, ce sont des alluvions quaternaires, composées ordinairement de gravier, sable, argile, grès, terres brunes ou rouges. Elles font bordure sur les deux côtes, avec des largeurs variables; c'est à travers elles que, particulièrement sur la côte occidentale, se sont formées les embouchures des rivières et se sont découpées les nombreuses baies.

Les roches éruptives présentent un certain nombre de catégories distinctes par leur nature, et c'est parmi tous leurs groupes divers que se trouvent répartis les gisements miniers de l'île que nous signalerons plus tard.

Quant aux récifs madréporiques qui encadrent l'île, ils sont l'œuvre séculaire des coralliaires qui créent sur des bases rocheuses, par les accumulations de leurs polypiers, des masses solides formant ici des récifs, comme ailleurs elles deviennent même des îles, appelées coralliennes. On a pu observer que les constructions de coraux s'étaient développées autour de la Nouvelle-Calédonie en des espaces de temps fort rapides. Les passes que présentent ces ceintures de récifs semblent résulter plutôt de l'isolement primitif des roches sous-jacentes que de la seule destruction des animaux marins par le mélange de l'eau douce des rivières avec la mer; car si ces passes sont ordinairement très proches des embouchures, elles n'en sont pas assez nettement le prolongement pour que cet effet se soit toujours forcément produit.

CLIMAT. — Malgré sa situation intertropicale, la Nouvelle-Calédonie jouit d'un climat tempéré et salubre qui y rend la vie facile pour les Européens.

Des observations faites à Nouméa, depuis 1860, puis dans un certain nombre de stations météorologiques depuis 1903, ont fourni des sources sûres pour l'étude du climat. Le Docteur Th. Mialaret, qui est décédé à Païta en 1919, a beaucoup contribué à développer ces études en Nouvelle-Calédonie, et ses nombreux travaux ont permis d'arriver à une connaissance beaucoup plus complète et précise des éléments qui caractérisent le climat de l'île (1).

Au point de vue de la température, la Nouvelle-Calédonie doit être rangée parmi les pays à climat mésothermique, avec une moyenne générale de 22°51, et pour les minima de 17°17 et les maxima de 27°85. Il n'y a pas de différence appréciable, dans l'ensemble, entre la température des deux côtes, sauf des variations d'un point à un autre. C'est ainsi, par exemple, que Nouméa et Pouébo, situés presque aux extrémités opposées de la colonie, mais pas sur la même rive, et en même temps à une altitude différant de peu, dépassent la moyenne : Nouméa, 23°84; Pouébo, 24°07. Il se produit parfois de grandes chaleurs. C'est ainsi qu'on a enregistré à Nemeara, près de Bourail, le 29 décembre 1911, un maximum de 39°5. En 1916, la moyenne s'est élevée exceptionnellement dans la Nouvelle-Calédonie à 23°, le maximum absolu ayant été de 36°5.

Les chutes de pluie présentent souvent d'assez notables différences d'année en année. La quantité moyenne tombée, par an, sur toute l'étendue du territoire de la colonie, de 1908 à 1912 inclus, a été de 1.845 millimètres en 142 jours. Dans cette série de cinq années, la plus grande quantité moyenne de pluie est tombée en 1910, 2.439 millimètres; la plus petite en 1911, 1,263 millimètres. En 1913, il y a eu diminution par rapport aux cinq années précédentes : 1,456 millimètres en 104 jours. En 1914, le chiffre est descendu à 1,118 millimètres en 117 jours. Puis, en 1915, il s'est relevé : 1,606 millimètres pour le même nombre de jours. En 1916, il y a eu une forte augmentation : 2.567 millimètres en 150 jours. Il se produit parfois des pluies diluviennes; c'est ainsi que, le 12 février 1909, on a recueilli au col d'Amieu 485 millimètres d'eau en 24 heures.

Il y a aussi de grandes variations de chutes de pluie selon les régions et les localités. D'après MM. Mialaret et Fraysse, la Nouvelle-Calédonie peut être divisée en quatre zones distinctes qui sont, par ordre décroissant des quantités de pluie : 1° la zone du sud, du canal de la Havannah au parallèle du mont d'Or; 2° la zone de l'est, de ce parallèle jusqu'à l'extrême nord ; 3° la zone ouest moyenne, embrassant la région comprise entre le mont d'Or et la rivière Poya ; 4° la zone ouest supérieure, allant de cette rivière jusqu'au nord. Il pleut donc davantage à l'est qu'à l'ouest, mais il y a à l'ouest une très grande irrégularité dans le régime des pluies. On signale, chaque année, quelques chutes de grêle, mais en petit nombre, au cours d'orages d'une extrême violence. Les rosées sont assez fréquentes et abondantes.

Les saisons sont bien tranchées par rapport à la température et à la distribution des chutes de pluie, malgré les différences constatées sur ces deux points d'année en année et selon les

(1) Les travaux périodiques faits par le Dr Mialaret pour grouper par mois et par années les résultats des observations locales et pour en tirer toutes les conséquences utiles ont paru dans la *Revue agricole, organe de la Chambre d'Agriculture de la Nouvelle-Calédonie* (Nouméa); dans le *Bulletin du Commerce de la Nouvelle-Calédonie et des Nouvelles-Hébrides* (Nouméa, H. Legras, directeur); et, en dernier lieu, depuis 1915, dans le *Journal Officiel de la Nouvelle-Calédonie et dépendances.* Les moyennes mensuelles ont été données, en outre, depuis 1905, dans les *Annales du Bureau Central Météorologique de France.* — En dehors de ces exposés correspondant à des périodes de temps limitées, le Dr Mialaret a publié, en collaboration avec M. A. FRAYSSE, secrétaire-archiviste de la Chambre d'Agriculture de la Nouvelle-Calédonie, une esquisse climatique très précise de l'île, sous le titre : *Contribution à l'étude du climat de la Nouvelle-Calédonie. La pluie de 1903 à 1908* (Nouméa, Imprim. Calédonienne, 1909, in-8, 15 p., 2 pl.). Cette étude a été presque entièrement reproduite dans l'*Annuaire de la Société météorologique de France*, t. LVII, 1909, p. 251-255. — Continuant ses travaux de généralisation, le Dr Mialaret a publié ensuite: *Contribution à l'étude de la Nouvelle-Calédonie. Observations faites à Païta* (*Annuaire de la Société Météorologique de France*, janvier 1911, p. 15-19); *Deuxième contribution à l'étude du climat de la Nouvelle-Calédonie* (*Revue agricole*, Nouméa, supplément au n° 32, août 1913, 23 p., 1 tableau hors texte).

régions. On observe deux saisons nettement distinctes : l'une humide, comprenant le premier semestre de l'année, l'autre sèche, correspondant au second. Le maximum d'humidité et de chaleur est en février; le maximum de sécheresse et de froid est en août.

Le vent alizé du sud-est qui règne une partie de l'année, la brise fraîche de la mer qui souffle périodiquement à certaines heures du jour amènent un air vivifiant qui, grâce à l'étroitesse de l'île, pénètre jusque dans le centre. Un seul désagrément du régime des vents consiste dans les ouragans ou cyclones auxquels l'île est exposée, mais qui ne se produisent guère ordinairement que tous les quatre ou cinq ans et n'en atteignent guère qu'une partie, de décembre à fin mars. Malgré leur courte durée, il leur arrive de causer parfois des ravages considérables.

En résumé, le climat de la Nouvelle-Calédonie, sain et agréable, doit ses qualités aux variations de température et à sa ventilation incessante qui en assurent la douceur. Grâce à ces conditions climatériques favorables, il n'existe dans l'île ni fièvres ni maladies endémiques. L'existence d'une saison fraîche repose l'Européen et lui permet de supporter le retour de températures plus élevées. Il n'a pas à y redouter cette chaleur tropicale qui, par sa continuité plus encore que par son intensité, devient ailleurs fatale à son organisme; là, il peut venir en colon, y travailler et y séjourner indéfiniment.

Population indigène (1). — Des deux groupes de populations océaniennes, Mélanésiens, Polynésiens, c'est au premier que se rattachent les habitants de la Nouvelle-Calédonie. Les Néo-Calédoniens forment un type à peu près uniforme, mais il faut tenir compte que ni les Mélanésiens ni les Polynésiens ne sont des races absolument pures et qu'elles ont subi des métissages fréquents ; aussi arrive-t-il que l'on trouve en Nouvelle-Calédonie des métis possédant du sang polynésien.

Les nègres mélanésiens sont souvent désignés du nom de Papous ou Papouas, venant d'un mot malais qui signifie « crépu ». En Nouvelle-Calédonie, on les appelle Canaques, mot qui veut dire « hommes » et n'a nullement un sens ethnique.

Comme caractères physiques généraux, les Néo-Calédoniens ou Canaques sont de taille assez haute, la moyenne reconnue étant de 1 m. 67 ; les membres sont longs et grêles. Leur peau est foncée, d'un noir brunâtre. La tête est développée en hauteur, le front rétréci et rejeté en arrière; les Canaques sont des dolichocéphales. Ils ont le nez court et assez élargi, les lèvres saillantes et épaisses, les cheveux crépus, la barbe assez fournie; ils ont des dents blanches et proéminentes. Chez des métis provenant d'un mélange avec les Polynésiens, la taille est plus haute, les traits sont plus fins, le teint s'éclaircit et prend une nuance un peu rougeâtre. Les hommes sont vigoureux et d'apparence saine; les femmes, plus petites, ne sont pas laides dans leur première jeunesse, mais arrivent à une décrépitude précoce due surtout aux corvées qu'on leur impose.

Les Canaques ont, comme état moral, beaucoup d'infériorités et de défauts qui se sont surtout manifestés à leur premier contact avec les Européens et dont il en est qui se sont atténués depuis. On a toujours observé chez eux une méfiance craintive, leur faisant voir en tout des dangers et, chez les nouveaux venus, des ennemis ; ils ont été conduits ainsi à être fourbes, voleurs et surtout féroces. Nos premières années d'occupation ont été remplies de luttes et de massacres. Longtemps les Canaques avaient pratiqué l'anthropophagie, et manger la chair de l'ennemi était pour eux un moyen de consacrer leur victoire. Ils se sont aussi toujours montrés paresseux et indolents, ne sachant pas assez se plier à tout travail.

Mais il faut reconnaître qu'il s'est produit de grandes transformations parmi cette population, quoiqu'elle soit restée difficilement assimilable. L'anthropophagie a désormais disparu. Les Canaques, qui ne manquent pas d'intelligence, reconnaissant la supériorité de l'Européen et ont certainement donné des preuves notables de leurs progrès de civilisation. Durant la dernière guerre, nombre d'entre eux, incorporés dans nos armées, se sont brillamment conduits sur les champs de bataille. Malheureusement, il y eut encore à enregistrer une sérieuse rébellion en 1917 et, comme main-d'œuvre pour la mise en valeur de la colonie, nous n'avons pas trouvé tout le concours attendu.

La vie moyenne des Canaques est assez courte et leur vieillesse précoce. L'homme est adulte à 18 ans, la femme à 12. La race est en voie de diminution. On a estimé le nombre des indigènes à 60.000 au milieu du XIXe siècle et, en 1921, on en a compté seulement

---

(1) En dehors des ouvrages généraux, on trouvera des indications sur la population de la Nouvelle-Calédonie dans : Dr R. VERNEAU, *Les Races humaines* (Série A.-E. Brehm, *Merveilles de la Nature*, Paris, J.-B. Baillière), p. 164-170 ; J. DENIKER, *Les races et les peuples de la terre* (Paris, Schleicher frères, 1900); Dr J.-B. Maurice VINCENT, *Les Canaques de la Nouvelle-Calédonie* (Paris).

27.100. Les nombreux vides qui se produisent dans la population sont dus à des causes diverses : durs travaux imposés aux femmes, pratique de l'avortement et de l'infanticide. Le nombre a d'autant plus diminué que jadis beaucoup d'enfants naissants du sexe féminin étaient enterrés vivants, le mâle étant de beaucoup préféré par le père. Il faut y ajouter beaucoup de maladies graves, dont certaines sont très répandues, comme la lèpre (1). Des mesures ont été prises pour combattre le plus possible la propagation de cette terrible maladie qui a causé de très grands ravages. Il est arrivé que des médecins ont été obligés de brûler des villages entiers pour enrayer l'épidémie. Des léproseries, ressortissant du service de santé, ont été créées dans différentes localités, en vue d'assurer l'isolement et le traitement des lépreux.

Famille canaque

Il se peut que l'insuffisance du vêtement ait contribué aussi à développer certaines maladies. Jusqu'à six ou sept ans, les enfants restent nus. Ensuite, garçons et filles se couvrent les parties sexuelles de menus fragments d'étoffe. Les femmes mariées portent une ceinture terminée par une frange atteignant jusqu'à 50 centimètres de longueur, plusieurs fois roulée autour de leur taille. Mais, de plus, hommes et femmes ajoutent sur leur dos des sortes de nattes pour se protéger du froid ou de la pluie. Leurs coiffures sont faites de feuillage, de plumes ou d'étoffe en forme de turban. A leur costume rudimentaire, les Canaques ajoutent beaucoup de parures variées.

Les habitations consistent en des huttes en forme de ruche, le plus souvent très basses, dont l'entrée est si peu élevée, environ 60 centimètres, qu'on ne peut y pénétrer qu'en rampant. Mais on voit aussi de plus hautes cases, de forme ronde ou rectangulaire, faites en roseaux et en branchages entrelacés. Le toit est en chaume ou en écorce de niaouli. Il est surmonté d'un ornement en bois, qui est souvent un buste hideux qualifié de tabou. Les cases des chefs sont chargées d'ornements sculptés et atteignent de bien plus grandes dimensions, parfois jusqu'à 10 ou 12 mètres.

Les Canaques, ayant toujours été des hommes de guerre, n'ont cessé d'apporter un soin tout spécial à la fabrication des armes. Ils font usage, comme arme de jet, de la sagaie, pointue aux deux bouts, lisse ou ornementée. Ils ont des casse-tête en bois très dur, élégants et d'allure variée, sculptés souvent en forme de champignon ou de bec d'oiseau. Les chefs ont des casse-tête portant un superbe disque en serpentine, remarquablement poli et formant une hache. Beaucoup de sagaies et de casse-tête sont ornés de sortes de

(1) Dr BLANDEAU, *Contre la lèpre chez les tribus canaques de la Nouvelle-Calédonie* (*L'Océanie Française*, 1912, p. 130-133).

touffes faites avec du poil de roussette ou vampire. Les Canaques se servent aussi de frondes et portent à la ceinture un petit filet renfermant des pierres taillées en forme d'œuf. De très curieux masques de guerre sont portés par les combattants.

Souvent les Néo-Calédoniens se livrent avec soin à l'agriculture, mais surtout pour des produits servant à leur alimentation, comme ignames, patates, taros, cocos, bananes, cannes à sucre, papayos, etc. Ils se nourrissent en outre de poissons, de coquillages, de roussettes ou vampires, de rats des champs, et aussi quelquefois de porcs, de volailles, de pigeons.

Les indigènes construisent avec beaucoup d'habileté des pirogues à balancier, simples ou doubles, creusées dans des troncs d'arbres quelquefois très grands, et qu'ils font manœuvrer soit au moyen de voiles, soit avec de simples pagaies. Ils se sont montrés habiles, jadis surtout, à construire des objets usuels de diverses sortes, poteries en terre vernissée, plats en bois, paniers, etc., auxquels sont substitués aujourd'hui beaucoup de ceux importés.

Il n'y a aucune unité nationale chez les Canaques. Ils sont groupés par tribus ayant leur chef propre, et à chacune correspondent un ou plusieurs villages. Il y a beaucoup d'union et de solidarité entre les membres d'une même tribu. Les vieillards forment un conseil qui est consulté dans les circonstances graves. Les liens du sang ont chez les Néo-Calédoniens un vrai caractère sacré. Mais la vie de famille a été longtemps inconnue d'eux; la femme n'habitait pas couramment la case de son mari, malgré l'importance donnée par lui à sa fidélité. Hommes et femmes venaient se grouper par sexe dans des huttes distinctes; mais aujourd'hui la vie commune du ménage est pratiquée.

Le Canaque est très superstitieux et il vit dans une crainte perpétuelle d'êtres invisibles et dangereux; il fait des prières et des offrandes à des esprits supérieurs, les uns bons, les autres méchants, auxquels il croit, mais on ne peut dire qu'il ait une véritable religion. Chez lui, le « tabou », la marque de l'objet sacré, inviolable, n'a pas un véritable caractère religieux, comme chez les Polynésiens; c'est un simple signe matériel ou même une qualification ayant pour objet d'assurer la protection de la propriété ou de la famille.

Les Néo-Calédoniens n'ont pas de langue uniforme, mais des dialectes nombreux que souvent l'on ne comprend pas facilement d'une tribu à une autre. Leur système grammatical est très rudimentaire. Ils n'ont que de vagues notions du temps et de l'espace. Ils célèbrent une grande fête, le pilou-pilou, au moment de la récolte des ignames, et c'est ce qui leur marque la durée de l'année. Leur numération a pour base le nombre cinq, à raison des cinq doigts de la main.

CHAPITRE II

La Pénétration française dans l'Ile - Son Organisation coloniale progressive

DÉCOUVERTE ET EXPLORATIONS. — Au cours du voyage autour du monde qu'il fit de 1766 à 1769, de Bougainville qui avait revu les Nouvelles-Hébrides déjà connues, avait pressenti l'existence d'une grande île qui devait être la Nouvelle-Calédonie, mais dont il ne chercha pas à s'approcher. Ce fut le navigateur anglais James Cook qui, revenant lui aussi des Nouvelles-Hébrides qu'il avait visitées à son tour, eut le mérite de découvrir la Nouvelle-Calédonie et d'y aborder en 1774. La première partie de terre aperçue fut, au nord-est de l'île, le massif montagneux dominant le cap Colnett, appelé ainsi du nom de la vigie qui le signala. Quelques jours après, les deux bâtiments qui formaient l'expédition, *Adventure* et *Resolution*, vinrent mouiller dans l'intérieur des récifs, plus au nord, près de Balade. Un savant naturaliste, Georges Forster, attaché à *la Résolution*, alla faire des reconnaissances dans l'intérieur du pays. Cook appareilla du havre de Balade, le 13 septembre, sortit du récif et voulut d'abord contourner l'île vers le nord. Mais la chaîne du grand récif extérieur, qui se prolongeait à perte de vue vers le nord-nord-ouest, le détourna de ce projet et il poursuivit sa route dans la direction du sud-est jusqu'à l'île Kounié, qu'il reconnut le 23 septembre et nomma île des Pins.

A la suite des découvertes de Cook, les corvettes *la Boussole* et *l'Astrolabe* furent envoyées dans le Pacifique sous le commandement de La Pérouse en vue de faire une reconnaissance complète de la Nouvelle-Calédonie et d'étudier ses ressources. Malheureusement cette expédition, si bien préparée, se termina par une catastrophe, en 1788, et il n'est resté aucune trace de son passage en Nouvelle-Calédonie.

Le 29 septembre 1791, partirent de Brest, sous le commandement du contre-amiral Bruni d'Entrecasteaux, les deux navires *la Recherche* et *l'Espérance*, envoyés à la recherche de La Pérouse, et ils arrivèrent en vue de l'île des Pins le 16 juin 1792. Ils remontèrent vers le nord en longeant à l'extérieur les récifs bordant toute la côte occidentale, tandis que Beautemps-Beaupré, l'ingénieur hydrographe de l'expédition, dressait sous voiles la carte de l'île. Sans avoir pénétré dans le récif, d'Entrecasteaux eut connaissance du port de Saint-Vincent, qu'il appela havre Trompeur, n'ayant pu trouver la passe. Il découvrit plusieurs îlots au delà de la pointe nord de la Nouvelle-Calédonie et détermina la position de récifs qui ont reçu son nom et dont dépend l'île Huon. Après avoir visité la Nouvelle-Guinée et divers archipels situés au nord et au nord-ouest de la Nouvelle-Calédonie, d'Entrecasteaux revint dans cette île et mouilla, le 18 avril 1793, à Balade, le premier point atteint par Cook. Là mourut, le 6 mai, le capitaine de vaisseau Huon de Kermadec qui commandait *l'Espérance* et dont l'île Huon rappelle le souvenir. Quittant ce point le 9 mai, les navires allèrent reconnaître les grands récifs découverts par Cook et portant son nom, qui prolongent ceux de la côte orientale par delà la pointe nord. Quelques mois après, son commandant en second, d'Entrecasteaux, devait à son tour succomber à Java. En 1794, le naturaliste de La Billardière, qui était attaché à l'expédition d'Entrecasteaux, fit à l'intérieur de la Nouvelle-Calédonie une exploration de trois semaines à laquelle la turbulence des populations apporta plus d'une fois des entraves.

La Nouvelle-Calédonie ne continua vraiment à être explorée que lentement et par parties successives. On cite encore la découverte, en 1791, de l'extrémité méridionale du grand récif extérieur par le capitaine Hunter, du navire hollandais *le Vigilant*, qui se trouva dangereusement engagé dans la grande baie formée par les récifs du sud et ceux de l'île des Pins. Quelques années plus tard, le capitaine Kent, du *Buffalo*, signala les nombreuses découpures de la côte occidentale, découvrit les îles du sud de la baie de Saint-Vincent, et s'il put pressentir les baies de Dumbéa et de Nouméa, il n'y pénétra toujours pas.

Ce fut seulement en 1827 qu'un autre grand voyageur, Dumont d'Urville, se dirigea vers la Nouvelle-Calédonie, sur *l'Astrolabe*. Il détermina la position de l'extrémité septentrionale des immenses récifs qui prolongent la Nouvelle-Calédonie, mais l'expédition navigua surtout en vue de l'île, sans y aborder; ce qu'elle fit de plus important, ce fut une reconnaissance des îles Loyalty.

Jusque-là la Nouvelle-Calédonie avait été à peine explorée à l'intérieur et elle ne le fut vraiment que peu à peu à dater du moment où des missions religieuses vinrent d'abord s'y établir, où la France l'occupa, où des entreprises commerciales s'y installèrent et où l'on commença à développer sa mise en valeur.

Occupation de la Nouvelle-Calédonie. — L'occupation par la France des îles Marquises, Tuamotu et de la Société devait nous ouvrir plus facilement une voie dans les diverses mers de l'Océanie et nous conduire à la prise de possession de la Nouvelle-Calédonie ; mais ce ne fut pas sans difficultés et sans incidents qu'elle se réalisa.

En décembre 1843, *le Bucéphale*, gabarre française conduite par le capitaine de corvette Julien-Laferrière, amena de Tahiti des missionnaires qui vinrent débarquer à Balade ; ce furent les premiers habitants français de la Nouvelle-Calédonie. Le commandant avait pour instructions de traiter, au nom de la France, avec les chefs de la contrée et de se concilier le plus possible leur amitié. Mais ce n'était pas sans difficulté que les missionnaires avaient pu assurer leur existence au milieu de ce peuple. Le 27 septembre 1845, arriva au mouillage de Balade une autre corvette, *le Rhin*, que commandait le capitaine Bérard. Elle aperçut sur une hauteur une maison construite à l'européenne, sur laquelle flottait un drapeau tricolore ; c'était la demeure de la mission.

Mais bien des incidents malheureux se succédèrent à ce moment. En décembre 1845, Mgr Epalle, évêque de Sion, fut massacré par les habitants de l'île Saint-Georges, qui avoisine la Nouvelle-Calédonie. L'année 1846 fut marquée par le naufrage de la corvette *la Seine*, commandée par le capitaine de vaisseau Lecomte, qui était venue remplacer *le Rhin* dans ces dangereux parages et qui se perdit, le 4 juillet, sur les récifs de Pouébo ; le commandant et l'équipage avaient pu gagner la terre, et ce fut un navire anglais qui les transporta à Sydney. En 1851, alors que la corvette française *l'Alcmène*, commandée par le comte d'Harcourt, faisait l'hydrographie de la partie nord de la Nouvelle-Calédonie, deux embarcations, montées par quinze hommes et commandées par deux enseignes de vaisseau, furent assaillies à l'improviste et traîtreusement par les naturels ; les deux officiers et douze matelots furent pris, massacrés et dévorés.

Ce grave attentat de la population sauvage détermina, en 1853, la prise de possession de l'île qui, en même temps, paraissait devoir être une colonie favorable pour l'internement de condamnés. Des ordres étant parvenus au contre-amiral Febvrier-Despointes, commandant en chef des forces navales françaises dons l'océan Pacifique, qui se trouvait alors à Sydney, il partit le plus rapidement possible pour la Nouvelle-Calédonie avec la corvette *le Phoque ;* il savait qu'il y avait à craindre d'être devancé par les Anglais qui visaient aussi de leur côté à s'établir dans l'île. Le 24 septembre 1853, le contre-amiral Febvrier-Despointes arriva à Balade et prit immédiatement possession de la grande île au nom de la France.

A ce moment, un commodore anglais, Taylor, commandant d'une mission scientifique sur l'*Herald*, négociait au sud avec le chef Vandégou, de l'île des Pins, pour le décider à concéder à l'Angleterre le protectorat de cette île. Prévenu par un des missionnaires de Balade de l'occupation qui venait d'y être faite, le P. Montrouzier arriva en toute hâte de l'île des Pins pour prévenir le contre-amiral

Febvrier-Despointes de ce qui se passait au sud. Aussitôt celui-ci s'embarqua sur *le Phoque* qui gagna l'île des Pins. Déjà l'*Herald* était en vue de l'île. Le capitaine du *Phoque*, de Bovis, présenta selon les usages maritimes ses devoirs au commodore anglais et, tout s'étant passé régulièrement, il put dresser, le 29 septembre, le drapeau français sur la case de Vandégou. L'*Herald* partit et l'on apprit que le commodore anglais s'était fait sauter la cervelle à son arrivée à Sydney. La Nouvelle-Calédonie devenait avec ses dépendances colonie française; il en était de même de l'île des Pins sous la seule restriction qu'elle « continuera à être gouvernée par son chef, qui relèvera directement de l'autorité française ».

Premières organisations administratives. — Ce fut le contre-amiral Febvrier-Despointes qui, naturellement, fut chargé de suite d'administrer la Nouvelle-Calédonie, mais, de 1853 à 1860, elle ne forma pas une colonie distincte; elle était placée sous les ordres du gouverneur des Etablissements français de l'Océanie, ayant Tahiti pour chef-lieu.

En janvier 1854, le capitaine de vaisseau Tardy de Montravel, commandant *la Constantine*, découvrit la rade de Nouméa et, frappé des avantages que présentait ce point pour la défense de l'île entière, il y créa un centre militaire et organisa le port de façon à ce qu'il offrît toute sûreté. Là aussi il commença à fonder une ville dont il fit le chef-lieu du nouveau domaine colonial; il l'appela Port-de-France, nom auquel succéda bientôt celui de Nouméa.

Un décret du 14 juillet 1860 érigea la Nouvelle-Calédonie en colonie distincte, à dater du 1er juillet, sous l'autorité d'un commandant. Ce fut le capitaine de vaisseau Guillain qui, nommé par décret du 14 décembre 1861, administra le premier la Nouvelle-Calédonie et dépendances. Il le fit ensuite avec le titre de gouverneur, un décret du 17 mars 1862 ayant créé cette fonction. L'ayant exercée jusqu'en 1870, il dut s'occuper de l'organisation du nouveau territoire, entreprendre de nombreux travaux et réprimer plus d'un soulèvement indigène, dont quelques-uns furent assez graves.

Révoltes indigènes. — Le contact avec les indigènes fut loin d'être facile dès que l'île fut occupée ; irrités par l'envahissement progressif de leur pays, ils guettaient sournoisement les nouveaux venus et plus d'une fois des soldats furent victimes de ces rôdeurs.

Certaines peuplades surtout se montraient rebelles à notre civilisation. Outre les voisins de Nouméa, qui massacrèrent jusqu'à douze colons en un seul jour, les indigènes de Kouaoué, plus au nord, se livrèrent à des actes si atroces qu'ils valurent le nom de plateaux des Massacres à ceux avoisinant au nord-ouest la baie Chasseloup.

Vers le nord de la côte orientale, le nom de pointe Bailly, au-dessus de Pouébo, rappelle celui du brigadier qui commandait ce poste, assassiné en 1867, en même temps qu'un de ses gendarmes ; les meurtriers, au nombre d'environ 1.200, commirent ensuite de nombreux massacres parmi les colons et se joignirent à d'autres bandes indigènes. Oubatche fut ravagé comme Pouébo, et ce fut grâce aux secours apportés par les contingents de postes voisins, celui de Houagape (ou Wagap) dont faisait partie le médecin de marine Patouillet, celui de Gatope, sur la côte ouest, que put être obtenue la soumission des révoltés, qui fut suivie de châtiments. Il n'en fallut pas moins poursuivre encore des opérations pendant un an. De même, plus au sud, les indigènes de Ponérihouen et de Houaïlou, malgré des expéditions dirigées contre eux de 1866 à 1868, étaient restés longtemps encore insoumis.

Dans la vallée de Poya, qui aboutit à la côte orientale, éclata en 1878 une très sérieuse insurrection qui paraît avoir suivi certains préjudices causés aux propriétés indigènes et des malentendus qu'on aurait pu peut-être éviter. Le mouvement ne s'étant heureusement produit que par fractions, il n'y eut que des méfaits isolés, et les troupes, sous le haut commandement du gouverneur Olry, alors capitaine de vaisseau (1), purent en venir à bout.

L'insurrection de 1917, qui a eu lieu en pleine guerre, ne s'est heureusement produite que sur une étendue restreinte, parmi les tribus indigènes de la tribu de Koné, sur la côte occidentale. Des colons très estimés ont été assassinés le 16 juin. Le 6 septembre, une attaque a été dirigée sur le poste de Pouépaï. Les indigènes compromis dans ces troubles ont été jugés par la cour d'assises de Nouméa qui a prononcé 5 condamnations à mort, 45 aux travaux forcés, 5 à la réclusion.

La Nouvelle-Calédonie, centre pénitentiaire. — La possession d'un lieu de transportation de condamnés, suffisamment

(1) Il fut nommé contre-amiral en 1884 et une statue a été élevée en son honneur, à Nouméa, en 1896.

éloigné de France, était certainement entré déjà en considération lorsqu'on avait résolu d'occuper la Nouvelle-Calédonie. Pour la peine de la déportation, la loi du 8 juin 1850 avait déjà désigné des îles océaniennes où elle serait désormais subie. La loi du 30 mai 1854 vint ensuite faire de la peine des travaux forcés une peine coloniale en substituant aux anciens bagnes, pour son exécution, la transportation dans des colonies pénitentiaires, situées hors du territoire continental, ailleurs qu'en Algérie. Ce fut d'abord en Guyane que les condamnés furent transportés, mais à raison de la trop grande mortalité résultant du mauvais climat du pays et des épidémies qui y sévissaient, on voulut y renoncer et, dès 1859, on avait décidé en principe d'organiser cette transportation à la Nouvelle-Calédonie. Par un décret en date du 2 septembre 1863, ce projet fut définitivement consacré.

Le premier convoi, amené sur *l'Iphigénie* et comprenant 248 condamnés aux travaux forcés, fut débarqué à l'île Nou le 9 mai 1864. Un deuxième convoi arriva en 1866, et pendant les années suivantes, il en vint plusieurs autres. C'est en 1873, 1877, 1878 et 1881 qu'ils furent les plus nombreux. Le nombre des condamnés se trouvant à la Nouvelle-Calédonie était, au 1er janvier 1875, de 4.795 ; au 1er janvier 1885, de 7.413. Il s'éleva, en 1887, à 10.935, puis il alla en diminuant et il descendit à 5.754 en 1893. Un décret du 4 septembre 1891 avait d'ailleurs repris la transportation à la Guyane pour les condamnés les plus pervertis. Le dernier convoi de condamnés aux travaux forcés amené à la Nouvelle-Calédonie date du 25 février 1897, tous ayant été désormais envoyés à la Guyane. On ne comptait plus à la Nouvelle-Calédonie que 4.949 transportés en 1898, 4.420 en 1899, et le chiffre a ensuite diminué rapidement.

Mais aux anciens forçats étaient venus s'ajouter dans la colonie, en vertu de la loi du 23 mars 1872, les condamnés à la déportation, cette loi ayant fixé, pour la déportation simple, l'île des Pins et, en cas d'insuffisance, l'île Maré, qui est l'une des Loyalty, puis pour la déportation dans une enceinte fortifiée, la presqu'île Ducos, auprès de Nouméa. Tous les individus condamnés pour avoir pris part aux événements insurrectionnels de 1871 y furent envoyés ; il y en eut plus de 4.000. Mais leur présence ne dura que quelques années ; la loi d'amnistie de 1880 ramena l'effectif des déportés à 21. Plus tard, la loi du 9 février 1895 déclara que les îles du Salut, dépendant de la Guyane, seraient affectées à la déportation dans une enceinte fortifiée ; puis la loi du 24 novembre 1911 suivie du décret du 3 septembre 1913, désaffecta l'île des Pins comme lieu de déportation simple. L'île Maré restait donc seule employée.

Aussitôt après le départ de la masse des déportés, comme suite à l'amnistie, l'administration pénitentiaire, dans le but d'utiliser les nombreux bâtiments vides de l'île des Pins y envoya des condamnés aux travaux forcés âgés et invalides, et des libérés punis de détention. En 1882, il y avait à l'île des Pins 750 condamnés et libérés, mais, quelques années plus tard, ils durent laisser la place à de nouveaux venus, les récidivistes.

La loi du 27 mai 1885 créa la relégation peine complémentaire consistant dans le maintien perpétuel, sur le territoire de colonies, à l'expiration de leur peine, des individus ayant encouru plusieurs condamnations et considérés comme incorrigibles, parce qu'on aimait mieux les écarter de la métropole. Le décret du 20 août 1886 est venu désigner l'île des Pins comme lieu de relégation collective, c'est-à-dire de celle s'appliquant aux relégués qui n'ayant pas de moyens d'existence, sont astreints au travail et ne sont pas reconnus aptes à profiter de la faveur de la relégation individuelle. L'administration pénitentiaire employa surtout cette main-d'œuvre pour les travaux agricoles, la construction de cases pour l'installation de nouveaux colons, l'exploitation forestière de la baie de Prony et surtout les travaux de mine.

Le premier convoi, débarqué à Kuto le 25 janvier 1887, comprenait 301 individus. Au 1er juillet 1894, on comptait dans l'île 1.426 relégués. Mais en même temps qu'on a cessé en 1897 d'envoyer des transportés en Nouvelle-Calédonie, on a complètement cessé de même d'envoyer des relégués. Depuis 1907, les établissements de l'île des Pins où étaient réunis les précédents relégués collectifs, ont été débarrassés de leur reliquat qui fut concentré à la presqu'île Ducos ; plus tard il fut envoyé à l'île Nou et un décret du 22 avril 1909 est venu désaffecter l'île des Pins comme lieu de relégation collective.

Mais à côté des relégués il y avait aussi les libérés des travaux forcés qui, par application de la loi du 30 mai 1854, étaient astreints à résider dans la colonie pendant un temps égal à la durée de leur peine, ou même à perpétuité s'ils avaient été condamnés à plus de huit ans ; ils étaient soumis à une surveillance étroite. Le nombre de ces libérés alla naturellement en augmentant considérablement à mesure des nouvelles transportations faites. Au 1er juillet 1890, il y avait 7.403 libérés. Puis vint la suppression des transportations à la Nouvelle-Calédonie en 1897, et le nombre des libérés alla progressivement en diminuant.

Peu à peu on a pu dégager la Nouvelle-Calédonie et les îles voisines de toutes les suites résultant de la création de ce centre pénitentiaire qui avait duré trop longtemps pour elle. Déjà un décret du 6 octobre 1897 désaffecta certains territoires de la Nouvelle-Calédonie qui avaient été attribués à la transportation et qui représentaient une contenance d'environ 36.136 hectares ; ces territoires furent réservés à la colonisation libre. Un autre décret, du 6 septembre 1913, désaffecta les 7.903 hectares qui, à l'île des Pins, avaient été consacrés aux besoins de la transportation. Ce régime pénitentiaire avait fait créer à la Nouvelle-Calédonie un personnel d'administration et de surveillance qui comptait, en 1895, 682 fonctionnaires et agents ; le chiffre se trouva ramené en 1913 à 229. Le 18 avril 1918, a été voté par la Chambre des députés un projet de loi autorisant la cession amiable à la colonie, pour les besoins des services publics, de terrains et bâtiments, situés à Nouméa, qui étaient attachés au service pénitentiaire ; en même temps a été faite, pour l'établissement d'une léproserie, une cession gratuite de terrains et bâtiments situés à la presqu'île Ducos et cessant d'être affectés, comme territoires pénitentiaires, à la transportation et à la déportation dans une enceinte fortifiée.

A la date du 1er janvier 1919, l'effectif des transportés, relégués et libérés restant encore en Nouvelle-Calédonie comprenait un total de 3.797 individus. Toutes causes diverses y contribuant, ce nombre ira sans cesse en décroissant, et même assez rapidement.

Le 16 novembre 1920, a été déposé un projet de loi tendant à substituer à l'île Maré, comme lieu de déportation simple, l'établissement dit « Camp central » à l'île Nou. En même temps, on s'est préoccupé de concentrer à l'île Nou la totalité des transportés et relégués encore en cours de peine. C'est donc dans cette petite île que seront groupés les derniers condamnés subsistant encore dans la Nouvelle-Calédonie et dépendances.

En 1921, ont été prises une série de mesures ayant pour objet d'aboutir à une liquidation rapide et complète de la colonie pénitentiaire. Un décret du 6 septembre 1921 (1) prononce la désaffectation comme lieux de transportation et comme territoire pénitentiaire des terrains situés à Bourail, Diahot, Koniambo, la Foa et Pouembout ; il en résulte que de grandes étendues de terrains et de nombreuses propriétés bâties redeviennent vacantes au profit de la colonisation libre, et satisfaction est donnée ainsi à une partie de la population qui réclamait avec insistance l'éloignement des éléments de désordre créés par la présence des derniers relégués du pénitencier.

Notre colonie va donc être incessamment débarrassée d'une façon définitive de tous les vestiges de ce centre pénitentiaire qui a retardé son développement normal et ne sera plus qu'une page de son histoire. Que cette affectation spéciale primitivement donnée à la Nouvelle-Calédonie ait pu répondre à une nécessité, c'est un point que nous n'avons pas à examiner ici, nous devons seulement nous préoccuper des influences qu'elle s'est trouvée avoir sur le développement de la colonie.

Comme il n'y avait pas encore de colons lorsque les premiers condamnés sont arrivés, leur présence et celle de tout le personnel militaire et civil chargé de leur garde et de l'administration pénitentiaire amenèrent forcément à accroître la production locale. On fut ainsi conduit par exemple à faire de l'élevage et à créer des centres agricoles ; en même temps s'établirent des entreprises commerciales devenues nécessaires. Puis, les condamnés se sont trouvés fournir une main-d'œuvre qui fut employée à faire des routes indispensables pour la colonisation libre de l'avenir; ils construisirent beaucoup d'édifices utiles, casernes, hôpitaux, églises, etc. Certes, on a pu faire observer que, par la continuation de ce système pénal, une plus grande extension aurait pu être donnée par la suite au réseau des routes et que d'autres grands travaux d'utilité publique auraient été effectués aussi, pour les rades et ports par exemple. Mais il n'en est pas moins vrai que l'existence dans l'île d'une population aussi peu recommandable lui avait valu un mauvais renom et n'attirait pas les vrais colons qui se dirigeaient de préférence vers d'autres colonies.

Ce ne sont pas les condamnés qui gênaient le plus gravement la saine population ; ils étaient enfermés la nuit et subissaient leur peine sous une surveillance sévère. Quelquefois, il est vrai, il a pu se produire des évasions, mais c'étaient des dangers exceptionnels. Il faut dire aussi que cette main-d'œuvre pénale, si elle a été acceptée par quelques colons pour les travaux agricoles, était loin de

(1) *Journal Officiel*, 9 septembre 1921, p. 10394.

plaire à tous, ce qui ne peut surprendre. Mais ce qui a le plus entravé la colonisation libre, c'est la présence des libérés maintenus à la Nouvelle-Calédonie, soit pour un temps limité, soit perpétuellement. Certes, ces libérés étaient surveillés, mais, sauf le cas de mauvaise conduite, ils avaient une liberté d'action presque complète et se comportaient de plus en plus en vrais colons ordinaires. Il pouvait leur être fait des concessions de terrains qui, au bout de cinq ans, devenaient définitives. Ainsi ces anciens forçats vivaient côte à côte avec les colons et devenaient leurs concurrents ; c'était un contact pénible que celui de ces dégradés humains.

En dehors de ces libérés, la colonie avait été encombrée, pendant près de dix ans, de ces redoutables agitateurs politiques, les déportés. A ceux condamnés à la déportation simple, il pouvait être accordé des concessions, sans préjudice d'exercer une industrie pour leur compte et de travailler pour des particuliers. Les condamnés à la déportation dans une enceinte fortifiée pouvaient eux-mêmes obtenir une concession après cinq ans de conduite irréprochable. Les relégués, dans le cas de relégation individuelle, pouvaient eux aussi en obtenir. Toutes ces concessions devenaient, en principe, définitives au bout de cinq ans. De plus, le conjoint, les enfants et certains des héritiers pouvaient, s'il y avait, avant que la concession fût définitive, décès ou retrait de la concession, obtenir le maintien de cette concession provisoire, qui devenait définitive à leur profit.

En réalité, tout ce régime, s'il a pu rendre à la colonie des services momentanés et aider à préparer dans une certaine mesure la colonisation future, ne pouvait être le moyen d'assurer sa mise en valeur définitive. On s'est fait à ce sujet de fâcheuses illusions sur plus d'un point. On avait eu la haute pensée que l'on arriverait à régénérer bien des criminels en les amenant à la vie de famille; mais, comme on en eut plus d'une preuve, c'était une utopie irréalisable. On avait pu croire aussi que les concessions transformeraient dans une certaine mesure la mentalité de ces condamnés et les conduiraient à s'intéresser au travail sur des terres devenues les leurs; ce fut encore une déception. En trente-cinq ans, comme nous l'apprend M. Froment-Guieysse, 2.000 forçats ont été mis en concession; sur ce nombre, 600 seulement ont obtenu quelques résultats. Et encore le premier tiers seul, a dit M. le gouverneur Feillet, est-il resté propriétaire de ses terres; les autres ont préféré les céder et les entretenir pour le compte de colons libres.

Quant aux travaux publics faits par la main-d'œuvre pénale, ils ont coûté très cher et n'ont pas été toujours satisfaisants; il a fallu ensuite s'adresser à la main-d'œuvre libre pour refaire, en tout ou en partie, bien des travaux précédents. Il est arrivé, à certains moments, que l'on ne savait trop à quels travaux on pouvait utilement employer les condamnés.

En vérité, on avait créé dans cette île un milieu de malhonnêteté et de vice qui devait en écarter le colon sincère et actif et le travailleur honnête. Du jour où elle a commencé à se dégager de cette néfaste population qui aujourd'hui marche de plus en plus vers son entière disparition, la Nouvelle-Calédonie s'est sentie régénérée, et cette colonie, qui offre pour nous un brillant avenir, a pu voir enfin venir à elle la colonisation libre si longtemps attendue.

LE DÉVELOPPEMENT DE LA COLONISATION LIBRE; L'ORGANISATION PROGRESSIVE DE LA COLONIE. — La destination donnée à la Nouvelle-Calédonie n'avait pas été favorable pour un développement rapide de la colonisation ordinaire. Mais on est malheureusement obligé de constater aussi que nos mouvements d'immigration vers des possessions nouvelles ont toujours été moins rapides que ceux de certaines autres nations.

De 1879 à 1883, en comptant non seulement les Français, mais aussi les individus de race blanche venus de tous les points du globe, il ne s'était fixé en Nouvelle-Calédonie que 640 personnes. En 1883, il se fonda une société philanthropique, la « Société de colonisation », qui rendit de grands services à des travailleurs sans ressources et aux immigrants en favorisant leur envoi dans nos colonies salubres de l'Océanie et leur établissement sur place. Depuis cette date, le nombre des arrivants augmenta légèrement, tout en demeurant encore assez faible. D'autres efforts importants ont été faits ensuite pour la défense de la même cause par « L'Union coloniale française » et par le « Comité Dupleix ».

En 1895, un plan de colonisation très important et très judicieux fut préparé et mis à exécution par M. le gouverneur P. Feillet. Pour contrebalancer l'influence de cette population de condamnés vivant dans la colonie et pour arriver à une mise en valeur durable, ce qu'il fallait avant tout, pensait-il avec raison, c'était assurer un peuplement définitif français, constitué par un solide élément libre, et créer ainsi un centre agricole très productif.

C'est grâce à l'intervention du gouverneur que furent prises à cet effet toutes les mesures utiles. L'œuvre consistait à former d'abord un premier noyau de 500 familles, en laissant ensuite à celles-ci le soin d'attirer auprès d'elles leurs parents et amis. Le transport gratuit était accordé au requérant et à sa famille s'ils remplissaient les conditions suivantes : 1° casier judiciaire intact de condamnations infamantes; 2° minimum de ressources fixé à 5.000 francs pour les cultivateurs et 10.000 pour ceux qui ne l'étaient pas; 3° pour ceux ne disposant pas de ce petit capital, un contrat de travail chez un colon déjà établi et reconnu capable de remplir ses engagements. A leur arrivée, les colons étaient guidés par un fonctionnaire, reçus par le gouverneur, et des membres de l' « Union agricole calédonienne » leur donnaient aussi d'utiles conseils.

Pendant le gouvernement de M. Feillet, un décret du 10 avril 1897 vint réglementer le régime domanial de l'Etat en Nouvelle-Calédonie. Le droit de propriété de l'Etat est nettement proclamé, mais pour encourager le mouvement d'immigration et de colonisation agricole qui s'accentuait alors en Nouvelle-Calédonie, ce décret a décidé que serait autorisée, pendant une période de dix années, à titre de subvention au budget local, l'attribution pour les dépenses de la colonisation, des produits du domaine de l'Etat dans cette colonie, pour la portion excédant le montant des recettes portées sous ce même titre de produit du domaine au budget de l'Etat. En dehors de ces dispositions restaient les parties du domaine affectées aux divers services publics et aux terrains réservés aux indigènes. Mais les dépenses de colonisation étaient obligatoires dans la limite des recettes susvisées. De la sorte, une œuvre de colonisation portant sur tous les points nécessaires et poursuivie d'après un plan d'ensemble se trouvait préparée, mais on reconnut par la suite que le régime domanial établi présentait des inconvénients.

L'un des arrêtés rendus par le gouverneur Feillet pour la mise en application du précédent décret vint notamment, en date du 22 mars 1898, fixer le régime de concessions de terres à titre gratuit pour l'entreprise d'exploitations agricoles. Puis, un arrêté du 8 décembre 1899 réglementa la colonisation industrielle. Il décida que des lots de village pourraient être attribués gratuitement, par arrêté du gouverneur, dans le voisinage de mines en exploitation ou de tous autres établissements industriels, aux ouvriers et employés de provenance européenne, justifiant d'un engagement de trois ans au moins avec les propriétaires ou exploitants de ces mines ou établissements; d'abord provisoire, la concession devenait définitive au bout de trois ans sous des conditions d'installation et de résidence en ce lieu. Des lots de pâturage étaient aussi mis à la disposition en commun de tous les membres de chaque agglomération.

En outre, le gouverneur Feillet, d'accord avec l' « Union agricole calédonienne », créa, par un arrêté du 8 décembre 1899, l' « Office du Travail », organe destiné à servir d'intermédiaire entre l'offre et la demande du travail en Nouvelle-Calédonie, et fonctionnant sous le contrôle de l'administration supérieure de la colonie.

Toute l'œuvre accomplie par le gouverneur Feillet eut les plus heureux résultats, car de 1895 à 1902, il vint s'installer 525 familles sur le sol calédonien. Malheureusement, cet éminent gouverneur rencontra certaines difficultés dans la mise en application de son programme et il se heurta à des oppositions devenues systématiques. Malgré tous ses mérites, il fut rappelé en France en 1902, et la colonie souffrit de son départ, mais son œuvre n'en resta pas moins la base du régime vers lequel la Nouvelle-Calédonie ne devait cesser de marcher.

Son successeur, M. Picanon, n'hésita pas à affirmer, en novembre 1903, devant le Conseil général, que si la situation économique et financière de la colonie était difficile dans le moment, c'était par suite de circonstances exceptionnelles, et que cette situation n'était que temporaire. « Avec l'inépuisable richesse de ses gisements miniers, dit-il, avec son élevage, avec l'appoint de ses richesses agricoles, avec l'énergie féconde et patiente de ses colons, la Nouvelle-Calédonie a devant elle des jours prospères. Pour ma part, j'ai en son avenir la confiance la plus entière. »

Il n'en est pas moins vrai que la Nouvelle-Calédonie traversait une crise financière de plus en plus embarrassante à résoudre malgré tous les efforts combinés du gouverneur et du Conseil général. Après s'être soldés pendant bien des années par des excédents de recettes, les budgets présentaient des déficits résultant des charges accumulées. M. Rognon, gouverneur intérimaire, préconisa devant le Conseil général, en juillet 1905, une politique rigoureuse d'économie, mais en recherchant par quels travaux ou entreprises industrielles on pourrait assurer la prospérité du pays.

L'année suivante, le nouveau gouverneur, M. Ch. Liotard, dans la séance du Conseil général du 17 novembre 1906, montra à son tour tout ce que la situation financière actuelle de la colonie avait de fâcheux, et il convia l'assemblée à prendre des décisions tendant à hâter la liquidation de ce passif. Le 31 décembre 1907, fut voté à l'unanimité par le Conseil général un projet d'emprunt global de 3.400.000 francs. Sur cette somme, 700.000 francs devaient être affectés à la liquidation de l'arriéré et 2.700.000 à la continuation du chemin de fer de Nouméa à Bourail, et travaux annexes.

Il est à noter que vers la même époque, par un décret du 17 janvier 1908 abrogeant celui du 10 avril 1897, le régime domanial en Nouvelle-Calédonie a été rétabli sur des bases plus logiques, d'après les principes admis pour les autres colonies. Le précédent régime offrait cet inconvénient grave de ne pas laisser à la colonie l'entière disposition des revenus du domaine, mais d'affecter seulement, par un compte spécial, un complément des revenus aux dépenses de colonisation. On a pu voir, par sa mise en pratique, que le système pouvait entraîner des conflits entre l'Etat et la colonie. D'après le nouveau décret, qui excepte toujours les parties du domaine affectées aux divers services publics et aux terrains réservés aux indigènes, les produits du domaine de l'Etat, en Nouvelle-Calédonie, constituent désormais un seul bloc et sont affectés au budget local, en compensation des dépenses de gestion et de conservation du domaine ainsi que de colonisation. La Nouvelle-Calédonie reprenait donc ainsi la libre disposition des revenus de son domaine, et le rétablissement de sa situation financière ne pouvait qu'y gagner. Ce décret porte aussi des dispositions concernant les concessions gratuites de biens ruraux pouvant être accordées par le gouverneur et pour les concessions domaniales pouvant être faites aux Compagnies et aux particuliers pour l'exécution de travaux d'intérêt colonial.

Un nouveau gouverneur, M. Richard, venant d'arriver dans la colonie, convoqua le Conseil général en séance extraordinaire pour examiner le projet d'emprunt, et il se montra favorable à la réalisation. Le 2 juin 1908, un nouveau vote eut lieu dans le même sens et, le 19 février 1909, fut signé le décret autorisant l'emprunt calédonien de 3.400.000 francs. Le triple but de l'emprunt devait être, comme l'avait dit M. Richard, de liquider le passé, d'améliorer le présent, d'assurer l'avenir. Le prolongement du chemin de fer prévu par l'emprunt devait servir à atteindre les gisements miniers situés aux environs de Païta.

Mais, pour pouvoir mieux assurer les progrès de la colonie, certaines corrections auraient dû être apportées à son régime. Les charges dont elle souffrait, c'était surtout le fonctionnarisme étendu et la fiscalité très forte. Les droits de douane notamment avaient la plus fâcheuse répercussion sur le mouvement économique. En 1909, un Comité de défense des intérêts calédoniens, comprenant 1.470 agriculteurs, commerçants et industriels, fit un appel aux membres du Parlement en montrant d'une façon juste et modérée que c'étaient là des questions vitales pour la colonie. Le gouverneur intérimaire, M. Bonhoure, ne put d'ailleurs présenter, le 25 novembre 1909, sous un jour favorable la situation financière de la Nouvelle-Calédonie, ce qui justifiait les réclamations des colons.

Ce qu'il eût fallu, en ce qui concerne le régime douanier (1), c'eût été d'en créer un se trouvant approprié aux conditions de la colonie pour y faciliter la vie et pour protéger et développer ses propres productions. Dans ce but, il eut été tout indiqué de placer la Nouvelle-Calédonie, au point de vue douanier, dans le deuxième groupe des colonies, celles pour lesquelles les tarifs sont déterminés par décrets, au lieu d'être en principe les mêmes que ceux appliqués dans la métropole. Déjà la colonie avait beaucoup souffert du régime de la loi du 11 janvier 1892 qui lui avait été appliquée et il en fut de même de celle de 1910 qui portait augmentation des tarifs et lui fut appliquée à partir du 1er juillet 1911, à part quatre exemptions consacrées par un décret du 3 juillet. Un projet de loi fut bien déposé en 1911 pour que les taxes sur les marchandises importées dans l'île soient désormais fixées par des décrets spéciaux, rendus le Conseil d'Etat entendu et après avis du Conseil général, mais rien ne se réalisa de ce côté.

Si toutefois la Nouvelle-Calédonie ne passait pas dans les colonies désassimilées, elle obtenait un autre bénéfice sollicité comme primordial : ce fut la détaxe des produits d'origine coloniale, notamment café, cacao, vanille, projet qui fut voté par la Chambre des députés en 1913 pour être appliqué à partir du 1er janvier 1914.

En même temps que se posaient tous ces

(1) Voir notamment à ce sujet : J.-F., *La Nouvelle-Calédonie et son régime douanier* (*L'Océanie Française*, 1911, p. 93-94) ; Jacques FEILLET, *Le régime douanier de la Nouvelle-Calédonie* (*Ibid.*, p. 144-147) ; Louis SIMON, *Le régime douanier et la Nouvelle-Calédonie* (*Ibid.*, 1912, p. 106-109) ; Jacques FEILLET, *La réforme douanière coloniale de la Nouvelle-Calédonie* (*Ibid.*, 1913, p. 40-44) ; *Id.*, *La détaxe des cafés* (*Ibid.*, p. 170-172).

problèmes douaniers, on avait pu heureusement constater qu'il s'était produit néanmoins un notable relèvement économique de la Nouvelle-Calédonie. Elle le devait à ce qu'il y avait eu une reprise marquée de l'activité de l'industrie minière qui, on le sait, commande tout le mouvement commercial de la colonie. En dehors des produits miniers, d'autres éléments d'exportation, d'origine végétale, étaient aussi en progrès. Récemment, il venait d'être créé, grâce à l'initiative du gouverneur Richard, un syndicat de planteurs, ayant pour but de travailler au développement agricole de la colonie.

Malgré son activité coloniale, la Nouvelle-Calédonie n'avait pu arriver encore à réparer sa crise financière. On songea à préparer une réforme minière et à augmenter l'impôt sur les mines. La dernière réglementation sur la matière datait du décret du 21 décembre 1905 et devait être maintenue cinq années, sauf la possibilité, après cette date, d'une revision par un nouveau décret. Le projet de réforme minière, présenté par le gouverneur intérimaire Bonhoure au cours de la session extraordinaire du Conseil général, le 25 avril 1910, et qui portait augmentation des taxes minières, fut adopté, sauf quelques modifications. Le projet de décret fut soumis au Conseil d'Etat, mais il fallut attendre longtemps encore une solution.

L'affaire étant restée en suspens, le Conseil général de la Nouvelle-Calédonie prit, dans sa séance du 13 décembre 1912, une délibération prorogeant jusqu'au 31 mars 1913 le délai d'application des décrets du 21 décembre 1905 sur les tarifs miniers et du 25 mars 1908 fixant le droit à percevoir pour la délivrance des permis d'exploration. Le Conseil d'Etat ayant donné son adhésion à cette mesure, un décret du 25 décembre 1912 porta approbation de la délibération susdite.

Un décret du 28 janvier 1913 vint modifier le régime minier de la Nouvelle-Calédonie en revisant celui par lequel il était précédemment établi. On attendait toujours impatiemment le décret en préparation devant changer les taxes minières. Ce fut par un décret du 3 septembre 1913 que fut approuvée la dernière délibération du Conseil général sur les tarifs miniers, en date du 24 avril 1913.

Le décret minier du 28 janvier 1913, rendu après avoir pris avis de tous les intéressés, se trouvait certainement propre à favoriser dans une large mesure l'éclosion de travaux de mines dans la colonie. Une autre décision importante avait été prise aussi l'année précédente; c'est un arrêté du gouverneur, en date du 22 août 1912, qui réglementait à nouveau le régime des concessions domaniales gratuites et à titre onéreux.

Les diverses mesures prises, dont quelques-unes ont été longtemps attendues, comme les taxes minières, devaient certainement amener la Nouvelle-Calédonie vers la prospérité. Déjà sa situation financière s'était très sensiblement améliorée. Les résultats du commerce s'étaient beaucoup accrus depuis 1910; on le devait notamment à l'installation d'usines pour le traitement de minerais, ce qui permettait à la colonie de tirer un meilleur parti de ses richesses minières. Les finances se sont nécessairement ressenties de cette amélioration de la situation économique et grâce aux excédents recueillis, notamment par les douanes, l'équilibre se trouvait rétabli. On doit savoir gré à M. le gouverneur Richard de toute la sollicitude avec laquelle il s'est occupé de toutes les entreprises commerciales, industrielles et agricoles. Le budget de 1913 a été un véritable budget de progrès.

Dans celui de 1914 entraient les taxes minières, qui pouvaient permettre de prévoir des dépenses offrant le plus haut intérêt pour l'avenir de la colonie : travaux de développement de l'outillage économique. extension du service médical et des œuvres d'assistance et d'hygiène; organisation de l'instruction publique sur des bases définitives. En 1914, le commerce suivait une progression régulière et la situation financière apparaissait comme également rassurante. On avait eu, il est vrai, par rapport aux prévisions, des moins-values sur les redevances des mines et une réduction de la subvention métropolitaine. Aussi, comme l'a justement dit M. le gouverneur Brunet le 5 mai 1914, il faut, pour se mettre à l'abri de tous les aléas, donner tous nos soins au développement méthodique des forces de production de la colonie, et il ajoute avec raison : « Si notre industrie minière, par ses capitaux et son puissant outillage, tient aujourd'hui une place prépondérante dans l'économie calédonienne, alimentant largement notre mouvement d'échanges avec l'extérieur, nous ne saurions oublier que c'est l'agriculture qui retient au sol une population laborieuse, saine et joyeuse. »

La Nouvelle-Calédonie pendant la guerre (1). — Peu de temps après, la guerre éclatait. La Nouvelle-Calédonie n'eut à subir aucune attaque ; ce qui l'atteignit le

(1) Voir un article de M. Jacques FEILLET, *La Nouvelle-Calédonie pendant la guerre*, dans *L'Océanie Française*, août 1916, p. 209-212.

plus, ce fut, au point de vue économique, l'isolement. Elle a vu fléchir le chiffre total de son commerce, mais surtout du côté des importations, ce qui a diminué pour elle les recettes douanières. Néanmoins l'état économique de la colonie était encore demeuré satisfaisant.

La Nouvelle-Calédonie a apporté un généreux et dévoué concours à la France. Elle a fourni 2.160 combattants, tant européens qu'indigènes, et dans ce nombre entrent comme indigènes mobilisés 1.137 tirailleurs. Sur le chiffre total des combattants, 541 sont morts pour la patrie, et parmi eux il faut compter 374 indigènes.

Au 15 avril 1915, dans l'envoi d'une somme de 5.656.000 francs fait par les colonies pour les victimes de la guerre, la Nouvelle-Calédonie venait quatrième sur la liste avec un chiffre de 135.000 francs. Le Conseil général, par patriotisme, a renoncé à la subvention métropolitaine.

La Nouvelle-Calédonie, étant un de nos plus riches pays miniers, nous a été d'un secours particulièrement puissant en extrayant de ses mines et en faisant parvenir à nos usines de guerre plus de 100.000 tonnes de minerais de nickel et 130.000 tonnes de minerais de chrome. Elle nous a fourni aussi des approvisionnements de chevaux, bestiaux, conserves de viande, peaux, coton, maïs, caoutchouc.

M. J. Repiquet, gouverneur intérimaire, remplaçant M. Auguste Brunet, qui était au front, dut, à l'ouverture de la session budgétaire du Conseil général, le 16 octobre 1916, présenter des projets financiers rendus nécessaires par les circonstances et consistant dans le relèvement de droits existant déjà et la création de taxes nouvelles. Il faisait en même temps ressortir toute l'importance qu'il y aurait après la guerre à mieux assurer les voies de communication intérieure. En 1918, M. Repiquet est passé gouverneur titulaire en remplacement de M. Brunet qui, après avoir fait vaillamment son devoir aux armées, avait été nommé lieutenant-gouverneur du Haut-Sénégal-Niger.

Les exercices de 1916 et 1917 eurent facilement des déficits, mais en 1918 la situation s'améliora. Déjà, en 1917, les droits de douane à l'importation avaient donné un chiffre plus élevé et comme, malgré des difficultés qui ne pouvaient être solutionnées de suite, les importations étaient forcément appelées à reprendre, grâce à la fin de la guerre, la Nouvelle-Calédonie allait nécessairement entrer dans une période de rénovation et mettre à profit plus que jamais ses richesses considérables. Ce sont les progrès de la colonisation dans la Nouvelle-Calédonie actuelle, la Nouvelle-Calédonie d'après-guerre, que nous aurons à envisager maintenant.

POPULATION. — La population européenne libre a toujours été en s'accroissant dans la colonie au fur et à mesure des progrès réalisés pour sa mise en valeur, et c'est surtout depuis qu'elle s'est trouvée de plus en plus libérée de sa population pénale que les vrais colons s'y sont établis.

En 1891, l'élément libre de la population se chiffrait par 8.515 habitants ; l'élément pénal le dépassait, atteignant 8.856.

Au recensement du 31 décembre 1901, on comptait 12.253 colons libres et 10.506 transportés, relégués ou libérés. En 1906, le chiffre de l'élément libre était monté à 12.966, et celui de l'élément pénal descendu à 7.914.

Le recensement fait le 5 mars 1911 a constaté l'existence à la Nouvelle-Calédonie d'une population totale de 50.608 habitants, comprenant 13.138 colons libres.

Le recensement du 1er juillet 1921 a donné un chiffre total de 47.505 habitants, en diminution de 3.103 sur 1911. Cette baisse vient surtout des réductions de l'élément pénal et de tous les services s'y rapportant, troupes et fonctionnaires de l'administration pénitentiaire. Mais l'élément civil est monté au nombre de 14.172. Il y a lieu malheureusement de constater que, dans l'immigration, l'élément étranger prend une place plus grande; au lieu de 1.310 unités en 1906, il y figurait pour 2.010 en 1911 et pour 2.576 en 1921. Mais, d'autre part, une constatation est à enregistrer : tandis que les Français nés dans la colonie étaient au nombre de 6.557 en 1906, il y en avait 7.044 en 1911 et 8.530 en 1921.

En ce qui concerne la population indigène, elle était en 1911 de 28.835 au lieu de 28.594 en 1906, puis elle a baissé à 27.100 en 1921.

L'élément pénal, qui en 1911 comptait 5.671 individus, était tombé au 1er janvier 1919 au chiffre de 3.797, et, en 1921, à celui de 2.310.

Le nombre des électeurs inscrits, qui était de 1.899 en 1917, est monté à 3.159 en 1914 et à 3.465 en 1921.

VILLES PRINCIPALES ET PORTS. — Nouméa, chef-lieu de la Nouvelle-Calédonie, est le siège du Gouvernement et le centre des

Nouméa. — Une vue de la ville.

diverses administrations. Située sur la côte sud-ouest de l'île, la ville a été fondée en 1854 en recevant le nom de Port-de-France et elle a pris ensuite celui de Nouméa, qui n'est autre que le nom transformé et adouci de la tribu canaque habitant ce lieu, N'guéa. Elle se trouve à l'extrémité d'une haute presqu'île montueuse, au pied du mont Montravel et en face de l'île Nou. Des collines qui forment l'ossature de la presqu'île et dominent la ville offrent de superbes points de vue. De quelques-unes des crètes qui avoisinent la ville ou séparent les uns des autres certains quartiers, on embrasse un panorama de pics rougeâtres s'étendant depuis le mont Mou au nord-ouest, jusqu'à l'île Ouen, au sud-ouest, soit sur une distance d'une centaine de kilomètres.

Pendant lontemps, le chef-lieu de la colonie avait gardé l'aspect primitif à la fois d'un camp, d'une caserne, d'une agglomération de nomades. Ce n'est qu'en 1875 que l'alignement des rues de Nouméa commença à être tracé, qu'elles reçurent des noms et que le chef-lieu prit l'allure d'une ville. Aujourd'hui, Nouméa a de larges rues, de beaux boulevards, des monuments de toute sorte. La place Feillet forme le cœur de la ville. Nouméa possède un musée-bibliothèque. La ville doit un aspect plein de charme à l'abondante verdure que lui donnent ses nombreux arbres : cocotiers, caoutchoucs, flamboyants, nom dont on qualifie l'erythrina, et beaucoup d'autres espèces encore.

Le port de Nouméa est profond et sûr, admirablement abrité par l'île Nou et l'île aux Lapins. La passe principale qui y donne accès, à travers les récifs madréporiques, est celle de Boulári, qui marque la voie de Sydney; une autre passe, plus au nord-ouest, est celle de Dumbéa.

La population de Nouméa était, au 5 mars 1911, de 8.961 habitants, dont 5.207 blancs libres, 510 hommes de troupe et marins, 1.356 immigrants de couleur, 643 Canaques.

L'île Nou contient les derniers vestiges de la transportation et de la relégation; elle renferme un nombre très important de constructions. La presqu'île Ducos, entre la rade de Nouméa et la baie de la Dumbéa, qui avait été désignée en 1872 pour l'exécution de la peine de la déportation dans une enceinte fortifiée, a conservé aussi, à raison de cette ancienne affectation, beaucoup de grandes constructions. Au nord de Nouméa, le camp de Montravel a été également une résidence de condamnés.

En remontant la côte occidentale vers le nord-ouest, on rencontre peu de ports, mais seulement quelques postes maritimes, malgré le grand nombre de baies qui s'y trouvent, la plupart des groupements anciens de population s'étant faits, dans la zone littorale certainement, mais par delà toute cette ligne de plaines qui borde la mer et qui est très exposée aux vents. Ce sont ces mêmes groupements qui se sont maintenus et dont beaucoup sont aujourd'hui des centres miniers et agricoles importants.

Les principales de ces bourgades, diverses comme étendue, sont : Dumbéa, sur la rivière du même nom; Païta, au pied du mont Mou et sur la petite rivière Caricoulé; puis Saint-Vincent, Bouloupari, la Foa, sur la rivière de ce nom, Fonwary, Moindou, Bourail, qui est une véritable petite ville située sur le bord de la large rivière Néra. Bourail a été le plus important des établissements pénitentiaires fondés en Nouvelle-Calédonie et où l'on a fait de sérieux essais pour la régénération des condamnés en cours de peine ou libérés, au moyen de travaux agricoles; aussi est-ce là l'origine de la plus grande partie de sa population actuelle. A l'entrée de la baie de Bourail, se trouve le mouillage de Gouaro.

En continuant la zone littorale, on rencontre à l'intérieur Le Cap-Poya, Moueo, poste non loin duquel s'ouvre une baie qui forme un magnifique port naturel, vaste et profond, rappelant celui de Nouméa. Au delà, on trouve Pouembout, situé dans l'une des plus larges vallées de l'île; Koné, sur la rivière de ce nom, desservi par un excellent mouillage; Voh, qui a aussi un bon mouillage à Gatope et qui, comme centre minier, est appelé à devenir très prospère. Plus près de la mer est Ouaco, centre d'industrie, et non loin Gomen, sur la pointe que termine le cap Deverd. Le mouillage, du côté de ce port, est médiocre, il est meilleur à l'entrée de la Iouanga.

Koumac, au delà des monts Kaala, est à peine un embryon de bourg, mais il a un très bon mouillage, et ses environs méritent d'être signalés à raison de la merveilleuse beauté des grottes que l'on peut y visiter; l'une d'elles traverse la montagne de part en part. De Koumac à la pointe nord de la grande terre, il n'y a aucune localité méritant d'être citée.

Sur la côte orientale que nous allons descendre du nord au sud, nous rencontrerons davantage de ports et de localités voisines de la côte, à raison de la configuration du littoral qui est beaucoup plus montagneux et ne possède pas cette bordure de plaines existant de l'autre côté.

Pam, que l'on aurait pu appeler plus exactement Pouarambaoun, est le port de la vallée du Diahot, à l'embouchure de cette rivière; c'est un excellent ancrage pour les navires et l'un des meilleurs refuges de la côte. Autrefois, on plaçait les bateaux devant l'île de Pam, mais l'abondance des moustiques a fait préférer la grande terre, qui n'est cependant pas mieux favorisée.

Ouégoa, à l'intérieur, quoique chef-lieu d'arrondissement, n'est qu'une petite localité. Sur la côte, Balade, qui possède un très bon mouillage, est une localité historique. C'est là que vinrent débarquer tous les premiers explorateurs et qu'en 1853 eut lieu la prise de possession de l'île. La localité a peu d'importance aujourd'hui au point de vue de la colonisation, mais la population indigène y est nombreuse. Plus au sud, Pouébo, sur le bord de la mer, a aussi quelques colons européens et beaucoup d'indigènes ; il s'y trouve une grande mission de Pères Maristes avec une belle église et des écoles. Oubatche, également sur la côte, est une localité peu importante, mais très pittoresque, de même que Pouébo. Le mouillage de Pouébo est meilleur que celui d'Oubatche. Hienghène est aussi un bourg modeste, mais c'est encore un site renommé pour sa beauté ; devant l'embouchure de la rivière du même nom se dressent des rochers aux formes surprenantes, à droite le Sphinx, à gauche les Tours de Notre-Dame, au pied desquelles viennent mouiller les navires.

Paysage calédonien

Continuant à descendre la côte orientale, nous trouvons Touho, qui fut jadis le siège d'une puissante tribu et n'est guère aujourd'hui qu'un embryon de bourg; Wagap, où des Trappistes ont tenté, de 1876 à 1889, de créer un établissement agricole pour les libérés, et où, faute de succès de l'entreprise, des Maristes sont venus à leur tour fonder un asile également pour les libérés. Le mouillage de Wagap est médiocre et très exposé à une forte houle venant du large.

Le village de Ponérihouen est situé à 4 kilomètres de la côte, sur la rivière du même nom, navigable jusqu'en ce point. Houaïlou, petit bourg proche de la mer, à la jonction des trois bras de la rivière, compte quelques colons et ses vallées abritent les plus fortes agglomérations canaques. Après le village canaque de Koua, près du cap de ce nom, Kouaoua est une localité placée au fond d'une belle baie qui s'ouvre au milieu des abruptes montagnes côtières et offre un mouillage excellent même pour les navires du plus fort tonnage ; elle ne compte que peu de colons à cause de la faible largeur de la vallée et des nombreux indigènes qui l'habitent.

Au fond de la baie de Canala, entre les deux rivières qui s'y jettent, le Négropo et l'Alima, se trouve Canala, centre important fondé en 1859 par M. Saisset et qui est devenu aujourd'hui une véritable ville. Cet endroit possède un très bon mouillage, au pied du Pic des Morts, ainsi nommé parce qu'autrefois les indigènes transportaient leurs morts sur ce sommet. Le paysage, en arrière de la baie et des montagnes littorales, est l'un des plus séduisants que l'on connaisse en Calédonie. De l'autre côté de la presqu'île Bogota, Nakéty est au fond d'une baie qui offre, comme Canala, un mouillage sûr aux navires de fort tonnage. Thio, petite ville située au débouché de la longue et large vallée du même nom, doit toute son importance aux mines de nickel qui y furent découvertes en 1875 et qui ont été mises en exploitation. Un peu plus loin, sous le nom de Port-Bouquet, est désigné un beau port formé par les hautes îles Nenou et Toupeti.

De ce point jusqu'aux abords de l'extrémité du sud de l'île, la côte est très désertique, et il n'y a guère lieu de citer que Ounia et Yaté. Cette dernière localité, sur la baie que forme l'embouchure de la rivière de ce nom, renferme d'importantes usines servant à l'exploitation minière. Tout au sud de la grande terre, au fond de la baie de Prony, est un endroit appelé Baie-du-Sud, où se trouve une exploitation forestière. En face de la baie de Prony est l'île Ouen habitée par des indigènes.

Remontant ensuite la côte occidentale, on rencontre, en approchant de Nouméa, divers lieux ayant pris un certain développement comme Plum et Mont-d'Or. Puis, dans la baie de Boulari, il faut citer : la Coulée; Saint-Louis, où se trouve un important établissement de Maristes avec église et écoles; La Conception, où il y a un grand pensionnat de jeunes filles, une église et un gros village indigène; Pont-des-Francais, où fut jadis un orphelinat de garçons. C'est dans la forêt dominant cet ancien établissement qu'est amorcée la conduite d'eau qui alimente Nouméa.

VOIES DE COMMUNICATION INTÉRIEURES. — La Nouvelle-Calédonie est très mal desservie à l'intérieur comme voies de communication et à part des sentiers, elle ne possède encore que 200 kilomètres environ de véritables routes constituant un réseau continu (1). On avait prévu une route dite *tour de côte* qui devait assurer la jonction entre elles de toutes ces localités que nous avons énumérées et qui sont situées les unes à l'intérieur de la zone littorale, les autres sur le bord de la mer. On avait songé aussi à réunir, par de vraies routes traversant l'île d'un côté à l'autre, les divers points importants qu'il était possible de faire correspondre. Mais ces plans sont loin d'être réalisés.

Au nombre des branches maîtresses faites, figure l'artère reliant le chef-lieu au grand centre de Bourail, qui était achevée en 1917, ce qui faisait une ligne de 170 kilomètres. Puis, tout près de Nouméa, au Pont-des-Français, s'embranche la route de la Baie-du-Sud qui est carrossable jusqu'à la Coulée, ce qui représente environ 12 kilomètres. En outre, quelques branchements très courts se détachent de l'artère principale, mais pour aboutir à quelques kilomètres seulement de leur point de départ.

On a travaillé depuis à la continuation de la route de Bourail à Poya et, en 1921, elle était poussée jusqu'à dix kilomètres de cette localité.

En 1920, tout un programme de grands travaux pour nos colonies a été annoncé par M. Albert Sarraut, ministre des Colonies, l'Etat devant donner des contributions et consentir des avances pour assurer leur exécution. Pour la Nouvelle-Calédonie, ce programme comprend toute une amélioration du réseau routier, et notamment l'étude de la route de Nouméa à Téoudié, sur la baie de Gomen, la création de chemins d'accès des centres à la mer, la construction de routes transversales, celles de Koné à Amoa, Bourail à Houaïlou, Canala à la Foa, Bouloupari à Thio, la Coulée à Yaté.

En ce qui concerne les sentiers muletiers qui rendent des services en attendant mieux, on s'est occupé de les développer dans les diverses circonscriptions.

Quant aux chemins de fer, la colonie en est aussi insuffisamment pourvue (1). Dans le programme de travaux élaboré en 1895 était prévue une seule voie ferrée, mais de beaucoup la plus utile, celle de Nouméa à Bourail, représentant une longueur de 152 kilomètres. Un emprunt de 1901 permit d'amener la voie à Dumbéa, soit à 17 kilomètres; celui de 1909 devait fournir les moyens de construire le tronçon Dumbéa-Païta (13 kilomètres) et d'amorcer les études de tronçons suivants. Le rail n'a pas encore dépassé aujourd'hui la distance de 19 kilomètres et il est prolongé par un service régulier d'automobiles.

SERVICES DE NAVIGATION. — Avant la guerre, un courrier régulier effectuait toutes les quatre semaines le trajet Marseille-Nouméa, ce qui, tant bien que mal, arrivait à suffire aux besoins de la colonie. Depuis 1915, la Nouvelle-Calédonie a eu à souffrir d'une façon déplorable de l'insuffisance par trop grande des moyens de communication maritimes. En 1919, elle n'a reçu que trois navires venant de France, deux français et un étranger. Il est d'un intérêt primordial, pour assurer la remise en valeur sérieuse de la colonie et le rétablissement de ses rapports commerciaux avec la métropole, que l'on puisse reprendre avec elle des relations régulières et pratiques.

(1) Voir notamment : M. ARCHAMBAULT, *La question des routes en Nouvelle-Calédonie* (*L'Océanie Française*, août-septembre-octobre 1917, p. 65-70).

(1) Voir : Jacques FEILLET, *Le chemin de fer de la Nouvelle-Calédonie* (*L'Océanie Française*, 1913, p. 107-109).

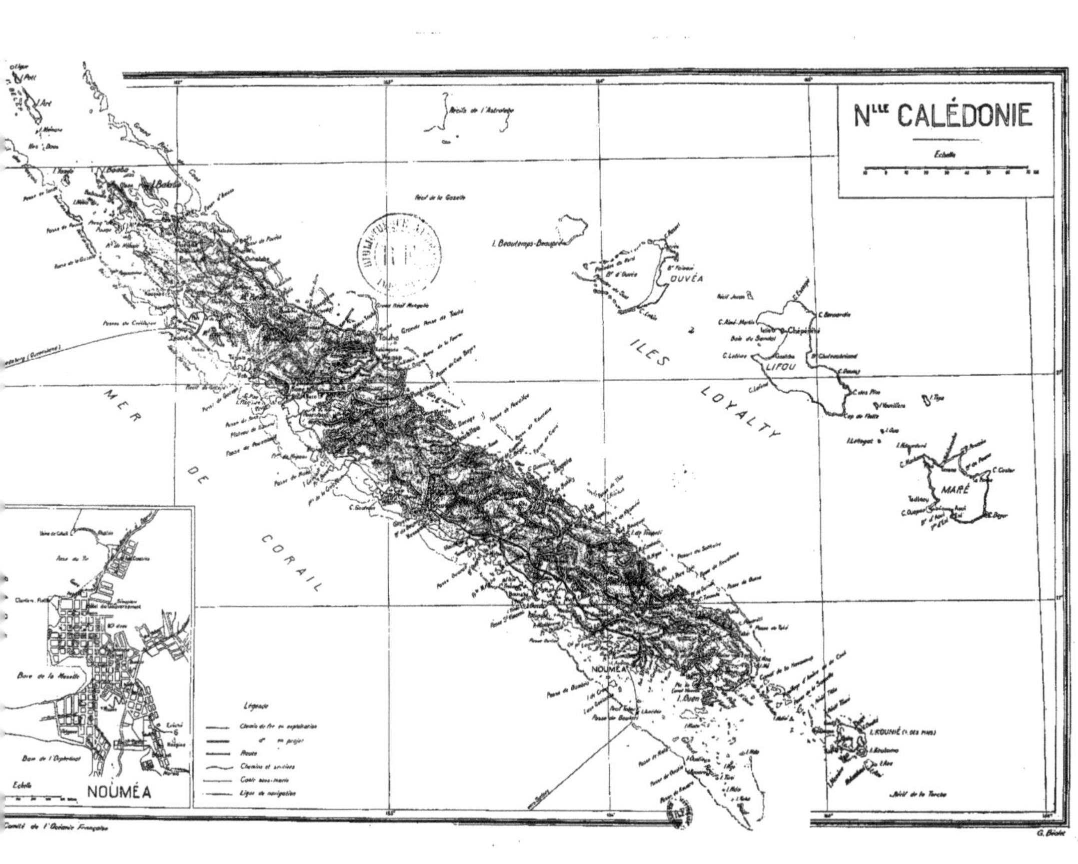

N^LLE CALÉDONIE
Echelle
MER DE CORAIL
ILES LOYALTY
OUVÉA
LIFOU
MARÉ
NOUMÉA
I. Beautemps-Beaupré
Récif de la Gazelle
Récifs de l'Astrolabe
Légende
NOUMÉA
Baie de la Moselle
Comité de l'Océanie Française
G. Bricker

Le Conseil général de la Nouvelle-Calédonie avait émis un vœu pour la reprise du service des Messageries maritimes avec au moins quatre bateaux par an et l'itinéraire : Marseille, Port-Saïd, Colombo, Batavia. Nouméa, Brisbane, Sydney. Le 29 avril 1921, la Chambre des Députés a voté un projet de convention passée entre l'Etat et la Compagnie des Messageries maritimes, qui répond certainement à ce vœu, et a pour objet l'exploitation des services postaux sur l'Extrême-Orient, l'Australie et la Nouvelle-Calédonie. Il convient qu'il y ait au minimum quatre navires dirigés annuellement sur la colonie, tant que la reconstitution du matériel naval de la Compagnie ne lui permettra pas de reprendre son service mensuel sur l'Australie.

Comme navigation locale, il existe à la Nouvelle-Calédonie un service de bateaux à vapeur, dit Tour de Côtes, qui dessert régulièrement les principales localités de la colonie en suivant le chenal formé par les lignes de récifs entourant l'île.

Organisation administrative. — Le décret organique de la Nouvelle-Calédonie porte la date du 12 décembre 1874. Le commandement général et la haute administration sont confiés depuis 1862 à un gouverneur résidant à Nouméa. Cinq chefs d'administration dirigent, sous les ordres du gouverneur, les différentes parties du service : un commandant militaire, un directeur de l'intérieur, un chef du service judiciaire, un directeur de l'administration pénitentiaire, un chef de service administratif.

Un Conseil privé consultatif, présidé par le gouverneur, comprend les chefs d'administration et en plus deux conseillers pris parmi les notables de la colonie et nommés par le chef de l'Etat; on y ajoute deux conseillers suppléants. Le Conseil privé se réunit aussi comme tribunal administratif et prend alors le titre de Conseil du contentieux; pour cette attribution, il lui est adjoint deux magistrats désignés chaque année par arrêté du gouverneur.

La colonie n'a pas de député, mais elle est représentée en France par un délégué au Conseil supérieur des colonies, élu par le suffrage universel.

Un décret du 2 avril 1885 a créé un Conseil général composé de 16 membres, dont 5 élus par Nouméa.

Au point de vue judiciaire, il y a un tribunal de première instance et une Cour d'appel à Nouméa. Des justices de paix existent à Nouméa, Canala, Bourail et aux îles Loyalty.

La Nouvelle-Calédonie est divisée en cinq arrondissements, dont les chefs-lieux sont : Nouméa, Canala, Houaïlou, Touho, Ouégoa. Chacun de ces arrondissements, sauf le premier, est administré par un fonctionnaire ayant le titre d'administrateur, dont les attributions sont fixées par un arrêté du 21 juin 1890.

La commune de Nouméa a été instituée par un décret du 8 mai 1879, que complètent certains articles de la loi du 5 avril 1883. Des commissions municipales ont été établies en outre dans dix-neuf des principaux centres.

Une Chambre de commerce, créée par un arrêté en date du 29 octobre 1879, et réorganisée par un arrêté du 8 mars 1894, assiste l'administration dans l'étude des questions commerciales; elle comprend 12 membres élus pour six ans. Un rôle analogue est rempli en ce qui concerne l'agriculture par une Chambre créée par arrêté du 12 mai 1884. Sont placés auprès de l'administration un Comité de l'Instruction publique, un Comité des mines, un Conseil sanitaire, un Conseil d'hygiène.

Sous le nom de « dépendances », on comprend toutes les îles qui sont reliées administrativement à la Nouvelle-Calédonie. En dehors de celles les plus proches de la grande île et qui ne font, pour ainsi dire, qu'un avec son continent, il en est de plus ou moins éloignées qui lui sont rattachées également. Telles sont l'île des Pins et l'archipel des Loyalty qui font partie de l'arrondissement de Nouméa; les îles Bélep, Huon et Chesterfield qui rentrent dans celui d'Ouégoa. Aux îles Loyalty, il y a un représentant du gouvernement dans l'île Lifou, un délégué de l'administration dans l'île Maré et un dans l'île Ouvéa.

Les îles Wallis et Foutouna, voisines des îles Fidji, ont été également des dépendances de la Nouvelle-Calédonie jusqu'en 1909, époque à laquelle elles ont formé un groupe autonome.

L'archipel des Nouvelles-Hébrides, dont le régime politique est un condominium franco-anglais, a certains liens administratifs avec la Nouvelle-Calédonie. Voir : (Nouvelles-Hébrides.)

CHAPITRE III

Productions naturelles – Leurs Ressources et leur mise en valeur

FAUNE. ANIMAUX UTILES ET NUISIBLES

La Nouvelle-Calédonie possède une faune assez riche dans son ensemble, mais dont l'abondance présente les plus grandes variétés selon les différentes classes animales.

MAMMIFÈRES. — Comme dans beaucoup d'îles, les mammifères sont en nombre très réduit. Aux premiers temps de l'arrivée des Européens, on avait seulement signalé la présence de quelques rongeurs, rats et souris, et de chiroptères, une petite chauve-souris et une autre très vaste, la fameuse roussette dont le corps a 25 centimètres de longueur et dont l'envergure en atteint près de 90. La roussette (*pteropus*) a été parfois dénommée à tort *vespertilio* et qualifiée du nom de *vampire calédonien*, parce qu'on lui attribuait l'habitude de sucer le sang des hommes ou des animaux pendant leur sommeil, comme peut le faire plus ou moins le véritable vampire. Mais la roussette appartient au sous-ordre des frugivores et non des insectivores; il est nyctalope et exclusivement frugivore, se nourrissant la nuit des fruits du figuier banian et du niaouli, de bananes et des fleurs et des fruits du cocotier. Les Canaques font la chasse des roussettes qui leur fournissent un aliment, et ils protègent ainsi leurs récoltes; de plus ils fabriquent avec les poils de fines cordelettes dont ils font de nombreux emplois.

Comme rongeurs, on a découvert aussi par la suite quelques écureuils à Bouloupari. On trouve, dans la campagne, beaucoup de chats et de porcs vagabonds, mais ce ne sont que des descendances d'animaux importés, qui vivent désormais à l'état sauvage. Des cerfs introduits dans l'île se sont acclimatés, et l'on en rencontre de Dumbéa à Bourail; ils sont aujourd'hui en nombre si considérable, qu'ils dévastent les pâturages et sont devenus une plaie pour l'élevage. Des lièvres, amenés eux aussi, se sont moins multipliés ils mangent les pointes d'igname et pour ce motif les indigènes les chassent avec acharnement. Des troupeaux de chèvres, devenues sauvages, errent sur quelques montagnes de l'intérieur.

Il existe des baleines sur les côtes de la Nouvelle-Calédonie, et des baleiniers américains sont venus en capturer ainsi que dans le voisinage des îles Loyalty. Mais il ne semble pas que cette pêche soit bien en voie de développement. En dehors des cétacés carnivores, on trouve aussi des cétacés herbivores, comme le lamantin (*manatus*) et le dugong (*halicore*), animaux recherchés comme aliments, et aussi à raison de l'huile qu'ils peuvent fournir de même que la baleine.

OISEAUX. — Les oiseaux sont nombreux dans l'île; on en a compté jusqu'à 107 espèces, qui habitent surtout les forêts et les rivages, mais il y a peu d'oiseaux des champs. Dans les forêts des montagnes de l'intérieur, on voit beaucoup de pigeons, parmi lesquels il faut citer le notou (*phœnorrhina Goliath*), très gros et d'un brun ardoisé, qui est très abondant et dont la chair est bonne, le collier-blanc ou dago, de couleur brune et à gorge blanche, un peu plus petit que le notou et dont la chair est plus appréciée encore; le pigeon vert, le plus estimé de tous, qui par son beau plumage se confond avec le feuillage des arbres; le *janthœnas hypœnochroa*, sous-genre du *carpophaga*, également de l'ordre des colombins.

Dans les zones élevées des forêts du centre

et surtout du sud, vit un des oiseaux les plus élégants de la Nouvelle-Calédonie, le kagou (*rhinochetos jubatus*), qui est propre à cette île et paraît devoir être rattaché à l'ordre des gallinacés (1). De la taille d'une grosse poule, il a un plumage d'un gris cendré et, sur l'arrière de la tête, il porte une longue aigrette argentée qu'il peut redresser à volonté ; ses ailes forment en se déployant un superbe éventail aux tons variés. Il est utile de veiller à empêcher la disparition de cette espèce, qui diminue considérablement, car elle peut rendre de très grands services pour la destruction des insectes dans les champs et même dans les maisons. Oiseau calédonien par excellence, il a été jugé tellement digne de fixer l'attention qu'on l'a fait figurer, comme un être symbolique, sur les timbres-poste de la colonie.

Les parties boisées renferment aussi plusieurs espèces de perruches, toutes très jolies. La plus grosse a le corps d'un beau vert clair, le bec noir, et sur la tête une longue plume de même couleur ressemblant à une corne, ce qui lui a fait donner le nom de perruche cornue à bec noir; les autres espèces ont aussi de charmantes variétés de couleurs. Plusieurs espèces de merles siffleurs et une foule d'autres petits oiseaux se trouvent dans les mêmes parages. Parmi ceux de l'intérieur, il faut mentionner encore le corbeau-aboyeur, un peu moins gros que celui de France, qui se nourrit d'insectes, d'œufs de petits oiseaux, de cadavres humains déposés par les Canaques au haut des montagnes, ainsi que de la noix de l'arbre appelé bancoulier (*aleurites triloba*).

Kagous

Pigeons et perruches se livrent à des pérégrinations qui varient suivant l'époque de la maturité des fruits dont ils se nourrissent; les janthœnas s'avancent presque jusqu'aux régions basses du littoral, mais ils n'y font que de courtes apparitions.

Dans la zone littorale, vivent surtout des oiseaux de l'ordre des échassiers, pluviers, chevaliers, bécassines, courlis que représente une seule espèce, hérons, et parmi les palmipèdes, des sternes. Quelquefois aussi on rencontre des pétrels, l'oiseau des tempêtes, mais surtout en mer. Trois espèces de canards et de sarcelles vivent sur les rivières, et sur les marais répandus à la fois près des rivages et dans le reste du pays; ce sont des gibiers très appréciés, surtout le dernier. Le long des cours d'eau, on voit aussi des plongeons et, comme échassiers, deux espèces de butors et une variété de héron, nommé long-cou.

Le plus fâcheux, c'est que les vastes espaces herbeux et cultivés ne comptent pas un oiseau des champs, et dans certaines régions rien n'arrête les invasions de sauterelles. Il y aurait lieu d'introduire dans la colonie beaucoup d'oiseaux insectivores, et la Cochinchine notamment pourrait lui en fournir ; il faudrait aussi répandre le kagou. On a bien importé des merles des Moluques et ils se sont multipliés, mais beaucoup ont été détruits par les chasseurs. En certains endroits, on rencontre un *turnix*, genre de gallinacé appelé la caille des colons, et qui est un oiseau coureur.

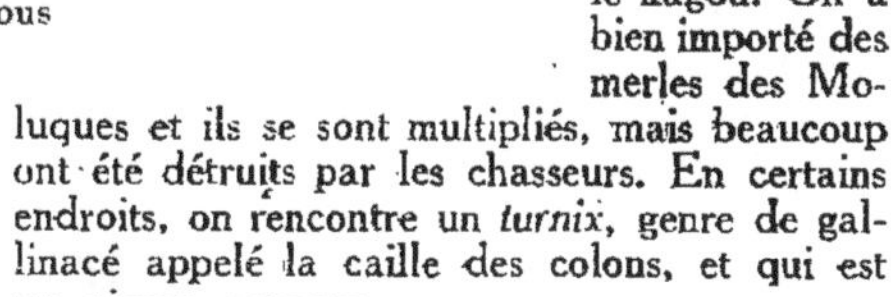

Dans les parties boisées et humides se tiennent la poule sultane au plumage bleu-métallique, une poule brun foncé, un râle, ces deux derniers dont la chair est appréciée. Un geai gris-cendré, appelé siffleur, se rapproche volontiers des habitations. Une multitude de petits oiseaux vivent un peu partout dans la colonie et beaucoup dans les endroits frais et ombreux : merle, grive, sansonnet, martin-pêcheur, deux variétés d'hirondelles, et d'autres paraissant appartenir aux familles des fauvettes, mésanges, rouges-gorges, traquets, roitelets. On cite aussi des suceurs dont le chant

(1) Nous avons donné des notes sur le Kagou dans : *L'Océanie Française*, juillet 1914, p. 182-185; et dans le *Bulletin de la Société de Géographie de Rochefort*, 1921, p. 73-78.

rappelle celui du rossignol, un petit cardinal dont le corps est d'un beau vert et qui a la tête et la queue d'un rouge écarlate, enfin un oiseau-mouche vert et rouge. Le moineau, introduit à Nouméa, s'y est beaucoup développé.

Les oiseaux de proie sont assez nombreux dans la colonie. Parmi eux figurent notamment trois variétés d'éperviers, puis le balbuzard, le milan, l'aigle-marin, le gerfaut.

REPTILES. — Dans l'ordre des sauriens, on rencontre quelques espèces de lézards et de geckos. Parmi ces derniers, appelés aussi tarentes, existe une espèce épaisse et pouvant atteindre de 30 à 40 centimètres de long; ce monstrueux lézard s'abrite sous les écorces soulevées des vieux arbres. D'autres geckos, de taille moindre, vivent dans les cases et sur les bananiers.

Les chéloniens abondent, mais sont surtout représentés par des tortues de mer, qui sont comestibles. On distingue deux variétés de grande taille : la tortue franche (*chelonia mydas*), moins belle comme écaille, et le caret (*chelonia imbricata*), que les indigènes prennent en grande quantité sur les côtes et dont la carapace est estimée dans le commerce.

Les serpents terrestres manquent complètement. Comme ophidiens, on ne trouve guère que des serpents de mer; les indigènes d'Ouvéa les mangent en les faisant cuire, mais ils sont les seuls, car partout les habitants ont beaucoup d'aversion pour les serpents comme pour les lézards.

BATRACIENS. — On peut dire que les batraciens étaient inconnus dans la Nouvelle-Calédonie, quand, en 1868, on importa d'Australie de petites grenouilles vertes qui furent mises dans un marais au centre même de Nouméa. Depuis lors, elles se sont beaucoup répandues, surtout dans le centre et le sud de l'île.

POISSONS. — Les eaux de la Nouvelle-Calédonie sont très riches en poissons, et beaucoup sont de bonne qualité : loche, rouget, tazar, bécune, carangue, bossu, dorade, mulet, etc. Le malheur est qu'un certain nombre d'espèces renferment un principe toxique, qui devient beaucoup plus dangereux à certaines époques de l'année. Dans cette catégorie rentrent la bécune, un sparoïde, une sphyrœne, une espèce de sardine qu'à Balade on appelle bat, les poissons-corail et généralement tous les tétrodons, auxquels est donné le nom de perroquet. Les empoisonnements peuvent être parfois rapides, mais le plus souvent, après une période ascensionnelle de deux ou trois jours, le mal va ensuite en décroissant.

D'autres poissons sont terribles par leurs moyens de défense : le requin par ses dents et sa queue, la raie par son aiguillon, les percoïdes par les rayons de leurs nageoires.

MOLLUSQUES. — La Nouvelle-Calédonie offre une très grande richesse en mollusques de terre et de mer, et l'on ne saurait trop engager les conchyliologues à aller la visiter et à y faire des recherches qui ne peuvent manquer d'être très fructueuses. Le nombre des espèces est considérable et il en est qui appartiennent aux plus belles séries. De très nombreux travaux ont été faits déjà sur ces mollusques par d'érudits spécialistes (1), et ils nous en révèlent tout l'intérêt qu'ils offrent pour les savants et les collectionneurs. En même temps, certaines espèces intéressent les habitants et le commerce.

Comme mollusques marins, les plus beaux genres sont représentés. A titre d'exemples, nous citerons, parmi les gastropodes : haliotides, troques, volutes, olives, mitres, cônes, porcelaines (*cypræa*), casques, etc. Parmi les lamellibranches, il y a les bénitiers et les huîtres perlières; parmi les céphalopodes, le poulpe commun et la seiche, qui hantent les récifs, et les nautiles, qui portent une remarquable coquille.

De mollusques terrestres et fluvio-lacustres, la Nouvelle-Calédonie est très abondamment pourvue; il y a trente ans déjà, on en signalait 380 espèces. Beaucoup sont propres à cette île et se font remarquer par des caractères spéciaux. Le genre terrestre le plus beau et le plus riche en espèces et en variétés est le bulime qui est représenté depuis les plus fortes tailles jusqu'aux plus infimes, et se trouve avoir un cachet typique qu'on ne rencontre pas ailleurs. Vers les mois de mars ou d'avril, des limaces grises se montrent en quantité sur les plantations et y causent des dommages.

Les indigènes pêchent des coquilles pour leur nourriture. Les femmes vont recueillir celles de la grève; les hommes vont, avec leurs pirogues, chercher sur les grands récifs les plus grosses coquilles, bénitiers, troques, casques et autres. On mange aussi de gros bulimes. Une petite porcelaine blanche, appelée

---

(1) Se reporter à la *Bibliographie de la Nouvelle-Calédonie*, par Léon VALLÉE (1883), et, pour les années qui suivent, au *Journal de Conchyliologie* (directeur : H. Fischer). Parmi les plus récents travaux qui y sont contenus, nous citerons : L.-J. BOUGE et Ph. DAUTZENBERG, *Les pleurotomidés de la Nouvelle-Calédonie et de ses dépendances*, vol. LXI, 1913, p. 123-214; tirage à part, 1914.

ouatchichi, sert à la fois d'ornement et de monnaie.

On récolte sur les côtes de la Nouvelle-Calédonie des huîtres perlières aussi belles que celles de Tahiti, et des coquillages nacrés de diverses sortes. De ce nombre est le troca (*trochus niloticus*), qui sert à faire des boutons de nacre et est de plus en plus exploité.

INSECTES. — Les insectes ne paraissent pas présenter un nombre considérable d'espèces et il en est même qui ont dû être importées. Il y en a certes de nuisibles, mais non pas en très grand nombre, et il est à noter que les indigènes se nourrissent de pas mal d'espèces qui paraîtraient plutôt répugnantes.

Les abeilles ont pu ne pas exister avant les importations de ruches faites dans le pays; toujours est-il qu'aujourd'hui elles sont très répandues dans les bois. Leur miel est fort bon et, sur divers points de l'île, on l'a employé pour fabriquer de l'hydromel, qui est une boisson rafraîchissante. On pourrait aussi tirer parti de la cire que fournit l'abeille. Son élevage serait une industrie à développer dans la colonie. Les fourmis, quoique très nombreuses, ne causent guère de dégâts appréciables, ni dans les champs, ni dans les maisons.

La sauterelle est un des insectes les plus abondants et qui causent le plus de ravages. Les indigènes en sont friands et les mangent bouillies dans l'eau, mais les cultivateurs les redoutent. Les sauterelles viennent s'abattre par bandes épaisses sur les champs qui leur offrent une nourriture, et l'on n'arrive pas facilement à les détruire. Des oiseaux d'une espèce insectivore ont bien été introduits dans l'île pour protéger les cultures, mais c'est là une mesure qu'on ne saurait trop multiplier. La blatte ou cancrelat, qui rentre aussi dans les orthoptères, fait également beaucoup de dégâts.

Parmi les papillons, il y a aussi une grosse espèce, répandue dans beaucoup de vallées fraîches de l'intérieur, qui cause parfois dans les vergers bien des dommages aux fruits, pêches et oranges par exemple. Les autres espèces sont inoffensives.

Les diptères renferment beaucoup de genres nuisibles. L'un des plus redoutés est le moustique qui pullule dans certaines vallées voisines de la mer, surtout dans le bassin du Diahot et sur la côte ouest, régions où cet insecte devient un véritable fléau. La mouche ordinaire qui, a-t-on dit, serait venue d'Europe, est répandue dans toute l'île et elle devient gênante par ses envahissements. Diptères sans ailes, les puces pullulent elles aussi, et il apparaît bien qu'elles aient été importées.

ARACHNIDES. — Il existe dans la Nouvelle-Calédonie une araignée de variété orange, qui renferme un poison des plus violents. Par contre il en est une, *epeira edulis*, espèce jaunâtre, que mangent les indigènes, et quelquefois il leur arrive de la confondre avec l'espèce précédente. On trouve aussi un petit scorpion gris dont la piqûre équivaut à celle de l'abeille.

CRUSTACÉS. — Le homard ne paraît pas exister sur les récifs néo-calédoniens, mais la crevette est très abondante, et l'on en trouve une petite espèce et une grosse.

ECHINODERMES. — Une espèce d'holothurie, connue sous le nom de biche de mer ou trépang, animal marin tout à fait mou, est très recherchée dans le pays. On l'apprécie comme nourriture et il en est expédié beaucoup en Chine, fendues et séchées.

ÉLEVAGE

L'élevage a précédé l'agriculture à la Nouvelle-Calédonie, et il a été, au début de sa colonisation, l'un de ses premiers éléments de prospérité (1). Il n'a pas cessé de compter parmi ses plus importantes sources de richesse. S'il en est ainsi, c'est qu'une grande partie de la surface de l'île est couverte de terres à pâturages de bonne qualité. On a évalué leur étendue à 800.000 hectares. C'est surtout sur la côte occidentale, bordée de plaines et offrant de larges vallées, que l'on trouve plus de pâturages, par exemple dans les régions de Saint-Vincent, de la Foa, de Bourail, de Mouéo ; plus au nord, on en rencontre dans une partie beaucoup plus montagneuse entre Gomen, sur la côte ouest, et Oubatche, sur la côte est. Si l'élevage réussit, c'est aussi grâce au climat de l'île auquel s'adaptent sans la moindre difficulté tous les animaux domestiques d'Europe, et ils se reproduisent fort bien et en nombre. Le bétail fournit des produits divers d'exportation ; aussi

(1) D'excellentes indications sur les meilleures méthodes à suivre pour l'élevage ont été données dans la *Notice sur la Nouvelle-Calédonie*, publiée par l'*Union agricole calédonienne* (1900, p. 69-87). — Voir aussi : G. LAFFORGUE, *L'élevage à la Nouvelle-Calédonie* (Paris, A. Challamel, 1905, in-8, 115 p., fig. phot.; *L'élevage en Nouvelle-Calédonie*, par M. LANG, président de la Chambre d'Agriculture de la Nouvelle-Calédonie, dans *La Dépêche coloniale et maritime*, 19 août 1920.

pour assurer l'amélioration et le maintien des races, a-t-on avec raison jugé utile d'introduire des reproducteurs de choix; on en a fait venir de France et aussi d'Australie.

RACE BOVINE (1). — C'est vers 1850 que furent introduites les premières têtes de bétail; il en fut fait ensuite beaucoup d'importations d'Australie de 1862 à 1865. L'élevage de la race bovine fut le plus fructueux; il a toujours été en progressant, et aujourd'hui la statistique enregistre de 150.000 à 175.000 bêtes à cornes.

Leur élevage, restreint tout d'abord, fournit aux colons qui arrivent des ressources indispensables et immédiates, aussi ne doivent-ils pas négliger de se munir de suite d'un peu de bétail. Ils trouvent ainsi plus de facilités pour traverser la période de début, et l'élevage de la race bovine reste d'ailleurs toujours une nécessité pour toutes les petites exploitations, en dehors de ceux qui s'y consacrent d'une façon plus importante.

Dans les premières années de la colonisation, on allait faire paître les troupeaux avec la plus grande facilité sur d'immenses pâturages, et ils allaient ensuite se développer pendant les années suivantes sur les surfaces voisines; puis, quand les pâturages étaient épuisés, on passait dans d'autres vallées. Mais ensuite, à raison de l'énorme accroissement des têtes de bétail, on ne put plus agir de même. Les pâturages, appauvris par l'excès mis à leur emploi, étaient envahis par de mauvaises herbes et des broussailles, et ils avaient besoin d'être rénovés. On y introduisit des herbes nouvelles et, pour ménager les pâturages, on divisa les propriétés en paddocks, sortes d'enclos séparés, afin d'y répartir les bêtes par catégories de destination. De la sorte, on utilisait les pâturages d'une façon plus rationnelle, et on les reconstituait en créant des périodes de repos qui donnaient le temps aux bonnes graines de mûrir et de se propager. Grâce à ces méthodes empruntées aux colons d'Australie, une situation normale se rétablit.

Le bétail s'étant beaucoup multiplié, il fallait en trouver un emploi pour l'exportation. La graisse et la peau ne fournissaient pas des éléments suffisants. Ce fut une heureuse idée lorsqu'on créa à Ouaco, dans la région de Gomen, une usine pour la fourniture de conserves destinées à l'armée. D'autres usines de ce genre ont été créées depuis et cette méthode de mise en valeur ne saurait trop être encouragée.

RACE CHEVALINE. — L'introduction du cheval à la Nouvelle-Calédonie date de l'époque où furent amenés les premiers troupeaux de bêtes à cornes qui étaient gardés par des cavaliers. Pour la plupart, les chevaux vinrent d'Australie, tout comme les bœufs, et c'était l'espèce ayant la plus haute taille. Une autre espèce plus petite était originaire de l'Ile Norfolk, située entre la Nouvelle-Calédonie et la Nouvelle-Zélande.

De même qu'à la race bovine, le climat et les herbes de la Nouvelle-Calédonie se trouvaient tout à fait convenir au cheval. Les descendances obtenues furent vraiment d'un tempérament vigoureux, et le pays possède maintenant une belle race. On estime qu'il y a aujourd'hui de 6.000 à 7.000 chevaux. Le contre-amiral Courbet, qui fut gouverneur de la Nouvelle-Calédonie de 1880 à 1882, avait décidé, pour favoriser l'élevage du cheval, que dorénavant la remonte coloniale se ferait avec les produits de la colonie. On a pu effectuer ainsi toutes la remonte de la gendarmerie et de l'artillerie. Chaque propriétaire de bétail fait l'élève des chevaux et parfois il en a un nombre important, car il s'en sert pour la conduite du bétail. On en fait usage aussi pour la chasse. La *Société anonyme des courses calédoniennes* n'a cessé de faire des efforts en vue de l'amélioration de la race.

Les ânes et les mulets ne sont pas en très grand nombre dans le pays, bien qu'on y ait introduit des ânes du Poitou et qu'ils puissent s'y propager facilement. Il serait à désirer qu'on les y développe davantage, car à raison de la configuration montagneuse de l'île, ils pouraient rendre de grands services aux colons et aux voyageurs, et serviraient d'animaux de transports pour certains produits.

RACE OVINE. — Le climat de la Nouvelle-Calédonie convient parfaitement au mouton et il peut être élevé dans de bonnes conditions. Mais les terrains bas et humides lui sont contraires et ce sont les coteaux qui lui sont propices et lui fournissent de bons pâturages. Il faut seulement se méfier de la présence d'une graminée, *andropogon austro-caledoniensis*, connue sous le nom d'herbe à piquants, dont la graine, en mûrissant, forme une pointe dure et aiguë qui, une fois attachée à la toison, pénètre peu à peu jusqu'au corps et y forme

(1) Voir : J. de MONTGRAND, *Notes sur l'élevage des animaux de la race bovine en Nouvelle-Calédonie* (*Bulletin de la Société de Géographie commerciale de Paris*, tome XXX, 1908, p. 253-265).

des lésions dangereuses. On pare d'ailleurs très bien à cet inconvénient, ainsi qu'en Australie, en ne faisant paître les troupeaux que là où la graine n'est pas à maturité ; là où elle a mûri, on brûle les herbes qui repoussent ensuite avec vigueur. Les moutons fournissent une excellente laine dont il est fait de fortes exportations. On estime leur nombre à environ 25.000.

Les chèvres sont aussi nombreuses ; elles se multiplient facilement et tous les terrains leur conviennent. On fait du fromage avec le lait et là surtout où il n'y a pas de boucherie, les habitants tirent leur viande de cette espèce.

RACE PORCINE. — Le porc a été importé par Cook et l'espèce appartenait à celle dite chinoise qui est très appréciée. Il est devenu très commun et fait l'objet d'un commerce assez important. On dispose largement des produits nécessaires pour le nourrir, et c'est l'un des animaux pouvant rendre le plus de services aux petits colons. Seulement, ce qui en est le plus important, c'est de savoir choisir la race, pour élever les porcs d'une façon favorable.

VOLAILLES ET LAPINS. — Un certain nombre de volailles viennent bien dans l'île et se multiplient rapidement : les poules, les pigeons et surtout les canards. Les oies, qui avaient été introduites de bonne heure, sont peu communes aujourd'hui, quoique le pays ne leur soit pas défavorable. Les pintades et les dindons qui étaient nombreux, paraît-il, en 1860, sont devenus plus rares. Il y a des paons, mais en petit nombre.

Les lapins sont peu répandus et la terre ne leur est pas toujours favorable ; néanmoins ils sont très recherchés.

CHASSE ET PECHE

Nous avons vu par l'exposé de la faune que la Nouvelle-Calédonie contient assez de gibier pour que l'on y fasse des chasses fructueuses. Parmi ce gibier entrent quelques catégories de mammifères, mais ce sont surtout les oiseaux qui abondent. La chasse offre d'autant plus de charme dans l'île que l'on n'a pas à y craindre des animaux dangereux, fauves, serpents et insectes venimeux.

D'après un récent arrêté du Gouverneur réglementant la chasse, elle est ouverte du 1er mai ou 30 novembre de chaque année. Le permis donne à celui qui en est porteur le droit de chasser les oiseaux de proie de jour et de nuit, les gibiers d'eau ou de marais, les diverses variétés de pigeons, les perruches, les roussettes, tous les gibiers à poils. La chasse des merles des Moluques et des petits oiseaux est absolument interdite, la vente sur le marché en est prohibée. La chasse aux cerfs et aux canards sauvages, ainsi qu'aux oiseaux de proie est autorisée en tout temps.

L'abondance des poissons pourrait amener à faire des pêches beaucoup plus importantes encore que celles qui sont pratiquées. En dehors des poissons qui en forment le fonds principal, la pêche procure aussi, comme le révèlent les notions données sur la faune, quelques cétacés, des tortues, des mollusques parmi lesquels les coquilles fournissant de la nacre et des perles ont le plus de valeur, des crustacés et l'holothurie appelée biche de mer. On a commencé à faire des salaisons de poisson qui ont réussi, ce qui peut contribuer à développer la pêche.

FLORE ET RESSOURCES VÉGÉTALES

La flore de la Nouvelle-Calédonie est très abondante et variée. Ses caractères diffèrent selon la nature du sol, dans lequel on peut distinguer quatre principales sortes de terrains : les alluvions ou terres à culture, les forêts, les pâturages et les terrains arides ou miniers. Il faut tenir compte aussi des différences dans le climat qui, par exemple, n'est pas le même sur les deux rivages. Les brises qui, venant de traverser tout le Pacifique, arrivent sur la côte de l'est chargées d'humidité, sont refroidies par les montagnes qui l'avoisinent et se résolvent en pluies très favorables à la végétation. La côte ouest, au contraire, souffre souvent de sécheresses persistantes qui peuvent compromettre les floraisons, et elle ne doit ses plus fortes pluies qu'aux vents d'ouest.

Les terrains d'alluvion qui ont, en général, une très riche végétation, ne sont pas ceux qui occupent la surface la plus étendue ; on a pu l'estimer à environ 43.000 hectares. On enregistre comme les meilleurs de ces terrains ceux de la Foa, Moindou, Bourail, Poya, Pouembout, Koné, Voh, sur la côte ouest, et la plupart des vallées de la côte est situées au nord de Thio.

Les forêts, placées le plus souvent sur les versants et sur les sommets de montagnes plus ou moins élevées, ont un sol fertile, bien que la terre végétale y soit moins profonde que dans les précédents terrains. On estime leur surface à environ 200.000 hectares.

Les pâturages qui, avons-nous dit, s'étendent sur à peu près 800.000 hectares, ont un sol ordinairement argileux où poussent certains arbres et qui peuvent recevoir des cultures.

Les terrains miniers sont généralement moins propres à la végétation. On y trouvera des broussailles et par exception quelques bouquets de beaux arbres. Mais leur sol ne peut être employé ni comme pâturages, ni pour la culture.

Nous parlerons d'abord de la flore naturelle ou spontanée, en signalant les ressources qu'elle offre et qui ont été utilisées, avant de parler des cultures, qui représentent une flore acclimatée (1). Il est dans cette flore naturelle des espèces dont les colons ont su tirer un certain parti après les indigènes et dont ils ont fait même des plantations nouvelles, mais il en est encore beaucoup dont on devrait mieux mettre à profit les ressources.

ARBRES. — Les essences forestières sont très nombreuses en Nouvelle-Calédonie et il en est beaucoup ayant de la valeur. Loin de pouvoir les énumérer toutes ici, nous nous bornerons à mentionner les plus répandues et celles qui présentent le plus d'intérêt.

Si nous envisageons d'abord la classe des dicotylédones, ordre des dialypétales, nous enregistrerons dans la famille des malvacées, le bourao (*hibiscus tiliaceus*) dont les diverses variétés fournissent un beau bois jaune, à veines noires ; son écorce textile procure pour l'agriculture d'excellents liens. Le bois de rose (*thespesia populnea*), qui tend à devenir rare, a un bois rouge, à veines noires et roses, et c'est le parfum qu'il dégage, quand on vient de le couper, qui lui a valu son nom. Plusieurs variétés d'*eleocarpus* et quelques genres de tiliacées, famille souvent reliée aux malvacées sous le nom de tribu des tiliées, donnent des bois de haute dimension servant tant à la menuiserie qu'à la charpente. Le houp (*montrouziera spheræflora*), qui appartient aussi aux tiliacées, donne un bois dur, d'un jaune rougeâtre, veiné et à grain fin.

Dans la famille des clusiacées est un magnifique arbre, le tamanou (*calophyllum inophyllum*), au bois rose et susceptible de se conserver longtemps ; de son écorce sort une résine jaune verdâtre, d'une odeur agréable. Les genres *hibbertia* et *trisema*, de la famille des dilléniacées, fournissent des bois d'ébénisterie. L'*aleurites*, communément appelé bancoulier, est un genre de la famille des euphorbiacées qui croît en abondance sur certaines collines et donne des planches fort belles, d'un bois blanc léger.

Le papayer (*carica papaya*), de la famille des bixacées, ne compte pas parmi les arbres fournissant du bois, mais il donne des fruits alimentaires très appréciés et un suc laiteux contenant diverses substances utilisées en médecine.

Dans la famille des rutacées, le *flindersia Fournieri*, appelé manoué par les indigènes, est un grand arbre assez commun dans les terrains ferrugineux.

La famille des méliacées renferme un certain nombre de genres qui fournissent des bois remarquables. Le *milnea austro-caledonica*, qui croît sur les bords de la mer, a un bois rouge foncé très dur, l'un des plus beaux de l'île. Le goudronnier (*rhus atra*), de la famille des anacardiacées, a un bois léger pouvant être utilisé.

La vaste famille des légumineuses est grandement représentée dans les forêts de la Nouvelle-Calédonie et les espèces introduites s'y sont très bien acclimatées. Mais, parmi ses arbres, tous n'offrent pas les mêmes qualités comme bois. Il faut citer cependant l'*acacia Lebbeck*, dit bois noir, apprécié comme bois de charronnage ; le kohu (*afzelia Melibœi*), qui est un joli bois d'ébénisterie ; le faux gaïac (*acacia spirorbis*), dont le bois, d'un brun foncé et à grain très serré, est excellent pour le tour. Mais, à côté de ces quelques ressources ligneuses, beaucoup de légumineuses, rentrant dans les arbres et arbustes, donnent des produits utilisés dans la médecine et les arts. Le tamarinier (*tamarinus indica*) fournit la substance médicinale appelée tamarin ; le cassie (*acacia farnesiana*) a une écorce riche en tannin et l'arbre exsude une gomme analogue à la gomme arabique. L'*erythrina glanea* a été employé comme abri pour les plantations de café, mais on l'a abandonné à cause de ses fortes chutes de branches et l'on donne de beaucoup la préférence dans ce but au bois noir. Le flamboyant (*poinciana regia*) est très ornemental quand il est couvert de ses belles fleurs rouges.

Dans la famille des rhamnacées, un arbre du genre *pomaderris* a un bois dur et grisâtre qui est utilisé en ébénisterie.

La famille des saxifragacées renferme beaucoup d'espèces dont les bois sont propres à l'ébénisterie. L'une des plus recommandables est le *pancheria fernata*, bois rouge violacé,

(1) De précieuses notions sont données sur la flore naturelle de la Nouvelle-Calédonie et les cultures entreprises dans la *Notice sur la Nouvelle-Calédonie*, publiée par l'*Union agricole calédonienne* (1900, p. 92-116).

panaché de veines noires, dur et incorruptible, pouvant servir pour la menuiserie fine.

Les palétuviers, nom communément donné à plusieurs genres de la famille des rhizophoracées, sont des arbres qui viennent sur presque toute la côte occidentale et contribuent à y former de nouvelles terres en retenant les vases ; sur leurs branches s'attachent des colonies d'huîtres comestibles. Deux espèces offrent des bois très appréciés, le *bruguiera Rhumphii* et le *rhizophora mucronata*. L'écorce de palétuvier est très riche en tannin.

L'arbre le plus caractéristique de la Nouvelle-Calédonie et le plus abondant de tous est le niaouli, de la famille des myrtacées, qui est représenté par plusieurs espèces, dont la plus commune est le *melaleuca viridiflora*, qui fleurit en juin et en janvier. C'est un arbre souvent très gros et extrêmement dur. Il sert à des usages très variés. Son écorce se soulève en larges lamelles que l'on utilise pour couvrir des abris provisoires. Le bois est employé localement pour faire des barrières de clôtures et des travaux de charpente et de menuiserie ; on en extrait aussi une fibre avec laquelle les indigènes fabriquent d'excellents tissus. Le niaouli a une précieuse qualité, c'est d'être, comme l'eucalyptus dans d'autres pays, une plante d'assainissement, contribuant à la salubrité qui existe dans l'île. De ses feuilles, on obtient par infusion une boisson qui remplace le thé et qui est employée pour guérir des rhumes et atténuer les souffrances de bronchites ; on en met aussi dans les sauces tout comme du laurier. Enfin, on tire parti par distillation de ses propriétés antiseptiques et l'essence ainsi obtenue est employée en parfumerie et aussi en médecine, par frictions contre les rhumatismes, et aussi pour le traitement des hépatites et comme antiseptique dans les maladies des voies respiratoires. Cette essence a été appelée en pharmacie goménol, du nom du village de Gomen, où elle fut d'abord exploitée.

Parmi les myrtacées, on peut citer encore deux arbres appartenant au genre *spermolepsis*, le chêne gomme et le gommier, ce dernier ne devant pas être confondu avec un autre arbre qualifié du même nom, un *cordia*, qui fait partie des dicotylédones gamopétales. Le chêne gomme a un bois dur, fibreux, presque incorruptible ; le gommier a un bois violacé, à grain fin, qui se travaille bien. Le pommier canaque (*eugenia Blackenridgei*) offre des fruits comestibles.

Dans la famille des araliées qui se rattache aux ombellifères, le genre *aralia* fournit un bois blanc à grain fin, susceptible d'un beau poli.

Si, toujours dans la classe des dicotylédones, nous abordons l'ordre des gamopétales, nous trouverons encore un certain nombre d'arbres à mentionner. Dans les épacridées, il y a le *leucopogon dammarifolium*, appelé faux kaori. Dans la famille des ébénacées dont les arbres sont renommés, le *diospyros tomentosa* notamment fournit un bois blanc, infiltré de noir, qui est une ébène véritable. Parmi les scrophularinées, le *duboisia myoporoides*, très répandu dans la colonie, fournit un assez bon bois. Dans les verbénacées, le *lantana aculeata* est un arbuste trop répandu qui offre l'inconvénient d'envahir les pâturages et même les cultures.

Dans le troisième ordre des dicotylédones, celui des apétales, on rencontre encore beaucoup d'arbres avec la famille des urticacées. D'abord dans le genre *ficus*, figuier, nous avons l'un des plus gros arbres de la colonie, le *ficus prolixa*, connu sous le nom de banian, dont on tire du caoutchouc et qui par ses fibres fournit aux indigènes une sorte de tissu. A la même famille appartient l'arbre à pain, *artocarpus incisa*, précieux pour la charpente.

Sous le nom de bois de fer est désigné celui fourni par des arbres du genre *casuarina*, appartenant à la famille des casuarinées, qui a été rattachée à celle des urticacées. Très dur et très dense, il a servi aux indigènes à construire leurs sagaies et il possède des qualités qui mériteraient peut-être de fixer un peu plus l'attention. Le plus dense de tous est le *casuarina Deplanchei*, qui vient sur les montagnes ferrugineuses.

Dans la famille des protéacées, se trouvent des arbres remarquables par leur coloration et leur finesse de grain, utilisés comme bois de construction. On cite le genre *grevillea*, représenté par plusieurs espèces, et le *stenocarpus laurifolius*, ou hêtre noir, qui donne un des plus beaux bois de la colonie.

Enfin, le santal, *santalum austro-caledonicum*, de la famille des santalacées, était un bois de luxe assez répandu sur les bords de la mer, qui avait attiré l'attention des marins et avait amené à passer les premiers marchés avec les indigènes. Malheureusement, comme il n'avait pas été pris de mesures suffisantes pour assurer sa reproduction, le nombre en a beaucoup diminué.

Passant de la classe des dicotylédones à celle des monocotylédones, nous noterons d'abord, dans la famille des pandanées, le genre *pandanus*, très abondant sur le bord des rivières et dans les vallées fraîches, dont les feuilles contiennent des fibres assez fortes pour servir à confectionner des sacs, des nattes, des chapeaux.

A la famille des palmiers appartient un arbre très précieux par la valeur de ses produits, c'est le cocotier, *cocos nucifera*. Il vient en abondance dans la colonie et il en est un grand nombre qui ont été plantés par les indigènes. C'est sur la côte est, la plus peuplée, qu'on en trouve le plus ; mais il vient aussi sur la côte ouest. Les terres qui conviennent le plus au cocotier sont celles de l'intérieur chargées de calcaire, puis les alluvions des grandes vallées et les plaines sablonneuses voisines de la mer ; il redoute plutôt les argiles compactes où pousse le niaouli.

Déjà ce dernier offrait des ressources très diverses ; le cocotier le surpasse encore. Son bois est dur et d'un très beau poli. Comme fruit, le cocotier donne des amandes ou noix comestibles, environ 150 annuellement par pied, lesquelles séchées au soleil et débarrassées de leur coque, constituent le coprah, produit oléagineux dont il est fait un grand commerce et qui a beaucoup d'emplois ; il sert notamment à faire du savon. Il faut environ 6.000 noix pour obtenir une tonne de coprah.

Avant son entière maturité, l'amande du cocotier renferme un lait agréable à boire et qui est regardé comme un puissant antiscorbutique. Le bourgeon herbacé terminal constitue un mets recherché appelé chou palmiste. On prépare avec les fleurs un vin de palme qui est apprécié et qui donne par la fermentation et la distillation un alcool connu sous le nom d'arak.

Avec les fibres qui enveloppent la coque, on fabrique des cordages, de gros tissus, des nattes, brosses, balais, etc. Avec la coque, les indigènes font des ustensiles et des vases ; en Europe, on fait des objets divers, des boutons par exemple. On s'est servi aussi de cette substance fibreuse pour calfater des navires. Avec les feuilles on couvre les cases et l'on peut faire aussi des paniers, des éventails, des chapeaux. On a tiré en thérapeutique beaucoup d'emplois utiles du cocotier. Ce n'est donc pas sans raison que l'on a pu qualifier le cocotier du nom de roi des végétaux.

Après le sous-embranchement des angiospermes, celui des gymnospermes nous retiendra moins longtemps. Mentionnons les *cycas*, plantes d'ornement d'une grande beauté, mais, comme arbres, nous n'avons à parler que de la famille des conifères, dont la Nouvelle-Calédonie possède des types qui lui sont propres. Dans ce groupe, il faut citer le *dammara*, représenté par plusieurs espèces, dont on tire la résine dite de kaori, qui est très recherchée et sert à fabriquer des vernis supérieurs. Ces divers conifères sont utilisés comme bois : l'un des dammara atteint des proportions gigantesques; le *podocarpus Novæ-Caledoniæ* a un bois rouge et très dur; l'*araucaria Cooki* est le plus usité, malgré quelques inconvénients qu'il présente. Le pin colonnaire, précieux pour sa résine, avait attiré l'attention de Cook et des naturalistes de son expédition par l'alignement de colonnes que les arbres formaient à une certaine distance de la côte.

Il est à regretter que l'exploitation des bois ne se fasse pas d'une façon très régulière ; il faut l'imputer à l'insuffisance de main-d'œuvre et de voies de transport. Il n'y a eu qu'une exploitation de bois importante, celle du lieu appelé Baie-du-Sud, qui a été faite par l'administration pénitentiaire.

PLANTES DIVERSES. — Parmi les plantes communes de la flore naturelle, autres que les arbres, qui sont très nombreuses, nous ne citerons que celles dont il est fait un usage local ou qui seraient utilisables. Il en est beaucoup qui peuvent avoir des applications médicales.

Dans les dicotylédones dialypétales, la famille des passifloracées offre avec le genre *passiflora* beaucoup d'espèces ayant des fruits comestibles. On cite parmi les meilleures la barbadine (*passiflora quadrangularis*), acclimatée dans le pays depuis longtemps. Bien des crucifères s'y sont vite répandus aussi comme la moutarde, *brassica*. On trouve beaucoup d'espèces indigènes de la famille des capparidacées, voisine de celle des crucifères, offrant des condiments variés.

La famille des légumineuses fournit, comme toujours, des plantes d'alimentation. Il y a un pois canaque (*dolichos luteolus*), très répandu, qui est un comestible agréable. Beaucoup d'autres doliques et des *phaseolus* procurent aussi aux indigènes des graines et des racines comestibles. Le *pachyrrhizus montanus* est recherché par le bétail et les chevaux pour ses feuilles, et il procure des fibres comparables au chanvre. Bien d'autres espèces encore sont utilisables.

Des rosacées il existe comme seul représentant une espèce de framboise (*rubus elongatus*).

Dans les dicotylédones gamopétales, les solanées présentent des espèces indigènes et d'autres depuis longtemps acclimatées qu'on ne saurait distinguer aujourd'hui. On rencontre des *datura* et différentes espèces d'aubergines, puis plusieurs espèces de *solanum* procurant des aliments. Dans les convolvulacées, le genre *ipomœa* fournit des ressources médicales ; de l'une des espèces on tire une résine purgative employée en médecine sous le nom de jalap, et une autre sert aux Canaques à faire des cataplasmes. L'*erythræa australis*, de la famille des gentianées, jouit de propriétés toniques analogues à celle de la centaurée de France. Dans les labiées, le *coleus Blumie*, très répandu, sert aux indigènes à teindre leurs pagnes en noir.

Parmi les cucurbitacées, il est une citrouille que mangent les Canaques. Ils surveillent avec grand soin la venue des espèces fournissant des gourdes. Les composées leur apportent aussi quelques nourritures, les feuilles du *sonchus levis* par exemple, ainsi que diverses substances propres à des usages médicaux.

Dans les dicotylédones apétales, la famille des urticacées est riche en plantes textiles, propres à la Nouvelle-Calédonie. Parmi les chénopodiacées, le *chenopodium ambrosioïdes*, qui est très commun, doit à sa très forte odeur la propriété d'éloigner les insectes.

La classe des monocotylédones renferme quelques familles offrant en Nouvelle-Calédonie d'intéressants produits. Ce seront d'abord les graminées dont divers genres présentent dans la colonie des utilisations médicinales ou servent à des usages domestiques. Nous nous bornerons à en citer un, l'*andropogon*, dont une espèce peut remplacer le chiendent ; une autre, qualifiée de citronelle, est une plante aromatique, dont on fait une huile distillée ; l'*andropogon muricatus* ou vétiver est réputé pour son odeur parfumée. Dans la famille des aracées ou aroïdées, la *colocasia esculenta* ou taro, fournit une nourriture aux indigènes. Les liliacées renferment des espèces qui ont des feuilles fourragères et des rhizomes comestibles très doux. Toutes les amaryllidacées de l'île sont riches en fibres textiles.

La famille des musacées a pour genre typique le bananier (*musa*), qui donne l'un des fruits des régions chaudes les plus appréciés comme alimentation et dont les colons ont un grand intérêt à développer la culture.

Enfin, comme monocotylédones, nous citerons encore les orchidées qui sont nombreuses en Nouvelle-Calédonie et présentent d'admirables spécimens de plantes ornementales. C'est encore un produit naturel que l'on peut recommander de soigner et d'exporter, car il est des espèces qui ont pris dans le commerce beaucoup de valeur.

Dans les cryptogames, nous avons à citer, parmi les lycopodiacées, le *lycopodium clavatum* qui a des emplois divers en pharmacie. Les fougères sont représentées par un très grand nombre d'espèces, parmi lesquelles les splendides fougères arborescentes qui montent jusqu'à 20 mètres de haut. Mousses et lichens existent abondamment ; il en est de même des algues qui pourraient être utilisées comme engrais ou pour en extraire des iodures et bromures. Il y a un très grand nombre de champignons, dont un mérite d'être cité, la *peziza auricula Judæ*, appelé oreille de Canaque ; cette espèce s'exporte en assez grande quantité, et les Chinois en font une forte consommation.

CULTURES

L'agriculture pratiquée par l'indigène lui a permis d'accroître beaucoup les ressources naturelles que lui fournissait son pays. Il importe aujourd'hui que les colons français étendent à leur tour toutes les richesses que leur offre la flore calédonienne et y introduisent aussi de nouvelles sortes de plantations. Si rapide qu'ait été notre aperçu sur la flore, on a pu voir combien de plantes de toute nature, poussant spontanément, pouvaient présenter des ressources considérables déjà en partie utilisées et combien d'autres aussi mériteraient de fixer davantage l'attention. Quant à des cultures nouvelles, il est facile d'en entreprendre à la Nouvelle-Calédonie à raison de son climat très favorable, auquel se prêtent les plantes d'origine les plus diverses. L'œuvre, certes, est déjà en magnifique voie de progrès, mais il est du plus haut intérêt de développer le plus largement possible la production agricole qui, à côté des richesses minières, assure à la colonie un avenir de premier ordre.

Comme centres agricoles de date ancienne et qui ont donné des résultats, on peut citer parmi les plus importants, ceux de Bourail, la Foa, Moindou, Canala ; d'autres ont été formés ensuite au Diahot, à Koné, à Pouembout et à Nessadiou. Celui de Bourail, créé en 1867, avait, vers 1884, 386 familles de concessionnaires provenant de l'administration pénitentiaire. Moindou, qui date de 1873, n'avait que des colons libres représentant 50 familles. A la Foa, centre mixte qui remonte à environ 1880, il y avait à la fois des concessionnaires libres et des concessionnaires de l'administration pénitentiaire, qui n'étaient séparés que par la rivière ; en ce point, les colons libres se sont trouvés bénéficier des moyens de transport créés par l'administration. Comme autres centres de cultures, on peut citer encore, parmi les plus fertiles et les plus prospères, Ouégoa, Hyenghène, Ponérihouen où a été institué un syndicat agricole et horticole.

De sérieux efforts n'ont cessé d'être tentés pour créer la grande culture, et les plus modestes colons ont montré aussi la plus louable activité. Malheureusement il y eut des insuccès, qui furent dus surtout à l'insuffisance et à la cherté de la main-d'œuvre, et aussi aux invasions de sauterelles. Nous reviendrons sur la question de main-d'œuvre. Quant aux sauterelles, nous savons que c'est grâce aux oiseaux que l'on pourra surtout les détruire ; de plus on a établi une prime par kilogramme de sauterelles détruites, et il est arrivé qu'on en a ramassé d'énormes quantités.

Paturages, plantes fourragères, céréales. — L'abondance des sauterelles qui se portent beaucoup sur les graminées, a amené les colons à choisir de préférence d'autres espèces pour fournir à l'entretien des animaux. Dans les pâturages, on sème de la sensitive (*mimosa pudica*) qui se développe vite et auquel le bétail s'habitue, les moutons surtout. Comme plante fourragère, on emploie la luzerne, puis une autre légumineuse dont les tiges forment un fourrage, le *cajanus indicus*, appelé embrevade ou pois d'Angole. On a aussi recours à diverses espèces d'*andropogon*, l'un d'eux indigène, *andropogon sericeus*, et d'autres acclimatés ; il faut ajouter un sarrasin, *fagopyrum polygonum*, dont la paille fait un bon fourrage, et les grains servent à nourrir la volaille et les porcs.

Comme céréales, on a essayé le blé qui a pu croître (1), mais on a reconnu qu'au lieu des graminées d'Europe, il valait mieux développer le sorgho (*sorghum vulgare*) qui donne aussi du fourrage, le maïs et le riz.

Le maïs vient très bien ; sa culture est simple et donne d'avantageux résultats. Il ne fournit pas moins de deux récoltes par an, représentant un rendement annuel moyen de 3.000 kilogrammes de grains à l'hectare. Mais la culture a quelquefois à souffrir des inondations et des coups de vent, et elle est menacée aussi d'un autre danger, celui des sauterelles, qui a été très fréquent, mais qui diminue grâce aux mesures prises. Des précautions ont été recommandées pour assurer la conservation du grain après la récolte (2).

Monceau d'ignames pour le pilou.

La culture du riz est moins répandue. On le cultive à Canala dans les endroits humides. Il réussit très bien dans les terrains marécageux et donne un rendement qui a été estimé à 1 tonne 1/2 à 2 tonnes par hectare. Mais c'est une culture qui exige pas mal de main-d'œuvre et par suite devient coûteuse ; elle est plutôt plus favorable pour les petits colons en vue de leurs besoins personnels (3).

---

(1) V. Perret, *Notice sur la culture du blé en Nouvelle-Calédonie.* Nouméa, A. Loustau, 1889.

(2) *L'Océanie Française,* juin 1914, p. 161.

(3) Des renseignements au sujet de la culture du riz et du rendement obtenu sur une surface de 35 hectares, ont été donnés dans la *Revue agricole,* juin 1913. — On a appris, en juillet 1921, que plu-

PLANTES COMESTIBLES ; ARBRES FRUITIERS. — La culture des légumes a été longtemps négligée à la Nouvelle-Calédonie, qui était approvisionnée par l'Australie : ce sont surtout des Japonais qui ont créé les premiers jardins potagers. La pomme de terre a été acclimatée et sa culture a progressé, grâce à des primes offertes par la Chambre d'agriculture. Comme autres légumes qui ont été propagés on peut citer la patate douce (*batatas edulis*), importée de l'Inde ; le topinambour (*helianthus tuberosus*), dont les tubercules servent aussi à la nourriture du bétail, principalement des porcs ; la betterave ; le manioc (*manihot utilissima*).

Le manioc est une plante qui pousse d'une façon parfaite dans tous les terrains, pourvu qu'ils ne soient pas trop humides. De ses tubercules, on extrait un produit qui est des plus profitables. Simplement cuit à l'eau, il peut remplacer le pain ; râpé, on en tire le tapioca dont la fabrication est une industrie d'avenir pour la colonie. Les bestiaux et la volaille mangent cuite ou crue cette fécule alimentaire. Dans les bonnes terres, on voit des pieds donner jusqu'à 50 kilogrammes de tubercules. La culture du manioc deviendrait très avantageuse si l'on installait des fabriques de tapioca ; il y en a bien une à la Foa, et l'on a fait aussi des essais à Bourail, mais c'est vraiment insuffisant.

La culture des haricots réussit très bien ; un hectare de bonne terre donne de 2 à 3 tonnes par récolte.

Dans les terrains calcaires, communs sur les côtes, on a introduit la vigne, qui vient bien, et l'on pourrait certainement la propager davantage, comme on l'a fait en Australie.

Beaucoup d'arbres fruitiers ont été introduits dans la colonie et ont réussi. Les pêchers surtout ont donné des fruits parfaits ; les poiriers et pommiers ont paru d'abord se ressentir de la température un peu élevée, mais on a pu cependant les faire venir. Le fraisier a eu aussi du succès. Bien des pays plus ou moins proches ont contribué à enrichir les vergers calédoniens. De Tahiti on a reçu l'ananas, l'oranger, le citronnier, le papayer ; du Brésil le bananier, de la Chine l'arbre à thé, et divers autres de la Réunion. On a envoyé d'Australie, en 1910, 800 pieds d'arbres fruitiers divers, racinés et greffés, et 500 en 1911.

Caféière sous bois.

sieurs colons de la région de Thio s'étaient mis à la culture du riz et avaient obtenu de bons résultats.

CAFÉ. — La culture du caféier est certainement l'une de celles ayant pris le plus le développement à la Nouvelle-Calédonie, et vers laquelle les agriculteurs ont porté le plus leurs efforts. Leur succès a été tel qu'ils ont pu donner une place importante au café calédonien sur le marché français ; il est d'ailleurs d'excellente qualité (1). L'étendue des terres affectées à cette culture est d'environ 5.000 hectares et l'on estime qu'elle pourrait être dix fois plus grande. Un hectare peut recevoir à peu près 2.500 caféiers, pouvant produire en moyenne 1.200 kilogrammes de café. La colonie a surtout consacré de grands efforts à cette culture depuis l'arrivée du gouverneur Feillet. Canala est l'un des centres agricoles où se trouvent les plus anciennes et les plus importantes plantations de café (2). Elles se sont beaucoup développées aussi à Bouloupari, la Foa, Moindou, Koné, Voh, Hyenghène, Houaïlou.

Malgré tout le profit que l'on peut tirer du café, il est prudent pour le colon de ne pas en faire une culture unique. L'établissement de caféières, qui se créent de préférence sous forêts ou sous abris artificiels, exige une assez forte main-d'œuvre, et il faut bien s'assurer de la qualité du sol. Le caféier ne commence à produire qu'après la deuxième année de plantation et il n'est en plein rapport qu'à la quatrième ; mais on peut faire des cultures intercalaires pendant la première et la deuxième année.

Il y a environ une dizaine d'années, une circonstance fâcheuse est venue apporter un trouble considérable dans la production du café, c'est l'invasion des plantations par un champignon, l'*hemileia vastatrix* (3), qui est venu en contaminer un grand nombre et les dévaster entièrement ; ce champignon paraissait avoir été introduit par des caféiers venus des Nouvelles-Hébrides. On prit un parti radical ; on planta désormais des caféiers de la variété *robusta*, qui est plus vigoureuse et résiste aux atteintes de l'hemileia, alors même qu'elle perdrait quelques feuilles. Cette espèce est moins appréciée, mais la terre calédonienne l'a régénérée, et le café calédonien a repris son arome délicat.

VANILLE. — Le vanillier, introduit dans l'île en 1861, a donné lieu à des essais qui ont amené des résultats très encourageants. Sa culture peut être entreprise dans les caféières, au pied des arbres-abris. On peut utiliser aussi à cet effet tous les arbres des plantations, les cocotiers en particulier, ou créer des appuis artificiels. L'entretien d'une vanillerie et la cueillette exigent des soins minutieux, mais peu fatigants, et le travail peut être exécuté par la femme et les enfants d'un colon, aussi est-ce peu coûteux.

CANNE A SUCRE. — Une très grande partie du sol de la Nouvelle-Calédonie convient à la culture de la canne à sucre ; selon les variétés, elle peut pousser dans des lieux humides ou dans les terres sèches. On en a fait des essais à Saint-Louis, Dumbéa, Païta, la Tamoa, la Ouameni et Bourail ; des usines pour le sucre et le rhum ont été installées dans ces localités. Mais diverses raisons ont fait diminuer la culture de la canne à sucre. Il y a eu les dégâts des sauterelles, puis l'infériorité du matériel de fabrication, l'insuffisance des voies de transport et surtout la concurrence due à l'extension donnée au sucre de betterave. Aussi les colons ont-ils fait plutôt du rhum. Néanmoins, dans un pays si favorable à la culture de la canne à sucre, il serait à souhaiter que l'on puisse la reprendre, ne fût-ce que sur des petites étendues et pour satisfaire aux besoins locaux, l'entreprise en grand restant difficile à raison de la main-d'œuvre insuffisante.

TABAC. — Beaucoup d'espèces de tabac ont été et sont encore cultivées dans la colonie et l'humidité du bord des rivières convient très bien à la plante. Un hectare bien cultivé peut donner jusqu'à 1.500 et 2.000 kilogrammes de tabac par an. Il est très apprécié comme parfum et il pourrait certainement devenir une source importante de revenus pour la colonie s'il était cultivé en vue de l'exportation. Il existe, à Nouméa, une fabrique de tabac qui peut contribuer à créer des débouchés.

INDIGO. — La véritable espèce tinctoriale de l'indigo existe sur divers points de la colonie et, près de Canala, on a essayé avec succès de le produire tel qu'il se trouve dans le commerce. On s'est efforcé aussi de créer quelques petites indigoteries rurales.

CAOUTCHOUC. — La culture des arbres à caoutchouc a été commencée sur bien des points, mais elle n'a pas reçu encore tout le développement qu'elle pourra avoir par la suite. Les essais ont porté surtout sur le ceara (*manihot Glaziovii*). On a planté aussi une

(1) Parmi les nombreux travaux pouvant renseigner sur le café calédonien, nous citerons : *Notice pratique sur la culture du café en Nouvelle-Calédonie*, Nouméa, 1895. — Ministère des Colonies. Office colonial. *La plantation du café en Nouvelle-Calédonie*, Melun, 1900 (notice rédigée par M. CAMOUILLY, planteur à la Foa, sous la direction de M. FEILLET, gouverneur de la Nouvelle-Calédonie. — ETESSE, *Note sur le café en Nouvelle-Calédonie* (*L'Agriculture pratique des pays chauds*, mai 1909, p. 422). — A. JACOTOT, *La culture du café; son avenir dans les colonies françaises*, Paris, E. Larose, 1910, p. 126-144.

(2) Albert RAPADZI, *Remarques sur la culture du café dans la région de Canala* (*Revue agricole*, Nouméa, novembre-décembre 1914, p. 34-38).

(3) *L'Océanie Française*, 1911, 1912, 1913. Voir les tables.

autre espèce, le *manihot dichotoma*, notamment à Dumbéa. L'*hevea brasiliensis*, qui donne l'excellent caoutchouc du Para, mériterait aussi d'être répandu. La Nouvelle-Calédonie peut parfaitement se constituer une richesse considérable en caoutchouc (1). Il ne faut pas oublier qu'elle possède déjà un arbre du pays, le banian, qui produit un caoutchouc de bonne qualité et très facile à préparer.

TEXTILES. — Le coton est en très bonne voie de développement à la Nouvelle-Calédonie (2), mais sans qu'on puisse compter en former de très vastes exploitations. Ce n'est d'ailleurs pas là une cause d'infériorité, parce que le coton est susceptible de se répandre de plus en plus comme culture familiale et rendra à cet égard de grands services. Chaque planteur peut utiliser pour le coton des espaces moyens et aussi des terres qui seraient impropres au café. Un certain nombre de variétés ont été introduites ; on peut multiplier les unes et les autres, mais à condition de choisir pour chacune les terrains leur convenant le mieux. L'une d'elles, dite le calédonien, genre rappelant le coton dur du Pérou, a très bien réussi et même pris une avance sur les autres. En juillet 1921, des graines de ce « calédonien » avaient été envoyées de la Nouvelle-Calédonie à Tahiti, où elles étaient distribuées aux agriculteurs.

Comme autre plante textile introduite dans la colonie, il faut mentionner l'agave qui croît avec vigueur dans presque tous les terrains, là même où l'on ne saurait produire autre chose; on peut même s'en servir pour constituer des clôtures et elle n'exige aucun soin particulier jusqu'à sa floraison. Ses longues et fortes fibres se trouvent donc par là être un produit avantageux.

PLANTES OLÉAGINEUSES. — L'une des plus intéressantes est l'arachide, cultivée depuis un certain temps à Bourail notamment, où une petite fabrique en tire de l'huile pour la consommation locale ; il serait à souhaiter que ce produit se développe en vue de l'exportation.

Le ricin, depuis longtemps acclimaté, pousse à l'état sauvage sur les bords de plusieurs rivières. Il pourrait faire l'objet d'une exploitation sérieuse, son huile ayant une valeur importante.

(1) Voir : ETESSE, *Le caoutchouc en Nouvelle-Calédonie* (*L'Agriculture pratique des pays chauds*, 1907, p. 101).

(2) POGNON, *Le coton en Nouvelle-Calédonie* (*Bulletin du Comité de l'Océanie Française dans le Mois colonial et maritime*, mai 1908, p. 325-327).

Enfin le tournesol, qui vient dans les jardins, devrait être aussi plus régulièrement cultivé pour utiliser l'huile contenue dans ses graines, employées seulement à nourrir les volailles.

COCOTIER. — Plante indigène, le cocotier est passé parmi les plantes de culture à raison de sa haute importance (1). Aujourd'hui, sa culture vient aussitôt après celle du café, c'est-à-dire qu'elle a pris le deuxième rang. En 1884, on pouvait citer une plantation de 100.000 pieds faite par un colon sur la côte ouest de l'île, à Mouéo. Le développement de cette culture aurait certainement pu être plus rapide encore, mais diverses raisons ont contribué à la ralentir, et l'une d'elles a été la priorité donnée partout à celle du café. De plus, les nouveaux venus ainsi que les modestes colons hésitaient à entreprendre une culture dont ils ne pourraient tirer profit qu'à une longue échéance, environ dix ou quinze ans après, selon les conditions des terrains. Aujourd'hui même, les plantations de cocotiers pourraient recevoir plus d'extension encore.

En 1911, on présentait le cocotier comme n'étant exposé à aucune maladie cryptogamique. Néanmoins, il y eut des plantations atteintes, en 1914, à Hyenghène, Poindimié et Ponérihouen, et la cause de la maladie a pu être attribuée à la présence d'une espèce spéciale de champignon. Des mesures préventives ont été conseillées pour éviter ce danger (2).

En dehors du cocotier, on pourrait faire entrer beaucoup d'autres plantes indigènes dans le domaine agricole, afin d'améliorer et d'étendre leur rendement. On a pu s'en préoccuper pour quelques-unes, mais il est hors de doute qu'il y a encore bien des études à faire pour tirer un profit plus grand des richesses de la flore.

RESSOURCES MINÉRALES

La Nouvelle-Calédonie peut être classée parmi les pays essentiellement miniers, et elle réunit, par la variété et la qualité des produits

(1) Voir : Dr Ernest DAVILLE, *La culture du cocotier*, Paris, J. André. — *Nouvelle-Calédonie. Notice sur le mode de plantation, sur la production, l'utilisation, la vente et le transport des cocos, du coprah et de ses sous-produits.* (Ministère des Colonies. *Bulletin de l'Office Colonial*, juin 1911, p. 202-205).

(2) R.-H. COMPTON et P.-D. MONTAGUE. *Notes sur une maladie des cocotiers à la Nouvelle-Calédonie* (*Revue agricole*, Nouméa, novembre-décembre 1914, p. 29-33).

du sous-sol, des richesses minérales qui assurent sa prospérité (1). L'ingénieur Jules Garnier, chargé de mission en Océanie de 1863 à 1867, fut l'un des premiers qui les signala, mais un certain temps s'écoula avant que pût être réalisée leur mise en valeur.

C'est par l'action des roches éruptives que se sont produites les formations minérales, et leurs gisements se rencontrent dans les zones occupées par ces roches. Les espèces de minerais que l'on y trouve dépendent de la nature des terrains. C'est vers les éruptions de roches vertes anciennes, roches à glaucophane, roches dioritiques, que sont notamment, dans le nord de l'île, les gisements d'or, de cuivre, de plomb argentifère, de zinc. C'est vers les éruptions métaphyriques que l'on trouve, dans les amas triasiques, le manganèse, un peu d'or et de cuivre. Les roches porphyriques modernes renferment les couches de houille. Enfin, c'est vers les roches serpentineuses modernes, de beaucoup les plus importantes, que l'on rencontre en très grande abondance, nickel, cobalt, chrome, fer hydroxydé (2). Nous donnerons maintenant quelques indications sur les minerais offrant le plus d'intérêt.

NICKEL. — C'est le nickel qui, de tous les minerais, est le plus répandu dans la colonie et fournit le plus à l'exportation. Ayant été signalé pour la première fois par Jules Garnier, le nickel hydro-silicaté néo-calédonien reçut d'un savant américain le nom de garniérite. Ce fut en 1874 que les premiers gisements furent découverts sur le mont d'Or, hauteur située à l'est de la presqu'île de Nouméa, et que l'exploitation commença. Il existe des mines un peu partout dans la colonie et nous nous bornerons à énumérer, parmi les plus importantes qui sont exploitées, celles situées à Thio et dans les environs, à Nakéty, Canala, Kouaoua, Bel-Air près de Houaïlou, du côté de l'est ; à Dumbéa, Païta et Saint-Vincent, sur les bords de la Tontouta et de la Ouengui, à Mouéo, Pouembout, Koné, Koniambo, Voh, près de la côte ouest ; au mont Dô, plus au centre de l'île.

Le nickel de la Nouvelle-Calédonie se présente généralement sous une couleur verte accentuée ; on ne le trouve jamais à l'état de pureté dans les gisements. Il est presque toujours uni au fer ou au cobalt, ou combiné avec de l'arsenic. Les quantités de nickel extraites ont pu atteindre jusqu'à 172.000 tonnes en 1914; mais, sur 800 concessions accordées, une cinquantaine seulement étaient restées ensuite en activité. La Nouvelle-Calédonie se trouve partager avec le Canada le monopole du nickel qui n'existe en abondance dans aucun autre pays du monde.

CHROME. — Le chrome ne se rencontre pas en gisements importants comme le nickel, mais c'est un produit qui représente une valeur pour la Nouvelle-Calédonie parce qu'en dehors d'elle, on ne le trouve en quantités appréciables que dans l'Afrique du Sud. Les principales mines exploitées de chrome de fer et de cobalt sont celles de Canala et, au sud de l'île, de Plum. La production du minerai de chrome représente environ 50.000 tonnes. Au point de vue de l'exploitation, il y a lieu de noter deux qualités très distinctes de fer chromé : l'un, en roches, qui se présente en vrais filons dans la roche de serpentine; l'autre, le fer chromé dit d'alluvion, en cristaux de grosseur variable, que l'on rencontre en amas plus ou moins importants dans les argiles provenant des décompositions serpentineuses. Ce dernier, qui n'est pas aussi répandu que l'autre, est le plus volontiers exploité, à cause de sa plus grande facilité d'extraction.

COBALT. — Le cobalt, qui se rencontre avec le chrome dans les terrains serpentineux, se trouve presque toujours dans de grandes vasques argileuses où, comme le nickel, il forme des gisements. L'exploitation du cobalt se fait sur une échelle restreinte, le minerai ayant moins d'utilisations que le nickel et le chrome.

CUIVRE. — Le cuivre abonde dans les terrains primitifs du nord, dans les micaschistes et dans les schistes cristallins. La vallée du Diahot, depuis Pam jusqu'à Bondé, le district d'Arama, les vallées de Néhoué et de Koumac, dans le nord de l'île, sont remplies

---

(1) Comme indications générales, on peut consulter : F. RATTE, *Note sur les roches et gisements métallifères de la Nouvelle-Calédonie;* Nouméa, 1878, in-8. — PORCHERON, *Les mines de la Nouvelle-Calédonie* (*Bulletin de la Société de l'Industrie minérale,* 1885). — L. PELATAN, *Les mines de la Nouvelle-Calédonie,* 1891. — *Nouvelle-Calédonie et dépendances; produits minéralogiques exposés par le musée de Nouméa,* M. BERNIER, conservateur; Paris, Paul Ollendorff, 1900. — E. GLASSON, *Rapport à M. le Ministre des Colonies sur les richesses minérales de la Nouvelle-Calédonie* (*Annales des Mines,* 1903, p. 299-392, 397-536, cartes, plans et coupes; 1904, p. 29-154, 503-620, 623-701, cartes et coupes). Tir. à part : Paris, Vve Ch. Dunod, 1904, in-8, 560 p., 6 pl.

(2) Au sujet de ces gîtes de serpentinisation de la Nouvelle-Calédonie, voir : Jules GARNIER, *Mémoire sur les gisements de cobalt, de chrome et de fer à la Nouvelle-Calédonie ; leur emploi industriel.* Paris, Impr. Chaix, 1887 (Extrait des *Mémoires de la Société des Ingénieurs civils*). — Stanislas MEUNIER, *Les gîtes minéraux,* Paris, H. Dunod et E. Pinat, 1919, p. 172-174.

d'une suite presque ininterrompue de mines de cuivre ; on peut citer notamment celles de Balade, de Gomen, de Koumac, et de Pilou, près d'Ouégoa. Il y a aussi des mines de cuivre dans des régions plus méridionales, à Canala, par exemple, et tout à fait au sud dans la baie de Prony et à l'île d'Ouen.

PLOMB, ZINC, ARGENT. — Presque tous les minerais de cuivre de la Nouvelle-Calédonie contiennent une assez forte proportion d'argent : 200 à 400 grammes à la tonne. Les minerais de surface, carbonates verts ou bleus, oxydes rouges ou noirs, renferment en outre une petite proportion d'or : 2 à 4 grammes à la tonne.

centre de mines d'or. La mine Ophir, située sur la rive droite du Diahot, à l'ouest de la rivière de Balade, a été découverte vers 1880. On a trouvé aussi de l'or sur la côte est à Panié et à Nakéty. Somme toute, on en a signalé un peu partout au nord et à l'est, mais en beaucoup d'endroits, le métal précieux était en quantité insuffisante pour répondre aux dépenses d'une exploitation régulière.

FER. — Le fer est très abondant en Nouvelle-Calédonie et on en trouve dans tous les terrains. Au nord de l'île, dans les terrains primitifs, il apparaît très fréquemment sous la forme de fer oxydulé en grains, ou de fer oligiste. Dans les couches triasiques, il existe en

Abatage dans la mine.

A côté des minerais de cuivre de la région nord, on rencontre aussi des minerais de plomb et de zinc argentifères. Un gisement très important a été exploité sur la rivière Djahel, située sur la rive gauche du Diahot.

OR. — C'est principalement dans les terrains primitifs du nord que l'on a trouvé de l'or. La première découverte a été faite dans la rivière de Pouébo, en 1863. Jules Garnier a décrit des recherches faites en 1864 dans cette région. Une mine d'or, celle de Fern-Hill, a été découverte, en 1870, à Manghine, sur les bords du Diahot. Une autre a été trouvée, sur la côte est, non loin de l'embouchure de la Ouaïème. Galarino, entre la Ouaïème et Oubatche, devint bientôt un petit

poches plus ou moins développées, à l'état de limonites souvent aurifères et presque toujours manganésifères. Enfin, on le rencontre en quantités innombrables dans les massifs serpentineux, sous forme de fer oxydé et hydroxydé plus ou moins chromifère. Dans les deux premières sortes de terrains, les gisements sont très importants ; dans la troisième, on peut dire qu'ils sont inépuisables. Aussi peut-on considérer le fer calédonien comme un produit d'un grand avenir, mais jusqu'ici à raison de l'insuffisance et des frais de transport, on a donné la préférence aux produits de mines plus favorables au point de vue de leur valeur industrielle.

PRODUITS MINIERS DIVERS. — L'île possède aussi de très importants gisements de manganèse, dont les principaux se trouvent à Gomen, Bourail, Saint-Vincent, Port-Laguerre. A Nakéty, on trouve un bon gisement d'antimoine et un de cinabre. A Bourail, et aussi à Tiaoué, près de Pouembout, on a relevé la présence de schistes imprégnés de cinabre et de mercure natif. Il faut citer aussi le phosphate de chaux dont il avait été extrait 4.000 tonnes environ en 1913. Ces produits miniers et certains autres encore sont beaucoup trop délaissés et il y aurait intérêt à en tirer profit.

HOUILLE. — Une richesse précieuse de la Nouvelle-Calédonie est la houille (1). Sa présence a été signalée en 1846 par le R. P. Montrouzier. Mais ce fut seulement après de longues recherches effectuées avec le concours de l'administration que l'on put reconnaître l'étendue et la qualité des couches. On fut amené à constater que la formation houillère occupait dans l'île une superficie de près de 50.000 hectares. Les principaux gisements connus se trouvent dans les alentours de Nouméa, au mont d'Or, à Saint-Louis, Tonghoué, Dumbéa, Païta ; puis, en remontant la côte occidentale, à la Foa, Moindou, Bourail, Mouéo, Koné, Voh. Des analyses de cette houille faites à Paris ont démontré ses parfaites qualités combustibles et des essais entrepris à Nouméa ont prouvé qu'on pouvait très bien la transformer en coke. Si des difficultés ont contribué à retarder ou à suspendre l'exploitation du charbon déjà commencée, il est à souhaiter que l'on arrive à mettre entièrement en valeur cette production naturelle, si précieuse pour la colonie elle-même, afin de l'aider à son propre développement industriel.

MAIN-D'ŒUVRE

La Nouvelle-Calédonie possède de grandes richesses naturelles de toute nature, mais pour pouvoir les mettre en valeur et en tirer profit, l'une des conditions essentielles est de pouvoir disposer de toute la main-d'œuvre nécessaire. Or, c'est là précisément une difficulté qui existe pour elle et dont elle a ressenti malheureusement les conséquences. La main-d'œuvre est rare et elle se paie cher ; étant insuffisante sur place, il a fallu en faire venir du dehors.

Les indigènes peuvent travailler et ils y apportent des qualités, mais leur nombre ne fournit pas à tous les besoins et ils ont un fond de paresse et d'indépendance. Ils ne louent pas volontiers leurs services pour une longue période, mais si l'on entretient de bonnes relations avec la tribu, on obtient facilement quelques Canaques pour un travail déterminé. Beaucoup de colons s'entendent avec le chef de la tribu pour avoir constamment chez eux un certain nombre d'indigènes, lesquels se remplacent les uns les autres. On s'entend facilement avec eux pour certains travaux à forfait : débroussage d'un chemin, construction d'une case, établissement de barrières. Mais, comme main-d'œuvre industrielle et minière, ce n'est pas sur eux que l'on peut compter. Il y a bien eu à un moment la main-d'œuvre pénale, mais nous avons fait ressortir tous les inconvénients qu'elle présentait, et aujourd'hui on ne peut que se féliciter d'en être débarrassé.

On s'adressa selon les temps à divers pays pour se procurer la main-d'œuvre dont on avait besoin. On employa la main-d'œuvre hindoue, qui amena plutôt des déceptions ; les indigènes néo-hébridais, estimés pour les travaux agricoles et la domesticité, mais dont le recrutement n'était pas sans soulever des difficultés ; les indigènes des îles Loyalty, travailleurs plus actifs que les Calédoniens, qui apportent chaque année de l'aide pour la cueillette du café ; puis les Chinois, qui ont des défauts et sont très intéressés et qui ont toujours tendance à créer une concurrence commerciale.

Les Japonais ont aussi été introduits depuis quelques années et ils ont été affectés surtout à l'industrie minière. Un cargo japonais, venant de Nagasaki, est arrivé à Nouméa, en mai 1911, amenant 345 travailleurs qui ont été affectés en partie à l'exploitation de la mine Le Pic, à Dumbéa. En février 1913, on amenait 583 Japonais qui ont été dirigés sur différentes mines.

Une autre main-d'œuvre très appréciée est celle fournie par l'île de Java. C'est le 1er février 1896 qu'a été amenée la première main-d'œuvre javanaise, avec un contrat de cinq années. Une série de contrats s'est succédée et celui passé en 1912 a prévu l'introduction de 1.300 travailleurs. On a attiré aussi dans la région de Ponérihouen quelques Javanais mariés auxquels des colons donnaient un petit lopin de terre pouvant être cultivé à leur gré

(1) Voir : A.-M. PORTE, *Essai sur les recherches de houille en Nouvelle-Calédonie*, Nouméa, Imprimerie nouméenne, 1887, in-8. — Un exposé de l'historique du charbon en Nouvelle-Calédonie a aussi été publié par Louis PELATAN, dans *Le Génie civil* (1892). — Enfin, voir : Félix COLOMER, *La houille en Nouvelle-Calédonie* (*L'Océanie Française*, 1913, p. 306-308, 344-348).

à charge par eux de prêter leur concours au moment des récoltes. La main-d'œuvre javanaise a rendu de grands services dans la colonie ; ce sont des hommes travaillant d'une façon douce et régulière, mais n'étant pas tout à fait aptes aux plus durs ouvrages. Malheureusement, le nombre des Javanais introduits est encore loin d'être suffisant pour satisfaire à tous les besoins et l'on ne peut pas être assuré qu'il interviendra bien de nouveaux arrangements pour l'envoi de main-d'œuvre javanaise.

Pour combler les vides se produisant dans la main-d'œuvre, on avait déjà eu recours jadis à l'Indochine et l'on avait fait venir des Annamites. On fit appel ensuite aux Tonkinois et, le 11 août 1920, arriva à Nouméa un convoi de 940 travailleurs venant d'Hanoï. Recrutés avec soin, presque tous parmi la population agricole, ces nouveaux venus semblent appelés à donner satisfaction.

Malgré tous les efforts qui ont été faits, on a pu constater, en 1921, que la main-d'œuvre faisait de plus en plus défaut, surtout dans l'agriculture, les indigènes et les immigrés délaissant les uns comme les autres les exploitations agricoles pour se reporter vers les mines qui leur procuraient des salaires plus élevés. Le gouverneur, M. Repiquet, a institué une commission chargée de rechercher et de proposer tous les moyens pouvant permettre d'obtenir un recrutement plus sûr et plus régulier de la main-d'œuvre de quelque provenance que ce soit, pour les besoins de l'agriculture et des industries s'y rattachant. Ce qu'il faudrait aussi, c'est que, par une adroite politique indigène, on parvienne à amener la population locale à se plier à un travail régulier et assidu, dans des conditions raisonnables, en lui faisant comprendre tout le bien qu'elle peut en attendre.

Une autre mesure très efficace qu'il conviendrait de prendre, après avoir assuré le recrutement de la main-d'œuvre agricole, ce serait, comme l'a fort justement fait observer le président de la Chambre d'agriculture de Nouméa, M. Maurice Lang, d'aider les colons, par l'institution d'une caisse de crédit agricole bien appropriée, à pouvoir faire face aux frais nécessaires pour se procurer un personnel nombreux et en même temps un matériel agricole moderne (1).

(1) Maurice LANG, *La colonisation en Nouvelle-Calédonie* (*La Dépêche coloniale et maritime*, 25-26 juillet 1920).

INDUSTRIES

Ce sont avant tout les mines et les productions agricoles qui ont amené, à la Nouvelle-Calédonie, la création d'entreprises industrielles.

RÉGIME MINIER. — La loi générale sur les mines du 21 avril 1810 n'ayant pu, pour des raisons diverses, convenir aux colonies, c'est par décrets qu'on a établi pour chacune d'elles son régime spécial. A la Nouvelle-Calédonie, il a d'abord été organisé par un décret du 22 juillet 1882, modifié par ceux des 15 octobre 1892, 24 juin 1893, et 17 octobre 1896. Puis, survint le décret du 10 mars 1906 qui, tout en abrogeant celui de 1896, en reproduisit les dispositions générales. Mais, ce que l'on a voulu surtout, par cette législation nouvelle, c'est simplifier la délimitation du permis de recherches, assurer des concessions aux explorateurs qui ont découvert des gisements, enfin obliger par des mesures appropriées les concessionnaires et explorateurs à mettre en valeur les richesses qui leur sont octroyées (1).

C'est dans le même esprit qu'une nouvelle amélioration a été introduite dans le régime minier par un décret du 28 janvier 1913 qui constitue une revision de celui de 1906 (2). Son objet a été principalement de répartir les gîtes de substances concessibles en quatre catégories : 1° combustibles, pétroles et bitumes ; 2° sel gemme, sels associés et sources salées, nitrates, sels associés et phosphates ; 3° nickel, fer chromé, cobalt, manganèse et fer ; 4° toutes autres substances. De cette façon, la concession d'un gîte d'une substance entraîne celle de toutes les autres substances de même catégorie, ce qui favorise la recherche de produits minéraux qui risquaient d'être délaissés, parce qu'ils n'entraient pas dans la concession accordée, bien que pouvant être rencontrés souvent dans le même terrain. Il peut même être institué, en faveur de personnes différentes et sur le même terrain, des permis de recherche ou de concessions de mines correspondant à des catégories distinctes.

Notons, à propos du régime minier, qu'il existe, à la Nouvelle-Calédonie, un comité consultatif des mines, chargé de fournir son

(1) D'utiles indications sont données dans : Arthur GIRAULT, *Principes de colonisation et de législation coloniale*, Paris, Larose et Ténin, 3e édit., 1907, tome II, p. 434-439.
(2) Voir : *L'Océanie Française*, 1913, p. 53.

avis sur les principales questions intéressant la législation et l'exploitation des mines.

INDUSTRIES MINIÈRES. — Les nombreuses découvertes de mines, successivement faites dans la colonie, amenèrent à constituer pour leur exploitation, de grandes entreprises industrielles, disposant des capitaux nécessaires. Après la première découverte de gisements de nickel qui fut faite sur le mont d'Or, en 1874, par des colons voisins, on créa pour les exploiter la *Société du Mont d'Or*. Peu à peu toutes les nouvelles mines de nickel reconnues entrèrent en exploitation, et il se forma plusieurs sociétés dont la plus importante fut celle appelée *Le Nickel*. Il y eut aussi l'*International Nickel* C°. La première, qui extrayait ses produits des groupes de Thio et de Kouaoua, et qui en achetait une partie à des contractants exploitant ses mines ou les leurs, a eu à un moment des intérêts dans au moins 100.000 hectares de mines déclarées. La seconde, qui extrayait ses minerais du bassin de Mouéo, représentait, dans les mêmes conditions, 50.000 hectares environ.

Il y a aussi des sociétés spéciales pour d'autres métaux; *Le Cobalt*, *Le Chrome*. Il y aurait naturellement bien d'autres sociétés encore à énumérer, sans compter toutes les entreprises individuelles.

Puis, à côté des entreprises d'extraction des minerais, on a établi des usines pour leur traitement et leur préparation première en vue de faciliter leur transport. Il a été créé des hauts fourneaux pour la fonte du nickel près de Thio, à la pointe Chaleix, puis à Ouroué. Aujourd'hui, il y en a aussi près de Nouméa, à la pointe Doniambo. Ces hauts fourneaux ont donné un heureux exemple. Une usine hydro-électrique pour la préparation du ferro-nickel a été récemment construite à Tao; une autre usine du même type, qui préparera du ferro-chrome, est en cours d'installation dans la plaines des Lacs, au sud de l'île. Enfin des hauts fourneaux installés à Pam commencent à traiter le minerai de cuivre.

L'industrie minière de la Nouvelle-Calédonie n'a cessé de se maintenir à des chiffres très élevés, malgré divers fléchissements qui ont eu lieu. Nous relèverons, à titre d'exemple, les chiffres donnés quelques années avant la guerre (1). Il existait, à la fin de 1908, un total de concessions de 1.312 mines de toute nature, représentant une superficie de 211.893 hectares. A la fin de 1909, les chiffres se trouvaient être montés à 1.358 concessions pour 221.621 hectares; ils se trouvent moindres pour 1910, donnant un total de 1.265 concessions, d'une superficie de 199.798 hectares.

Parmi les substances concédées, quatre d'entre elles, le nickel, le cobalt, le fer chromé et le cuivre formaient, dans leur ordre d'importance 93,4 0/0 du nombre des concessions instituées et 94,9 0/0 de leur superficie. Le nickel comprenait à lui seul, 59,7 0/0 du nombre total des concessions et 71,2 0/0 de l'étendue correspondante. Pour le cobalt et le fer chromé, ces éléments étaient respectivement représentés par 16,9 0/0 et 11,6 0/0 d'une part, et par 16,8 0/0 et 6,6 0/0 d'autre part. Il est à remarquer qu'il y a toujours eu une faible proportion entre les mines concédées et les concessions en activité.

Les quantités de minerais fournies, en 1910, par les exploitations en activité, sont : pour le nickel, 99.039 tonnes; pour le fer chromé, 40.000; pour le suivre, 8.000; pour le cobalt, 54.

En 1911-1912, l'exploitation de deux des mines de nickel du massif minier du mont Dô, appartenant à la société récemment constituée sous le nom de *Société des mines du mont Dô* et dont la gérance est confiée à la société *Le Chrome*, est entrée dans la période des travaux préparatoires d'exploitation (2). En 1912, on signalait les exploitations de nickel du bassin de la Dumbéa comme étant en pleine activité (3).

Voici enfin quelques indications tirées de renseignements officiels sur la production minérale de la Nouvelle-Calédonie en 1913 (4). Il existait au 1er janvier 1913, un nombre de 1.263 concessions portant sur 219.604 hectares; il en a été accordé, au cours de l'année, 17 s'étendant sur 3.950 hectares. Au 1er janvier 1913, on comptait 305 permis de recherche, portant sur 95.454 hectares; il en a été accordé en 1913, 139 s'étendant à 29.535 hectares.

Comme extraction, on signale notamment : 164.406 tonnes de minerais de nickel contenant 7.535 tonnes de métal d'une valeur de 4.110.150 francs; pour le chrome, 45.918 tonnes de minerais contenant 23.992 tonnes de métal d'une valeur de 1.337.000 francs.

Au nombre des travaux susceptibles d'apporter un concours très efficace pour le développement de l'industrie minière, il faut mentionner ceux entrepris par la société *Le*

(1) *L'Océanie Française*, 1911, p. 153.

(2) *L'Océanie Française*, 1911, p. 125 ; 1912, p. 266.
(3) *L'Océanie Française*, 1912, p. 188.
(4) *L'Océanie Française*, 1914, p. 101.

Chrome et qui étaient en voie d'exécution en 1913 pour l'installation à Yaté d'une usine destinée au traitement sur place des minerais par la houille blanche (1) ; c'est là un travail qui ne peut manquer de produire dans la vie économique de la colonie un nouvel élément de prospérité.

Quant à la houille, elle est loin d'avoir donné lieu jusqu'ici aux entreprises d'exploitation qu'elle pourrait comporter, ce qui est très regrettable.

Enfin, dans les industries portant sur des produits minéraux, il faut faire rentrer les salines situées aux environs de Nouméa.

INDUSTRIES AGRICOLES ET AUTRES. — En dehors des mines il n'y a guère à mentionner comme industries importantes que l'élevage et l'agriculture, et c'est à celles-ci que se rattachent la plupart des autres, à raison de l'origine des produits fabriqués.

Sans avoir à insister à nouveau sur l'agriculture en elle-même, nous rappellerons qu'il s'est créé des centres agricoles de telle importance qu'ils peuvent compter parmi les grands centres industriels. Aussi sont-ce surtout les produits agricoles qui ont pu amener la création d'industries nouvelles dans la colonie. Parmi elles nous citerons notamment, à Nouméa, une minoterie à vapeur, une fabrique de pâtes alimentaires, une manufacture de tabac. A Bourail, on fabrique du tapioca de manioc. Les usines de Saint-Louis, Koé, Bourail, traitent la canne à sucre, produisent du rhum de bonne qualité et du sucre pour la consommation locale. A Bourail, on tire des arachides une huile excellente. Il y a des fabriques d'huile de coco à la pointe Chaleix et aux îles Baaba ; dans celles-ci il y a aussi une usine de fibres. A Canala, on tire de l'indigo sa matière colorante. On met en valeur les bois autant que possible, les feuilles de palétuviers, et d'autres produits végétaux encore, et cependant leur utilisation pourrait être de beaucoup plus développée.

Comme autres industries nous ajouterons toutes celles dont les éléments peuvent être fournis par l'élevage, la chasse et la pêche, et parmi elles nous citerons d'abord les conserves de viande. La colonie possède trois usines destinées à faire cette préparation et elles sont toutes situées dans la zone littorale de l'ouest : Ouaco, Mouéo et Nemeara, cette dernière près de Bourail. D'après ce qu'écrivait M. Maur. Lang en 1920, ces usines transforment bon an mal an 10.000 têtes de bétail en conserves (1). Il faut ajouter aussi les conserves de poisson, les tanneries, et la préparation première pour l'exportation de la nacre fournie par divers mollusques, notamment le troca.

Enfin, bien des ateliers divers d'usage courant sont établis à Nouméa et ailleurs. A Dumbéa et à Prony il y a des scieries à vapeur. L'industrie indigène n'offre pas d'importance économique.

COMMERCE

La Nouvelle-Calédonie a eu la bonne fortune de voir son commerce prendre une grande extension, ce qu'elle doit surtout à ses abondantes ressources agricoles et minières, en même temps qu'à la salubrité de son climat qui en fait l'une des rares colonies de peuplement. Elle s'est trouvée amenée aussi à prendre forcément un développement rapide, par suite de l'installation pénitentiaire qui y fut créée et de la présence qu'elle entraîna d'un nombre relativement grand de troupes et de fonctionnaires. Les colons ne tardèrent pas à venir. Mais, par contre, des circonstances diverses vinrent entraver son essor. Ce fut d'abord l'insuffisance de la main-d'œuvre; on sait quels inconvénients présentèrent celle fournie par les condamnés et libérés, et quelles difficultés on éprouva pour les suppléer. De plus, un très grave inconvénient était le grand éloignement de la métropole, les difficultés de transport par mer et à l'intérieur, et fatalement les pays plus voisins nous créèrent des concurrences. Mais il n'en est pas moins vrai que, malgré bien des retards ou des échecs fâcheux, la colonie n'en a pas moins su donner un très remarquable élan à ses productions et à son mouvement économique.

Sans songer à suivre depuis ses origines jusqu'à nos jours toutes les phases de la vie économique de la Nouvelle-Calédonie, nous pouvons en relever quelques traits que les chiffres surtout rendent sensibles. Naturellement, il s'est toujours fait un commerce d'échange très important entre la Nouvelle-Calédonie et l'Australie, à raison de la proximité des deux terres et des moyens de transport qui ont pu être plus facilement établis entre elles.

Les transactions commerciales de la colonie ont montré de bonne heure un rapide accroissement. Ainsi, le montant des exportations n'était que de 93.000 francs en 1866, et les

(1) *Bulletin du Commerce de la Nouvelle-Calédonie et des Nouvelles-Hébrides*, 17 mai 1913.

(2) *La Dépêche coloniale et maritime*, 19 août 1920.

importations de 2.223.000 francs seulement, ce qui faisait un total de 2.316.000 francs. Le mouvement général des affaires s'est élevé à 10.873.000 francs en 1873 et à 13 millions 471.550 francs en 1874, ce qui représentait un progrès de 2.598.550 francs sur l'année précédente et de 11.155.550 francs sur 1866.

En 1888, ce qui est à peu près l'époque où la colonie a eu le plus à souffrir d'être un centre pénitentiaire, le total des affaires n'était plus que de 12.153.698 francs, les importations étant de 9.171.965 francs et les exportations de 2.981.733 francs seulement. Sur ces chiffres, les importations de France dans la colonie avaient été de 3.862.516 francs et les exportations de la colonie en France de 1.139.436 francs. En 1889, le chiffre total du commerce s'est abaissé à 9.456.090 francs; en 1890, il remontait à 11.089.518.

Dix ans après, on était entré dans une période de progrès marqués, grâce aux nombreux efforts accomplis (1). Les chiffres se trouvaient plus que doublés. Le total était en 1901 de 24.737.811 francs, dont 13 millions 681.939 pour les importations et 11 millions 055.872 pour les exportations. Mais on eut ensuite, d'année en année, quelques variantes à enregistrer. En 1905, le total était descendu à 21.797.035 francs, 10.726.657 pour les importations, 11.070.378 pour les exportations. Sur ces chiffres, les importations de France avaient été de 5.762.378 francs, et celles des colonies de 173.636; les exportations en France de 2.820.309 et dans nos colonies de 19.682 francs.

Transportons-nous à la veille de la guerre, pour constater ce qu'était à ce moment le mouvement commercial de la Nouvelle-Calédonie et ce qu'il est devenu depuis (2). Le chiffre total du commerce, qui avait baissé jusqu'en 1909, s'était relevé ensuite. Il avait atteint 22.420.686 francs en 1910, 28 millions 254.864 en 1911, 29.251.490 en 1912. Cette dernière année, sur le chiffre total des exportations, qui était de 12.637.058 francs, la France en avait reçu pour une valeur de 5.354.915 francs.

(1) Pour les années du siècle courant, on trouvera les documents officiels dans le *Bulletin de l'Office colonial*, devenu depuis *Bulletin de l'Agence générale des Colonies*. Des renseignements très détaillés sur chaque année commerciale sont donnés dans le *Bulletin du Commerce de la Nouvelle-Calédonie et des Nouvelles-Hébrides*, Nouméa. — Voir aussi : *L'Océanie Française*.

(2) On pourra se référer à l'article suivant : L. H., *La situation économique de la Nouvelle-Calédonie* (*L'Océanie Française*, mars-avril 1921, p. 33-37).

En 1913, le mouvement commercial était monté à 33.546.321 francs, dont 17 millions 707.916 pour les importations et 15 millions 838.405 pour les exportations, chiffres représentant des valeurs normales. En 1914 et 1915, il y a eu baisse, ce qui se comprend à raison des difficultés de transport et du trouble atteignant toutes les affaires; les chiffres furent respectivement 32.073.000 et 27.644.431.

Mais à partir de 1916, une hausse de plus en plus considérable se produisit, ce qui peut surprendre à première vue, pendant toute la durée de la guerre et également après qu'elle eut pris fin. Mais ce ne fut là qu'une hausse de pure apparence et ne correspondant pas à la réalité des choses, comme on le démontrerait en rapprochant les valeurs désormais attachées aux échanges de celles appliquées en 1913. C'était une conséquence des cours du change et de l'élévation du prix des marchandises, de sorte que le volume ou la quantité des produits échangés n'étaient nullement en rapport avec l'augmentation des chiffres officiels. C'est ainsi que le chiffre total du mouvement commercial monta, de 27 millions en 1915 (1), à 37.357.811 en 1916 (2), et 37.800.242 en 1917 (3), puis 47.901.588 en 1918. Il atteignit en 1919, 48.403.805 francs, dont 24.715.101 pour les importations et 23.688.704 pour les exportations.

Ce qui a été pour la Nouvelle-Calédonie l'une des plus graves conséquences de la guerre, c'est la perte de ses relations commerciales avec la métropole. Jadis la moitié du commerce général se faisait avec la France. Mais à raison de la rareté des navires français qui purent s'y rendre, du taux élevé des frets et des assurances maritimes, des restrictions apportées par la métropole à ses exportations, la Nouvelle-Calédonie se trouva dans la nécessité d'effectuer la presque totalité de ses échanges avec l'étranger. Ses principaux fournisseurs furent alors et sont encore l'Australie, les Etats-Unis et le Japon; ses principaux acheteurs ont été les Etats-Unis, l'Australie et l'Angleterre.

Arrivons à l'année 1920, la dernière dont les statistiques commerciales aient pu être établies, elle nous donne un résultat formidable.

(1) *L'année économique* 1915 (*L'Océanie Française*, novembre 1916, p. 244-246).

(2) Jacques FEILLET, *L'année économique 1916 en Nouvelle-Calédonie* (*L'Océanie Française*, novembre-décembre 1917-janvier 1918, p. 104-107).

(3) *L'année commerciale* 1917 (*L'Océanie Française*, janvier-avril 1919, p. 22-23).

Les chiffres de 1919 sont presque doublés. Le total est de 88.038.396 francs, 44 millions 978.757 pour les importations, 43 millions 059.639 pour les exportations. Cette fois, cette énorme élévation doit nous apparaître sous un jour favorable pour l'avenir de la colonie. Car malgré la hausse permanente des prix et le taux de change, il est hors de doute que ni les prix ni le change n'ont doublé en un an; on peut donc y voir le signe d'une réelle reprise d'activité économique (1).

En 1920 comme pendant les années de guerre, c'est encore avec l'étranger que la Nouvelle-Calédonie a fait ses plus fortes opérations commerciales. Comme importations, elle a reçu de France pour 3.976.836 francs de marchandises, des autres colonies françaises pour 4.091.504, et des pays étrangers pour 36.910.417. Pour les exportations, la proportion est plus favorable. La Nouvelle-Calédonie a envoyé en France pour 10.985.261 francs de marchandises et en en pays étrangers pour 31.938.106 francs; dans les autres colonies françaises, elle n'en a envoyé que pour 136.272 francs.

Nous devons donner maintenant un aperçu sur les principaux produits qui entrent aujourd'hui dans le commerce calédonien, mais pour avoir des bases d'appréciation plus sûres en ce qui concerne la situation économique actuelle de la colonie, il nous faudra faire de préférence des rapprochements avec ce qui s'est passé dans les dernières années qui ont précédé la guerre lesquelles correspondent à un état normal.

Nous nous occuperons d'abord des produits exportés, étant donné que là réside la source de toute la richesse de la colonie. Ce sont les minerais qui viennent en tête. Ne pouvant suivre ici année par année d'une façon complète tous les mouvements qui se sont produits dans l'industrie minière (2) nous nous bornerons à quelques indications. C'est le nickel qui a tenu pendant longtemps le premier rang tant comme exploitation en activité qu'au point de vue de l'exportation. En 1910, il a été exporté 113.891 tonnes de nickel, 28.244 de fer chromé, 800 de cuivre, 44 de plomb, ce qui fait un total, pour les produits miniers, de 142.979 tonnes. Il a été expédié, en outre, en provenance des hauts fourneaux de Nouméa, 737.387 kilogrammes de mattes de nickel contenant 327.596 kilogrammes de métal.

En 1911, le même ordre existe entre les produits exportés, tous les chiffres s'étant d'ailleurs élevés : 120.059 tonnes de minerai de nickel, 2.993 tonnes de mattes de nickel, 32.806 tonnes de chrome.

Mais, à partir de 1912, des changements sont à remarquer. Les chiffres d'exportation du nickel vont, presque constamment, subir une baisse qui atteindra des proportions considérables. Par contre, le chrome, dont le chiffre d'exportation s'était déjà accru en 1911, va continuer à monter d'une façon presque régulière et, au bout de quelques années, il prendra le premier rang à la place du nickel. La quantité d'exportation du nickel est descendue, en 1912, à 74.312 tonnes, chiffre auquel vient heureusement s'ajouter 5.098 tonnes de mattes de nickel. Quant au chrome, la quantité exportée s'est élevée à 51.516 tonnes.

En 1913, année qui nous intéresse comme étant la dernière d'avant-guerre, les chiffres d'exportation des précédents produits s'étaient tous accrus. Pour le nickel, il était remonté à 93.190 tonnes, mais demeurait néanmoins bien éloigné de celui de 1911; les mattes de nickel avaient atteint 5.893 tonnes, le chrome 63.370. Dans leur ensemble, les minerais et les produits de première fusion, envoyés de la Nouvelle-Calédonie en 1913, ont représenté une valeur de 8.841.428 francs.

En 1914, les exportations de nickel ont éprouvé une légère hausse, 91.154 tonnes ; puis la diminution est devenue forte, 48.576 tonnes en 1915, 30.679 en 1916; une légère surélévation s'est produite en 1917, 32.018; enfin la baisse est revenue, 15.611 tonnes en 1918 et jusqu'à 1.560 en 1919. Pour les mattes de nickel, il y a eu des variations, mais une moyenne normale, et même favorable, s'est maintenue : 5.827 tonnes en 1914, 5.529 en 1915, 4.935 en 1916, 6.318 en 1917, 3.937 en 1918, 3.813 en 1919. Quant au chrome, il y a eu d'assez grandes différences d'année en année, mais dans l'ensemble, il y avait un mouvement d'augmentation très marqué; les exportations de ce minerai furent de 71.471 tonnes en 1914, 57.474 en 1915, 74.115 en 1916, 41.891 en 1917, 53.961 en 1918, 23.547 en 1919. Nous rappelons que beaucoup d'envois de nickel et

(1) Cette manière de voir est déjà celle qui a été exprimée pour le premier semestre de 1920 par M. Robert DOUCET, dans son volume : *Notre Domaine colonial. I. Les colonies françaises, leur avenir économique, leur mise en valeur*, 1921, page 124. — Voir aussi : *La prospérité renaissante de la Nouvelle-Calédonie*, dans *La Dépêche coloniale et maritime*, 10 mai 1921.

(2) Voir : *L'industrie minière en* 1910 (*L'Océanie Française*, 1911, p. 153-154), et l'article déjà cité, dans *L'Océanie Française*, mars-avril 1921, p. 33-37.

de chrome furent faits en France pour les usines de guerres.

S'il y a eu des baisses d'exportation pendant la guerre, c'était un fait inévitable, pour les minerais comme pour le reste, mais il faut remarquer que les pertes furent moindres qu'on aurait pu le craindre par la substitution de nouveaux acheteurs aux anciens. Les Etats-Unis devinrent surtout les acquéreurs de minerais et ils le demeurèrent en partie. En 1919, un client réapparut pour le chrome, l'Angleterre; un autre pour les mattes de nickel, la Belgique.

On avait vu aussi, en 1919, figurer pour la première fois aux statistiques une sortie de 2.358 tonnes de manganèse, d'une teneur moyenne de 48 à 52 0/0, qui provenait d'un gisement situé au nord de Bourail. Ajoutons que les exploitations phosphatières des îles Surprise et Walpole ont exporté sur la Nouvelle-Zélande 7.323 tonnes de phosphates en 1918 et 5.684 en 1919.

Ce qui, malgré les fléchissements relevés dans les exportations, contribue aussi fortement à maintenir l'avenir minier de la Nouvelle-Calédonie, ce sont ces créations d'usines métallurgiques dont nous avons déjà eu l'occasion de parler et qui ne peuvent que contribuer à réveiller l'exploitation des mines métalliques. De plus en plus on exporte des mattes de nickel, ce qui est plus pratique, et on ne saurait trop encourager le développement des usines métallurgiques en Nouvelle-Calédonie (1). Aussi ne pouvons-nous être surpris du progrès considérable déjà obtenu par les exportations minières en 1920.

En cette année, les diverses exportations minières qui furent faites représentent une valeur de 20.989.826 francs, ce qui approche presque de la moitié du chiffre total des exportations. Qu'on le compare au chiffre de 1913 qui n'était que de 8 millions 841.428 francs!

Prenons maintenant séparément chacun des produits miniers exportés en 1920. Comme on pouvait le prévoir, c'est toujours le chrome qui tient la tête avec une augmentation considérable : 91.735.142 kilogrammes représentant une valeur de 10.725.209 francs. Le nickel vient ensuite, les chiffres s'étant d'ailleurs un peu relevés. Ce sont les mattes qui continuent à avoir le premier rang : 4 millions 508.898 kilogrammes, soit 9 millions 286.044 francs. Comme minerai de nickel, il y en a eu 3.245.535 kilogrammes d'exportés, soit pour 236.293 francs. Les mattes de cobalt, d'une quantité de 130.040 kilogrammes, ont donné 349.514 francs. Le chiffre du phosphate s'est relevé : 6.953 tonnes, soit 347.666 francs. Enfin, il y a eu un envoi de 900 tonnes de minerai de manganèse, soit pour 45.100 francs.

Pendant les huit premiers mois de 1921, il a été exporté 24.589 tonnes de minerai de chrome, 2.132 tonnes de mattes de nickel, et 1.079 tonnes de manganèse.

L'importance des exportations calédoniennes autres que les produits miniers a tendance à s'accroître; elles comprennent tout ce qui provient de l'élevage, de l'agriculture et de la pêche. En 1911, elles ne figuraient que pour un total de 3.672.034 francs; elles ne furent pas moindres de 14 à 15 millions de francs en 1918 et 1919. En 1920, le chiffre est monté à 22.069.813 francs.

La production de beaucoup la plus importante après les minerais est le coprah, fourni par le cocotier. En 1913, il occupait déjà le premier rang, l'exportation ayant été de 2.960 tonnes pour 1.744.000 francs. En 1920, on en a exporté 5.104.636 kilogrammes, représentant une valeur de 6 millions 722.700 francs. Vient ensuite le coton qui, en graines ou égrené, a donné dans l'ensemble un chiffre de 3.323.300 francs.

L'exportation des conserves de viande en boîtes occupe le troisième rang. Le nombre de tonnes a été bien plus fort à certains moments, mais aujourd'hui, le prix est de beaucoup augmenté. En 1913, on a exporté 461.910 kilogrammes pour 530.378 francs. Puis le nombre de tonnes a atteint 737 en 1914, 856 en 1915, 628 en 1916. En 1920, l'exportation a été de 686.754 kilogrammes représentant 2.220.337 francs.

Le café a occupé longtemps la première place parmi les produits d'exportation de la Nouvelle-Calédonie, puis il a été primé par le coprah. En 1913, il venait en deuxième ligne avec 421 tonnes d'une valeur de 1 million 027.000 francs. En 1920, il n'occupait plus que le quatrième rang ; en fèves et pellicules, il y en eut 531.234 kilogrammes d'exportés, pour 2.206.811 francs.

Le cheptel calédonien fournit à l'exportation, en dehors des boîtes de conserves, une grande quantité de peaux, notamment de bœufs. En 1913, il en a été expédié pour 425.000 francs. En 1920, les envois de peaux brutes de bœufs, veaux et moutons à la

(1) Voir sur ce sujet : Félix COLOMER, *Réveil métallurgique en Nouvelle-Calédonie* (*L'Océanie Française*, 1912, p. 77-80).

fois, ont été de 405.638 kilogrammes, ce qui faisait une valeur de 1 million 677.894 francs.

Vient ensuite la nacre, produit que l'on tire de la coquille du mollusque appelé troca et qui est très apprécié. Mais son rendement a été précédemment beaucoup plus avantageux et il y a une baisse en 1920. L'exportation a été de 1.131 tonnes en 1913 et de 665 en 1919. En 1920, on signale 4.733 kilogrammes de nacre pour 12.542 francs, et 277.370 kilos de nacre de perles en coquilles brutes ayant donné 935.109 francs.

En 1920, il a été exporté aussi 66.287 kilogrammes de cacao en fèves ayant représenté 275.271 francs. L'exportation de l'essence de niaouli s'est beaucoup augmentée, la fabrication de cette substance s'étant sensiblement améliorée. Tandis qu'on en avait expédié 4.376 kilogrammes en 1918 pour 26.256 francs, et 2.258 en 1919 pour 18.088 francs, il en est sorti en 1920 5.218 kilogrammes pour 73.080 francs. Comme bois de santal on avait expédié, en 1913, 26 tonnes d'une valeur de 14.000 francs ; en 1920, on en exporta seulement 19.850 kilogrammes valant 24.812 fr. Enfin nous avons encore à ajouter, pour 1920, l'expédition de 1.288 litres de rhum pour 8.794 francs.

Les importations qui se font en Nouvelle-Calédonie consistent surtout en objets de première nécessité pour la nourriture et la vie courante, et qui manquent dans la colonie ou sont insuffisants comme production.

Le produit qui vient au premier rang c'est la farine dont on a reçu, en 1920, un tonnage de 3.002.551 kilogrammes ayant coûté 4.782.638 francs. En second lieu, il faut placer la houille : 66.298.906 kilogrammes pour 4.489.400 francs. Vient ensuite le riz dont il a été importé, en 1920, une quantité de 1.599.636 kilogrammes pour 4 millions 556.971 francs. Du sucre, brut ou raffiné, il en a été reçu pour une valeur de 2 millions 035.822 francs. Comme vin, on a été approvisionné de 713.685 litres, moyennant 1.609.360 francs. Parmi les autres produits importants, il faut citer encore le pétrole, dont il a été importé 865.641 kilogrammes pour le prix de 900.596 francs, puis les pommes de terre : 339.615 kilogrammes pour 282.305 francs.

Le fer zingué a une certaine importance dans l'importation : 193 tonnes pour 568.482 francs. On a fait venir 139.510 kilogrammes de maïs pour 66.595 francs. Parmi les autres produits d'importation signalés en 1920, il faut citer encore les tissus de coton unis et façonnés, les vêtements et la lingerie, la bonneterie de coton, les chaussures, des outils, du papier, des sacs de jute, du tabac sous ses diverses formes.

On sait déjà, pour l'année 1921, qu'il a été exporté de la Nouvelle-Calédonie, pendant les deux premiers mois, 11.007 tonnes de chrome, 1.710 tonnes de mattes de nickel et 500 tonnes de manganèse. S'il y a eu de grands progrès réalisés en 1920 dans la production minière et l'exportation, on peut craindre cependant que l'année 1921 se montre moins favorable (1). Déjà pour le chrome, le chiffre connu révèle une tendance vers la baisse. Pour le manganèse il y a baisse également. Mais s'il y a une forte hausse actuelle pour le commencement de l'année sur l'exportation des mattes de nickel, on redoute néanmoins que ce minerai n'ait une crise à subir à raison de l'accumulation des stocks et parce que la production voit ses débouchés se restreindre. Il est à souhaiter que les grandes sociétés telles que *Le Nickel* et la *Société des Hauts Fourneaux de Nouméa*, arrivent à atténuer le mal s'il venait vraiment à s'aggraver et sauvent la situation économique de la colonie pour laquelle ils jouent un rôle si important.

(1) *L'Océanie Française*, mai-juin 1921, p. 63.

CHAPITRE IV

Notices sur quelques îles dépendant de la Nouvelle-Calédonie

ILE DES PINS

L'île des Pins, dont le vrai nom est celui d'île Kounié, a dû son appellation aux innombrables pins colonnaires qui couvrent ses côtes et les îlots environnants. Elle est située par 22°32' et 22°42' de latitude Sud, et 165°10' de longitude Est, à 50 kilomètres au sud-est de la Nouvelle-Calédonie. Sa superficie est de 15.065 hectares. La forme de l'île est, dans son ensemble, circulaire, un peu allongée cependant du nord-ouest au sud-est. Elle mesure environ 18 kilomètres dans cette direction, et 14 de l'ouest à l'est. Sa circonférence serait donc d'à peu près 50 kilomètres, en ne tenant pas compte des découpures profondes que l'on trouve en certains endroits de la côte.

L'île des Pins consiste en un plateau de roches éruptives d'une altitude moyenne de 60 mètres, dominé par le pic N'Gao qui se trouve dans la partie sud et qui est le point le plus élevé de l'île (266 mètres). On rencontre à travers le roc de nombreuses grottes, dont quelques-unes sont fort belles. Le sol, formé de graviers ferrugineux, est aride dans tout le milieu de l'île qui correspond à la partie haute du plateau. A sa base, ce plateau est circonscrit par une zone étroite de terres cultivables, représentant environ un sixième de l'île, mais plus large au nord qu'au sud. Toutes les côtes sont assez découpées et présentent un certain nombre de baies. Celle de Upi, à l'est, est bordée par un fort promontoire ; au sud, la petite presqu'île Kuto, est reliée au littoral par une bande étroite de corail. De nombreux îlots entourent l'île et tous sont couverts d'une luxuriante végétation forestière qui apparaît comme une suite de celle du littoral. Au nord-est, sont deux petites îles allongées, Uate et Kunguate ; au nord-ouest est tout un petit groupe d'îlots; d'autres îles sont parsemées au sud-ouest, mais la plus vaste de toutes est, au sud-est, celle de Koutomo, de forme étrange, située au sud de la baie de Upi.

L'île principale et les îlots environnants sont entourés d'une ceinture de récifs qui rend difficile l'accès des ports où peuvent mouiller les navires d'un certain tonnage. Les ports principaux sont au nombre de trois : celui de Vao, au sud-est ; celui de Gadji, au nord ; celui de Kuto, au sud-ouest. Tous les enchevêtrements de récifs coralliens se prolongent vers le nord dans la direction de la Nouvelle-Calédonie et entravent la navigation. La route accessible aux navires pour aller de l'île des Pins à Nouméa passe à l'intérieur de la grande ligne de récifs. Deux passages seulement, entre les deux îles, donnent accès vers l'est : le canal de la Sarcelle, situé à peu près à mi-chemin; le canal de la Havannah, qui longe la côte calédonienne.

L'île avait été découverte en 1774. Puis c'est à Vao que, le 15 août 1848, débarquèrent les premiers missionnaires qui vinrent s'installer à Kounié. Le 29 septembre 1853, possession fut prise de l'île au nom de la France. Nous avons déjà exposé tout le rôle qui fut donné à l'île des Pins dans le fonctionnement du centre pénitentiaire.

L'île des Pins dépend de l'arrondissement de Nouméa. Elle est munie d'un bureau de l'état civil et d'un bureau de poste. Les localités principales sont Gadji, Ouro et Vao. La population autochtone ne paraît pas dépasser 700 individus.

Si modeste que puisse paraître l'île des Pins au premier abord, elle offre des ressources nombreuses et variées qui sont reconnues aujourd'hui et réservent un sérieux avenir à cette dépendance de la Nouvelle-Calédonie. Le Dr Mialaret, qui a écrit sur l'île des Pins une très complète et instructive monographie, a passé en revue la faune et la flore de l'île, montré de quels produits on peut tirer parti et donné d'utiles conseils pratiques. Nous ne saurions trop recommander de s'y reporter, ne pouvant donner ici que quelques brèves indications.

L'île des Pins a d'abord un très grand avantage : c'est son climat qui est très salubre et très doux.La moyenne annuelle tirée de six années d'observation est de 23°4, inférieure de deux degrés à celle de la Nouvelle-Calédonie. Les deux saisons sont bien tranchées. Le climat est tellement sain que l'île a été regardée comme le meilleur endroit à choisir pour l'installation d'un sanatorium affecté au service de la colonie. L'île offre aussi cet avantage qu'elle peut produire tous les aliments nécessaires à la vie ordinaire.

On peut y faire l'élevage de tous les animaux domestiques. Les animaux de race bovine y acquièrent des qualités au moins égales à celles qu'ils ont dans la plupart des régions de France. Le gibier à poil manque, mais il y a des oiseaux. Toute la volaille ordinaire peut être élevée. Les eaux de l'île sont très poissonneuses ; il faut seulement se méfier des poissons toxiques. Il y a aussi des crustacés et des mollusques comestibles.

Au premier rang des productions végétales de l'île se placent les bois. La zone madréporique ne comprend pas moins de 5.379 hectares de forêts, sans compter les bois dont sont couverts tous les îlots environnants. On y rencontre les essences les plus variées comme bois de construction, d'ébénisterie et de menuiserie. Nous citerons notamment le bois de santal, le bois de rose, le pin colonnaire, et comme bois contenant en outre des substances utilisables, le banian, le goudronnier, le bancoulier, le niaouli.

Parmi les cultures susceptibles d'être entièrement développées à l'île des Pins, il faut citer avant tout le cocotier qui a jusqu'ici très bien réussi. Parmi les autres plantes en culture et qu'on peut recommander sont le pandanus, le bourao, l'aloès, le vetiver, le coton, le tabac, le mûrier, le bananier, le papayer, l'arbre à pain. Beaucoup d'arbres fruitiers importés ont très bien réussi. Les jardins potagers sont abondamment pourvus pendant toute l'année de tous les légumes d'Europe. Il est cultivé de très grandes quantités d'igname et de patate douce.

ILES LOYALTY (1)

A une centaine de kilomètres à l'est de la Nouvelle-Calédonie sont les îles Loyalty, comprenant trois îles principales, disposées, parallèlement à l'axe de la grande terre, du nord-ouest au sud-est, et qui sont Ouvéa, Lifou et Maré. Il y a en outre, touujours dans le même axe, un grand nombre de petites îles inhabitées, dont quelques-unes des principales sont : Ouéneti et Mouli, faisant suite à l'île Ouvéa, l'une au nord, l'autre au sud ; Léliogat, Tiga, Ndounduré, entre Lifou et Maré. La superficie totale du groupe des Loyalty est de 2.743 kilomètres carrés. Iles de formation madréporique, elles portent des plateaux de petite altitude, et présentent des côtes escarpées et des ceintures de coraux. Les récifs de l'Astrolabe et l'îlot Walpole en prolongent à distance l'alignement au nord-ouest et au sud-est. Le climat est très salubre.

La population indigène est beaucoup plus dense que celle de la grande terre ; elle est en même temps plus intelligente et plus civilisée. On estime le nombre des habitants à environ 12.500. Ces indigènes sont d'excellents marins. Chez eux, l'idée de propriété est fort développée et a soulevé parfois des conflits qui ont été jusqu'à de véritables batailles. Les Loyaltiens pourraient tirer un meilleur parti des richesses de leurs îles, si leur régime était plus favorable.

La principale culture des îles est le cocotier, ce qui fait du coprah l'objet de commerce le plus important. Sur certains points, on se livre à la culture du coton et du tabac. Le bois de santal a été autrefois très abondant, mais il a beaucoup perdu et il est devenu rare. On exporte en Australie une certaine quantité de champignons de bois et de piments secs. Un produit recherché comme comestible est l'holothurie, ou biche de mer, que l'on trouve surtout à Ouvéa. L'archipel souffre souvent de cyclones. L'un des derniers, en février 1920, s'est abattu sur les trois îles, surtout sur Ouvéa, et a causé de grands dégâts dans les cocoteraies. A la suite d'un autre cyclone qui s'est abattu en 1921 sur Lifou et a dévasté aussi les cocotiers, les habitants, par suite du

(1) Dr Charles NICOLAS, *L'Archipel des Loyauté* (*Le Tour du Monde*, 1909, *A travers le Monde*, p. 313-316, 325-326) ; du même, *Les îles Loyalty* (*L'Océanie Française*, 1913, p. 71-76).

manque de coprah, se sont reportés sur le coton, dont la première récolte paraît devoir être excellente.

Ouvéa, la plus petite des trois îles, n'est qu'une bande étroite de corail, couverte de cocotiers. La population y est calme ; elle compte 2.002 habitants. Le délégué de l'administration française réside à Faïaoué.

Lifou, la plus grande du groupe, mesure 60 kilomètres de long sur 30 de large ; les abords en sont très escarpés. La population indigène a été dénombrée au chiffre de 6.312 habitants. La résidence du représentant du Gouvernement français est Chépénéhé.

Maré a 34 kilomètres de long sur 29 de large. C'est une île plus fertile que Lifou et très boisée. Le chiffre de sa population indigène a été porté à 3.645 habitants. Le délégué de l'Administration réside à Tadinou.

LOYALTY. — Fond de la baie du Santal.

ILES BELEP, HUON ET CHESTERFIELD

Les îles Bélep occupent, au nord de la Nouvelle-Calédonie, une situation comparable à celle que l'île des Pins tient au sud. Elles en forment comme un prolongement naturel par delà la pointe nord de l'île Baaba, laquelle fait en quelque sorte corps avec la grande terre dont elle n'est séparée que par un étroit bras de mer. La suite de ces îles est encadrée par la continuation des lignes de récifs qui bordent la Nouvelle-Calédonie, ici Grand Récif de Cook à l'est, Grand Récif des Français à l'ouest. Par delà les îles Bélep, à 280 kilomètres au nord-ouest de la Nouvelle-Calédonie, toujours dans la même direction, sont les îles Huon près desquelles viennent se rapprocher les deux précédentes lignes de récifs. Beaucoup plus à l'ouest, à peine au nord-ouest de la partie septentrionale de la grande île sont les îles Chesterfield qui en sont distantes d'environ 900 kilomètres.

ILES BÉLEP. — Les deux principales îles de ce groupe sont Art au sud, Pott au nord; il y a aussi le petit îlot de Niénane et trois autres petits îlots formant le groupe appelé les Trois Sœurs ou îlots Dao. Art a une superficie de 6.000 hectares, Pott de 1960 et Niénane de 406.

Art possède trois bons mouillages : Ouala du côté de l'ouest, Pairomé au sud et Aoué dans le nord-ouest. Ile d'une longueur de 15 kilomètres et large seulement de 5, elle est formée d'un massif serpentineux et présente des reliefs montagneux atteignant jusqu'à 250 mètres. On y a trouvé des traces de nickel et de cuivre. Quelques gisements de cobalt ont aussi été exploités.

Dans ces îles, on trouve des cocotiers sur le bord de la mer et, dans quelques baies, des terres à culture de faible étendue. Les habitants cultivent le taro, l'igname, le bananier, la canne à sucre, et se livrent à la pêche.

Sur l'île Pott, où il y a aussi quelques indigènes, il existe une station de bétail et plusieurs mines de cobalt.

ILES HUON. — Iles de formation madréporique qui s'élèvent sur le récif de l'Entrecasteaux, elles sont au nombre de quatre : Huon, au nord, dans un lagon spécial ; îles Surprise, Fabre et Leizour, au sud, dans un même lagon. Toutes ces îles sont arides et couvertes d'une végétation rachitique, brûlée par les vents du large et étouffée par les épaisses couches de guano qu'y déposent des multitudes d'oiseaux de mer.

Les îles n'ont pas d'habitants permanents, mais on y exploite leurs abondants dépôts de guano. Le village de Huon a groupé autour d'un établissement français de nombreux Néo-Hébridais qui sont venus y récolter ce précieux engrais. Ce qui est aussi très recherché dans ces îles, ce sont les innombrables tortues qui fréquentent leurs bancs de sable rose et que l'on vient pêcher. L'espèce qui domine n'a pas une écaille de grande valeur, mais sa chair est estimée.

ILES CHESTERFIELD. — Cet archipel compte un assez grand nombre d'îlots présentant les mêmes caractères que les îles Huon, et de nombreux récifs madréporiques. La superficie totale ne dépasse pas un millier d'hectares. Les principaux îlots du groupe sont : l'île Longue, la plus importante ; les îles Chesterfield, Avon, Renard, Banda, Bampton, de Sable, et les divers récifs Bellone au sud. Des refuges existent sur l'île Longue et sur le récif Bellone du sud-ouest.

La prise de possession de ces îles eut lieu en 1878 par le transport à vapeur *La Seudre*, de la division navale de la Nouvelle-Calédonie, que commandait le capitaine de vaisseau Olry. Cette prise de possession eut lieu à la suite d'une découverte de dépôts de guano ; depuis lors une exploitation a été installée sur ces îles. Vers 1892, on avait déjà expédié 12.000 tonnes de guano. Les oiseaux de mer sont donc innombrables là aussi, comme aux îles Huon, et l'on y trouve également beaucoup de tortues et de poisson. Sur les grèves, on peut récolter de grandes quantités de coquilles à nacre ; les parages de ces îles sont fréquemment visités par une espèce de baleine dont la chasse n'est pas très facile.

LOYALTY. — Une case moderne.

BIBLIOGRAPHIE

ALBERTI (J.-B.). — *Etude sur la colonisation à la Nouvelle-Calédonie.* — Paris, Emile Larose, 1909, in-8, 284 p.

ARCHAMBAULT (M.). — *La Nouvelle-Calédonie touristique.* Supplément aux nos 33-37 de *L'Océanie Française*, 1914, 40 p., avec grav. et 1 carte.

BERNARD (Augustin). — *L'archipel de la Nouvelle-Calédonie.* — Paris, Hachette, 1895, gr. in-8.

BRAINNE (Ch.). — *La Nouvelle-Calédonie. Voyages, missions, mœurs, colonisation.* — Paris, Hachette, 1854, in-16, IX-317 p., 1 carte.

BRIFFAUT (A.). — *La situation économique de la Nouvelle-Calédonie depuis la suppression de la transportation* (*Le Tour du Monde*, 1910, *A travers le monde*, p. 217-220).

Bulletin du Commerce de la Nouvelle-Calédonie et des Nouvelles-Hébrides (Le). — Nouméa, H. Legras, directeur-gérant.

CARDEIL (Paul). — *Origines et progrès de la Nouvelle-Calédonie.* — Nouméa, Imprim. du Gouvernement, 1885, in-8.

CAROL (Jean). — *La Nouvelle-Calédonie minière et agricole.* — Paris, P. Ollendorff, 1900, in-8, VI-121 p.

CLAQUIN (E.). — *Métaux, pétrole et charbon de la Nouvelle-Calédonie* (*Le Mois colonial et maritime*, 1910, p. 395-407, 486-497 ; 1911, p. 31-42).

Colonies françaises (Les). Petite Encyclopédie coloniale, publiée sous la direction de M. MAXIME PETIT, avec collaborations. — Paris, Larousse, 2 vol. in-8 avec grav. — Tome II, p. 679-736 : *Colonies océaniennes.* 1er groupe : *Nouvelle-Calédonie et dépendances*, par Henri FROIDEVAUX, Maurice HAMELIN, Gaston ROUVIER, Dr VERNEAU. — Supplément : p. 114-115.

DAVILLE (Dr Ernest). — *Guide pratique du colon en Nouvelle-Calédonie.* — Paris, J. André, 1901, in-16, 216 p., avec grav. et 1 carte.

ETESSE (M.). — *La Nouvelle-Calédonie. Essai d'agronomie.* — Paris, A. Challamel, 1910, in-8, 111 p. Articles parus dans la *Revue coloniale*, 1909, p. 705-720, 735-777 ; 1910, p. 15-49, 106-114).

FEILLET (Jacques). — *La situation économique de la Nouvelle-Calédonie* (*Le Mois colonial et maritime*, 1910, p. 106-117).

FROMENT-GUIEYSSE (Georges). — *La Nouvelle-Calédonie* (*L'Océanie Française*, juillet, août, septembre et novembre 1912).

Id. — Un pays de peuplement français. La Nouvelle-Calédonie (*Bulletin de la Société de Géographie Commerciale de Paris*, 1913, p. 293-315).

GALLET (Gustave). — *Notice sur la Nouvelle-Calédonie.* — Nouméa, Imprim. du Gouvernement, 1884, in-8, 61 p.

GARNIER (Jules). — *Océanie. Les îles des Pins, Loyalty et Tahiti.* — Paris, L. Plon et Cie, 1875, 2 édit., in-18, 388 p., 4 grav., 1 carte.

Id. — *La Nouvelle-Calédonie* (*Côte orientale*). — Paris, Plon-Nourrit et Cie, 1901, nouvelle édit. illustrée, in-18, 387 p., avec grav., 1 carte.

Id. — *Essai de géologie sur la Nouvelle-Calédonie.* — Paris, Dunod.

GAUHAROU (Léon). — *Géographie de la Nouvelle-Calédonie.* — Nouméa, Impr. Nouméenne, 1892, 2e édit., in-8, 126 p., 1 carte.

GIRIEUD (J.) et HERRENSCHMIDT (H.). — *La Nouvelle-Calédonie, suivie d'un aperçu sur les Nouvelles-Hébrides, les îles Santa-Cruz et les Swallow.* — Rouen, J. Girieud et Cie, 1898, in-4, 115 p., avec grav.

GUIEYSSE (Paul). — *Un cas de conscience nationale. La crise néo-calédonienne* (*La Grande Revue*, 1908, p. 474-491).

GUILLAUMIN (A.). — *La Nouvelle Calédonie* (*L'Océanie Française*, janvier-février 1921, p. 2-7, avec carte).

HEURTEAU (E.). — Rapport au ministre de la Marine et des Colonies sur la constitution géologique et les richesses minérales de la Nouvelle-Calédonie (*Annales des Mines*, 7e série, Mémoires, IX, 1876, p. 251).

JEANNENEY (A.). — *La Nouvelle-Calédonie agricole.* — Paris, Challamel, 1894, in-16.

LE CHARTIER (H.). — *La Nouvelle-Calédonie et les Nouvelles-Hébrides.* — Paris, Jouvet et Cie, 1885, in-16, 328 p., avec grav.

LEGRAND (Dr). — *La Nouvelle-Calédonie et ses habitants en 1890.*

LEMIRE (Charles). — *La colonisation française en Nouvelle-Calédonie et dépendances.* — Paris, Challamel aîné, 1878, in-8, 376-LXXIII p., cartes et grav.

Id. — *Voyage à pied en Nouvelle-Calédonie et description des Nouvelles-Hébrides.* — Paris, Challamel aîné, 1884, in-8, 304 p., 2 cartes, 14 illustr.

LIÈVRE (D.). — *En Nouvelle-Calédonie.* — Le Havre, Aug. Godefroy et frère, 1910, in-8, 157 p. Paru en plusieurs articles du *Bulletin de la Société de Géographie commerciale du Havre*, 1910, 1911, 1912.

MIALARET (Dr Th.). — *L'île des Pins. Son passé, son présent, son avenir ; colonisation et ressources agricoles.* — Paris. Joseph André, 1897, in-8, 223 p., 1 carte. — Avec liste bibliographique dressée par G. REGELSPERGER.

MONTROUZIER (Le R. P.). — *Notice historique, ethnographique et physique de la Nouvelle-Calédonie* (*Revue algérienne et coloniale*, avril 1860).

MYRICA (Pierre de). — *De la Nouvelle-Calédonie aux îles Hébrides* (*Le Tour du Monde*, 1909, p. 193-216, 35 fig. phot. et carte).

Océanie Française (*L'*), *Bulletin Mensuel du Comité de l'Océanie Française :* 1911 et années suivantes (n° 1, juillet 1911). — On trouvera dans *L'Océanie Française* d'abondantes informations concernant la Nouvelle-Calédonie et dépendances et de nombreux articles portant sur des points spéciaux, notamment par MM. M. ARCHAMBAULT, Dr BLANDEAU, F. COLOMER, Jacques FEILLET, A. FRAYSSE, Paul GUIEYSSE, Charles HUMBERT, Louis SIMON.

PARDEAU (E.). — *La Nouvelle-Calédonie à l'Exposition de 1889.* — Paris, Nourrit, 1888.

PATOUILLET (Jules). — *Trois ans en Nouvelle-Calédonie.* — Paris, E. Dentu, 1873, in-16, VII-264 p., avec grav., 1 carte.

PELET (Paul). — *Atlas des Colonies françaises.* — Paris, Armand Colin, 1902, in-4. — Carte n° 25, Nouvelle-Calédonie et dépendances ; notice, p. 70-72.

Revue agricole. Organe de la Chambre d'agriculture de la Nouvelle-Calédonie. Nouméa.

RUSSIER (H.). — *La colonisation agricole en Nouvelle-Calédonie* (*Bulletin de la Société de Géographie de Lyon*, 1901, p. 155-167, 4 fig. phot.).

SCHREINER (Alfred). — *Essai historique. La Nouvelle-Calédonie depuis sa découverte jusqu'à nos jours.* — Paris, E. Dentu, 1882, in-16, 365 p., avec carte.

Union agricole calédonienne. Notice sur la Nouvelle-Calédonie, ses richesses, son avenir, rédigée pour l'Exposition Universelle de 1900. — Paris, Société d'éditions littéraires et artistiques, Paul Ollendorff, 1900, in-8, XI, 211 p.

VALLÉE (Léon). — *Essai d'une bibliographie de la Nouvelle-Calédonie et dépendances.* — Paris, C. Klincksieck, 1883, in-12, 68 p.

VALLET (Dr Emile). — *La colonisation française en Nouvelle-Calédonie.* Préface de M. Paul GUIEYSSE. — Paris, Edition du *Comité de l'Océanie Française*, 1905, in-8, 74 p., 10 fig. phot., 1 carte.

VIEILLARD et DEPLANCHE (E.). — *Essais sur la Nouvelle-Calédonie.* — Paris, Challamel aîné, 1863, in-8, 151 p. Extraits de la *Revue maritime et coloniale.*

ZABOROWSKI. — *Nouvelle-Calédonie* (*La Grande Encyclopédie*, t. XXV, p. 90-97). Avec bibliographie.

DEUXIÈME PARTIE

Les Nouvelles-Hébrides

PAR

EMMANUEL PELLERAY

Secrétaire général adjoint du Comité de "l'Océanie Française"

CHAPITRE PREMIER

Histoire - Géographie - Population

GÉNÉRALITÉS

L'archipel des Nouvelles-Hébrides est situé dans la Mélanésie. Avec son prolongement naturel, les îles Banks et Torrès, il s'étend sur une longueur d'environ 1.200 kilomètres, du nord-nord-ouest au sud-sud-est, entre 9° et 20° de latitude sud et 163° et 168° de longitude est.

L'île Anatom, la plus méridionale de l'archipel, est à 400 kilomètres de Nouméa, à 250 kilomètres à peine de Maré, l'une des Loyalty. Plus de 1.000 kilomètres, au contraire, séparent au levant les Nouvelles-Hébrides des Fidji, alors que du côté du couchant elles sont à 2.000 kilomètres de l'Australie, ce qui, géographiquement — et nous verrons qu'il en est de même physiquement, — les rattache sans conteste à la Nouvelle-Calédonie.

A part les Banks et les Torrès, l'archipel comprend une quarantaine d'îles qui sont les sommets émergents d'un plateau d'origine volcanique recouvert d'une centaine de mètres d'eau. Les auteurs récents les ont classées — artificiellement à notre sens — en trois groupes. Le canal de 100 kilomètres qui sépare Vaté d'Erromango peut seul conduire à les envisager comme constituant deux groupes distincts, d'importance très inégale d'ailleurs.

Celui du nord, de beaucoup le plus considérable, est formé des îles suivantes : Espiritu Santo et ses principales annexes, Aoré et Malo; Aoba ou île des Lépreux; Aurore; Pentecôte ; Mallicolo et les Maskelynes; Ambryn et Paama ; Epi et ses satellites : Lopévi, Tongoa, Mai et les Shepherd ; Vaté ou Sandwich, avec ses dépendances : Ngouna, Maou, Déception et Protection.

Le groupe du sud se compose d'Erromango, Tanna, Erronan ou Foutouna et Anatom.

Les évaluations relatives à la superficie totale de l'archipel varient de 14 à 15.000 kilomètres carrés. Celle des îles Banks et Torrès approche de 1.000 kilomètres carrés.

HISTOIRE

PÉNÉTRATION. — Les Nouvelles-Hébrides furent découvertes le 30 avril 1606 par le na-

NOTA. — La préparation de ce travail a exigé que nous nous référions à de multiples sources. Les indiquer à chaque pas nous eût entraînés à surcharger ces pages de notes innombrables. Nous avons préféré appuyer le cours même de notre récit des citations et des justifications les plus essentielles, et renvoyer, pour l'ensemble des faits et des renseignements reproduits, à la bibliographie placée à la fin de cette étude. On y trouvera énumérés tous les documents auxquels nous avons eu recours.

Nous nous devons cependant, en étant trop largement tributaires, de rendre un hommage particulier aux ouvrages de MM. Georges Bourge et Auguste Brunet, à l'article de M. Lippmann, au Bulletin du Comité de l'Océanie Française, ainsi qu'à M. Fourcade, commissaire de la Nouvelle-Calédonie et des Nouvelles-Hébrides à l'Exposition coloniale de Marseille, qui nous a procuré une grande partie de nos données statistiques.

vigateur espagnol don Pedro Fernandez de Queiros, à la recherche du continent austral. Croyant l'avoir trouvé, il donna à la terre qu'il avait abordée, mais non reconnue, le nom de *Terra Australis del Spiritu Santo*. Il devait s'écouler plus de cent cinquante ans avant qu'un second navigateur européen, Philippe Carteret, pénétrât dans l'archipel. L'année suivante, en 1768, Bougainville visita plusieurs de ces îles, qu'il appela Grandes Cyclades. Il en prit possession au nom de la France. On lit, en effet, dans le récit de son voyage, raconté par lui-même, après la découverte des trois îles Pentecôte, Aurore et Pic de l'Etoile : « Je fis aussitôt enterrer au pied d'un arbre l'acte de prise de possession de ces îles gravé sur une planche de chêne, et ensuite nous nous rembarquâmes... »

Cook, six ans après, au cours de son deuxième voyage, les explora en détail et leur donna le nom de Nouvelles-Hébrides, qui a prévalu. Après lui, elles furent successivement visitées par La Pérouse (1788), avant de se perdre sur les récifs de Vanikoro, d'Entrecasteaux (1793), Dumont d'Urville (1828).

Avec le milieu du siècle dernier apparaissent les premiers établissements européens. C'est l'époque où la France, à la recherche d'une colonie pénitentiaire dans le Pacifique, procède à diverses annexions.

En 1842, l'amiral Dupetit-Thouars occupe successivement les Marquises, Tahiti et les îles de la Société, les Gambier, Wallis et Futuna. En 1853, le contre-amiral Febvrier-Despointes arbore le pavillon français sur la Nouvelle-Calédonie. Le procès-verbal de cette prise de possession fait mention des dépendances de l'île, sans les énumérer toutefois de façon précise. Et de ce jour est née la question des Nouvelles-Hébrides.

Nouméa et l'île Nou servaient alors d'entrepôt et de base d'opérations aux quelques pionniers installés aux Nouvelles-Hébrides. La présence de ceux-ci dans l'archipel remonte à 1840. Le manque de santal en Chine y attira alors de nombreux trafiquants qui, par leurs coupes abusives, ont rendu ce bois précieux, d'abondant qu'il était, relativement rare aujourd'hui. Avec les sandaliers fréquentaient des baleiniers, pour lesquels ces îles constituaient un point de relâche avant de pousser plus au sud.

Puis apparurent les premiers recruteurs, dont les procédés détestables et renouvelés de la traite : cruauté, mauvaise foi, enlèvements, eurent tôt fait d'indisposer et d'exaspérer les indigènes, déjà belliqueux de nature, contre les Européens, au point qu'aujourd'hui encore, la haine du blanc est chez eux à peine apaisée. Ces relations fâcheuses, qui se traduisaient par des rapts et des massacres d'indigènes suivis en retour de meurtres de colons et de marins, ne facilitèrent pas l'établissement dans ces îles des missionnaires, protestants ou catholiques, dont les premières tentatives d'installation datent en fait de 1824.

Le recrutement de travailleurs indigènes s'y exerçait alors au profit du Queensland, des Fidji, des Samoa, de la Nouvelle-Calédonie, d'Honolulu, et de plus loin encore. Une véritable expédition de piraterie partit à cette fin du Callao, en 1863, sous le prétexte d'engager des travailleurs pour les mines du Pérou. Portés à la connaissance de la presse et des nations européennes, ces excès contraignirent les autorités des colonies intéressées à intervenir, mais sans effets appréciables.

Cependant la richesse des Nouvelles-Hébrides attirait colons et traitants — pour la plupart anglais — et rendait de plus en plus nombreux ceux qui y demeuraient à préparer le coprah ou à pêcher la nacre et la biche de mer (coprahmakers et traders), en même temps que se dessinaient les progrès des missions anglaises. Mais, tout en se développant, le mouvement des échanges ne cessait pas d'avoir la Nouvelle-Calédonie pour terme, imprimant ainsi graduellement à l'archipel des Nouvelles-Hébrides le caractère d'une annexe commerciale et d'une dépendance politique de la grande île.

Aussi voyons-nous en 1875 les résidents anglais de Tanna réclamer l'annexion de ces îles à la France comme la solution la plus équitable et la plus conforme à leurs intérêts, et les colons de Vaté, Anglais et Français, s'unir l'année suivante dans une démarche semblable. Ces efforts ne manquaient pas d'être appuyés par les commerçants calédoniens, et tout particulièrement par l'un d'eux, John Higginson, dont le nom est inséparable de l'histoire de la colonisation des Nouvelles-Hébrides, et qui commence, dès 1871, à manifester une activité qui ne se démentira pas un seul instant jusqu'à sa mort, survenue en 1904, en vue de ravir ces îles à l'influence anglo-saxonne et d'en doter la France.

Mais ces démarches restaient sans effet. L'annexion des Fidji par l'Angleterre, en 1874, n'amenait même pas de notre part la riposte souhaitée. L'hésitation et la passivité de notre Gouvernement n'allaient pas tarder, dans ces conditions, à être exploitées contre

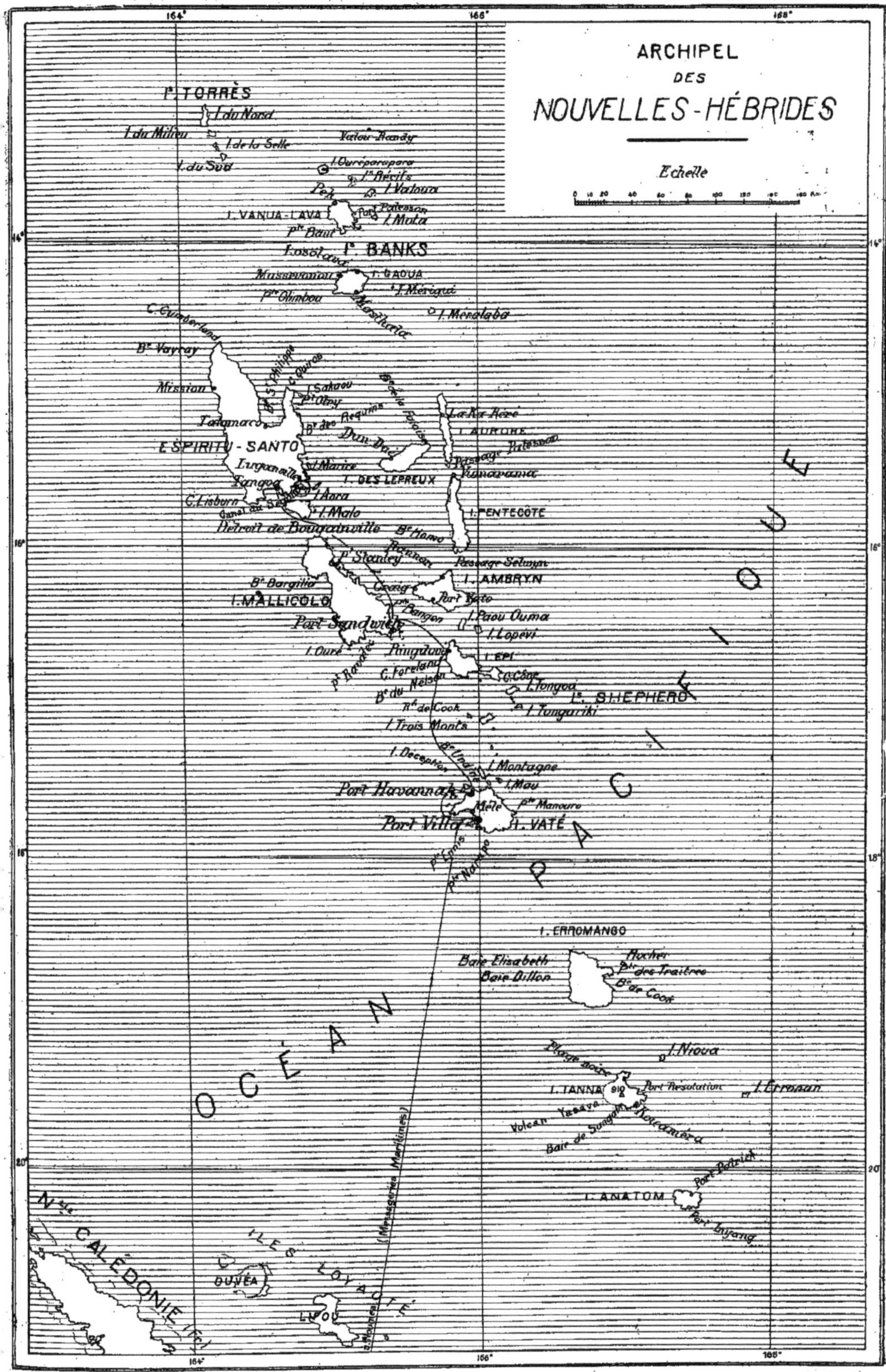

Cliché du Comité de l'Océanie Française

G. Béolet

nous. Un mouvement d'opinion se dessina en Australie, suscité et entretenu par les missions méthodistes établies aux Hébrides. Au cours d'un meeting tenu à Melbourne en 1877, l'annexion immédiate des Nouvelles-Hébrides à l'Angleterre fut réclamée et une campagne fut entreprise en vue de « forcer la main » au Gouvernement anglais.

Notre Gouvernement prit peur et sollicita des explications à Londres, allant jusqu'à déclarer, dans une note du 15 janvier 1878, qu'il n'avait pas « le projet de porter atteinte à l'indépendance des Nouvelles-Hébrides » et demandant si, de son côté, le Gouvernement britannique « était également disposé à la respecter ». Celui-ci répondit par un engagement semblable.

Par cette déclaration réciproque d'abstention, que l'on a improprement appelée la convention de 1878, la France renonçait en somme à faire valoir ses droits particuliers sur les Nouvelles-Hébrides. « Elle se trouvait désormais placée avec l'Angleterre sur un pied d'égalité. »

A la suite de cet échange de notes, le gouverneur des îles Fidji fut nommé *High commissioner* pour le Pacifique occidental et chargé de la protection des nationaux anglais. Un navire de guerre stationna en permanence dans les eaux de l'archipel. Quatre ans après, la situation était la suivante : les Anglais possédaient plus de 300.000 hectares de terres, ils avaient des comptoirs dans toutes les îles principales, le nombre de leurs missionnaires s'était fortement accru et le moment semblait proche où les Nouvelles-Hébrides, en vertu de l'axiome posé par l'un de leurs hommes d'Etat, sir Charles Dilke, que « là où sont les intérêts, là doit être la domination », deviendraient terre anglaise.

C'est alors que les colons français calédoniens, avec M. Higginson à leur tête, fondèrent la *Compagnie calédonienne des Nouvelles-Hébrides* dont le but était d'acheter des terres, d'encourager l'immigration française, de créer des comptoirs de commerce et des communications régulières entre Nouméa et les ports de l'archipel, de procurer des travailleurs indigènes à la Nouvelle-Calédonie. L'activité, la ténacité de nos nationaux n'allaient pas tarder à renverser la situation. En 1885, la *Compagnie calédonienne* possédait 700.000 hectares de terres, qu'elle avait acquises des Anglais et des indigènes, les principaux ports et mouillages de l'archipel, des stations commerciales et culturales. Elle avait exécuté son programme avec une activité et un entrain remarquables. Grâce à elle, à la proximité de la Nouvelle-Calédonie, et il faut bien le dire, aux qualités de notre race, la prédominance française s'accusait indéniable aux Nouvelles-Hébrides.

Mais ces succès avaient ravivé l'esprit d'opposition des colons australiens et surtout l'intransigeance passionnée des missions presbytériennes. En 1883, sous le couvert d'une protection efficace des habitants des Nouvelles-Hébrides, une délégation vint à Londres réclamer en réalité la prise de possession de l'archipel. Cette nouvelle campagne n'aboutit toutefois qu'à un second échange de notes diplomatiques confirmant la validité de l'arrangement de 1878.

Les manifestations reprirent en même temps que continuaient les appels au Gouvernement de la métropole. Des négociations furent rouvertes par le cabinet de Londres en 1885. Pendant ce temps, les colons des deux nations continuaient de manquer d'une protection réelle et la sécurité de leurs personnes comme celle de leurs biens restait frappée de précarité. A la suite d'assassinats plus nombreux et de vols importants, nous nous décidâmes à envoyer des troupes dans l'archipel (mai 1885). Pendant que le conseil général de la Nouvelle-Calédonie en profitait pour demander son annexion définitive, les missionnaires anglais des Nouvelles-Hébrides protestaient bruyamment. Londres et Paris mirent un terme à ce différend en signant la convention du 24 octobre 1887 qui résolvait en même temps la question des Iles Sous-le-Vent, mais nous obligeait à retirer nos troupes des Nouvelles-Hébrides.

LE CONDOMINIUM. — Cette convention instituait une commission navale mixte « chargée de protéger les personnes et les biens des sujets français et britanniques dans les Nouvelles-Hébrides ». La Commission n'avait aucun pouvoir d'administration commune, mais un unique pouvoir de répression, qu'elle se révéla du reste promptement incapable à exercer. Toujours abandonnés à eux-mêmes, ce fut entre les intéressés une nouvelle lutte d'influence « plus âpre que jamais », en même temps qu'entre les Etats concurrents, et, à leur défaut, entre les individus eux-mêmes, un effort pour suppléer au manque d'une organisation judiciaire et sociale. L'Angleterre commença, en publiant en 1890 l'ordonnance connue sous le nom de *Pacific order in Council*, qui étendait les pouvoirs du Haut-Commissaire et lui permettait de les déléguer à des commissaires adjoints et à des juges-commissaires.

Cependant, nos colons demeuraient toujours sans état civil et sans tribunaux. Ils avaient cherché à y obvier en créant eux-mêmes, en 1889, la municipalité de Franceville, dans l'île Vaté, qu'il leur fallut bientôt dissoudre, l'Angleterre ayant vu là une institution politique contraire à la convention de 1887. Puis ils constituèrent, en 1895, un tribunal d'arbitrage désigné sous le nom de *Juridiction spéciale de l'Union des Colons*, qui ne put fonctionner davantage, la Commission mixte l'ayant immédiatement frappé d'interdiction.

Ainsi placés, par une situation paradoxale et vraiment unique, hors du droit commun, il leur fallut attendre jusqu'en 1900 pour jouir enfin des bienfaits des institutions civilisées. A cette époque, une loi, suivie de décrets, dota le gouverneur de la Nouvelle-Calédonie, nommé *Commissaire général de la République dans l'océan Pacifique*, de pouvoirs analogues à ceux du *High Commissioner* britannique. Le commissaire général pouvait en outre les déléguer, en tout ou en partie, à un commissaire spécial qui devint effectif à partir de 1902 dans l'archipel.

Mais si ces deux organisations parallèles permettaient de résoudre les différends qui s'élevaient entre ressortissants d'un même pays, elles ne permettaient pas d'apporter une solution aux litiges nés entre colons des deux nations, ou encore entre Européens et indigènes.

Particulièrement dommageable en ce qui concerne la propriété, cette impossibilité était, dès cette époque, un obstacle, et un obstacle sérieux, au développement de la colonisation. Il importait d'arriver à une entente permettant enfin le règlement des litiges immobiliers aux Nouvelles-Hébrides. Par la déclaration du 8 avril 1904, la France et l'Angleterre convenaient de remédier « aux difficultés résultant de l'absence de juridiction sur les indigènes des Nouvelles-Hébrides » et de nommer une Commission pour le règlement des différends fonciers de leurs ressortissants respectifs dans lesdites îles. La compétence de cette Commission et les règles de sa procédure étaient renvoyés à un accord subséquent.

Bientôt, les deux gouvernements décidaient de recourir, pour ce double but, à des négociations verbales, et une délégation française, présidée par M. Saint-Germain, sénateur, se rendait à Londres, où elle se rencontrait, le 1er février 1906, avec les plénipotentiaires anglais, à la tête desquels se trouvait Sir E. Gorst. Cette conférence aboutit à la rédaction d'un accord qui fut sanctionné par les deux Gouvernements, et qui est devenu la convention du 20 octobre 1906. Le régime institué par cette convention régit encore actuellement les Nouvelles-Hébrides. D'autre part, quinze années se sont écoulées depuis sa mise en application et permettent aujourd'hui de prononcer à son égard un jugement basé sur l'expérience. Il mérite donc à double titre d'être exposé en détail et discuté dans son esprit comme dans ses résultats.

A la déclaration d'abstention et de mutuel désintéressement de 1878, au contrôle double de 1887, la convention du 20 octobre 1906 substituait un système à peu près complet d'organisation administrative et judiciaire conjointe. Cet instrument diplomatique établissait en effet la souveraineté commune et indivise — le « condominium » — de la France et de l'Angleterre sur l'archipel des Nouvelles-Hébrides, y compris les Banks et Torrès. Ces îles devenaient une véritable « colonie anglo-française ».

Deux Hauts-Commissaires représentent dans l'archipel les puissances signataires, et sont assistés chacun d'un commissaire résident auquel ils peuvent déléguer leur autorité. Ils ont le pouvoir d'édicter conjointement des règlements locaux, applicables à tous les habitants de l'archipel, lesquels jouissent de droits égaux de résidence, de protection personnelle et de commerce, et de sanctionner ces règlements par des pénalités n'excédant pas un mois de privation de liberté et 500 francs d'amende. Ils disposent d'une force de police mixte de cinquante hommes en vue d'assurer la protection des personnes et des biens.

Un certain nombre de « services communs » ont été édictés. Ce sont ceux de la police, des postes et des télégraphes, des travaux d'intérêt général, des ports et rades, du balisage et des feux, de la police sanitaire, ainsi que le service financier. Chaque puissance pourvoit aux dépenses de son administration propre dans l'archipel. Toutefois, les dépenses des services communs et du tribunal mixte, dont nous parlerons dans un instant, sont acquittées au moyen du produit des taxes locales que les Hauts-Commissaires ont pouvoir d'établir, du produit des amendes, des postes et de toutes recettes d'un caractère commun. En cas d'insuffisance de ces produits, les deux puissances signataires supportent chacune par moitié le déficit.

Nous avons vu comment les litiges immobiliers demeuraient insolubles sous l'ancienne législation, ou plutôt par absence d'une législation appropriée. Y remédier a été l'un des principaux objets de la convention de 1906.

Dans ce but, elle a créé un tribunal mixte, composé de trois juges, l'un français, le second anglais, et le troisième, président de droit du tribunal, désigné par le roi d'Espagne. Un quatrième magistrat, choisi de même, représente le ministère public. Le règlement de tous les différends fonciers est dévolu à ce tribunal. D'autre part, celui-ci constitue essentiellement la juridiction indigène. Dès qu'un indigène est partie en cause, c'est à ce tribunal en effet qu'appartient la décision. Ses jugements sont sans appel. Par ailleurs, les ressortissants des deux puissances conservent leur statut personnel et réel, et les conflits entre nationaux sont jugés par un tribunal national. Lorsque les parties n'appartiennent pas à la même nationalité, c'est le tribunal de la nation du défendeur qui intervient.

Le régime immobilier, la police de la navigation, le recrutement des travailleurs indigènes, le commerce des armes, munitions et boissons alcooliques, font également l'objet d'une réglementation abondante et précise. Les derniers articles de la convention sont relatifs à l'organisation dans l'archipel de municipalités.

La faillite du condominium. — Qu'a donné cet instrument à l'usage ?

L'outil était nouveau et ceux-là même qui, à l'origine, s'en faisaient les défenseurs, n'étaient pas sans se demander quelle serait sa valeur pratique, quels résultats il convenait d'attendre de cette administration à deux, pour le bon ordre et l'avenir de la colonisation dans l'archipel. On faisait bien valoir que l'originalité des tractations de 1906 était d'avoir donné naissance à un organisme sans aucun exemple : celui d'un condominium actif, par opposition avec les condominiums négatifs, déjà offerts en spécimens par l'histoire du droit international, mais les détracteurs de la convention n'en reprenaient pas moins à son égard la condamnation doctrinale de tout condominium. Le principe fondamental de cette institution étant l'absolue égalité des droits des parties, il s'ensuit, disaient-ils, que chacune d'elles peut et doit surveiller les agissements de l'autre, d'où il résulte fatalement une « mutuelle paralysie », une « inaction à deux ».

Il n'était pas équitable, en tout cas, de prononcer sa faillite avant de l'avoir éprouvé. Aujourd'hui, quinze années ont passé, et les représentants des deux parties sont d'accord pour la proclamer.

Dans tous les ordres d'idées ou de faits, la carence du régime s'est manifestée.

« L'on chercherait en vain, a écrit excellemment M. Lippmann, ancien commissaire-résident de France par intérim aux Nouvelles-Hébrides, les travaux d'utilité publique entrepris et exécutés par l'administration commune pour le développement économique de l'archipel. Tout y est encore à créer. Il n'existe ni voies de communication permettant aux planteurs situés dans l'intérieur des terres un facile accès à la mer, ni wharfs pour l'embarquement de leurs produits et la réception de leurs marchandises, ni balisage des côtes, si dangereuses en raison des récifs qui les entourent, ni l'éclairage de ces dernières. Le seul travail important réalisé par le condominium est la construction d'un poste de télégraphie sans fil édifié à Port-Vila en 1916.

« Aussi les colons français qui sont en grande majorité se plaignent-ils amèrement de cet état de choses. Ils font observer, avec juste raison, que le budget des services communs est alimenté pour la majeure partie par les impôts payés par eux et qu'ils n'en retirent aucun bénéfice. Sur un budget qui atteint environ 400.000 francs par an, il est prévu en totalité un modeste crédit de 10.000 francs pour l'entretien des routes de l'île de Vaté. Et c'est la seule dotation qui figure au chapitre des Travaux Publics ! Le surplus des recettes est consacré au paiement de dépenses stériles de personnel.

« D'autre part, les planteurs français et anglais élèvent les critiques les plus vives contre le Tribunal mixte, dont les attributions principales consistent dans l'immatriculation des terres et le règlement des litiges fonciers. Or, cette juridiction n'a pas encore rendu un seul jugement consolidant une propriété quelconque de l'archipel. Cette inaction est due à des causes multiples, qu'il serait en vérité trop long d'exposer, mais elle existe, c'est un fait, et il faut reconnaître que l'incertitude dans laquelle continuent à se trouver les occupants d'une terrain sur la valeur de leurs titres, est troublante. Des empiètements se produisent, des exactions se commettent comme dans le passé, sans que les intéressés puissent obtenir la réparation des dommages dont ils ont à souffrir. Si j'ajoute que le fonctionnement du tribunal mixte coûte, chaque année, plus de 120.000 francs, on reconnaîtra que les doléances des habitants méritent de retenir l'attention.

« En définitive, l'administration du condominium a démontré qu'elle ne peut pas assurer le développement économique des terres placées sous son autorité, qu'elle est incapable avant un très long délai de garantir la sécurité des biens et des personnes. Un pareil Gouvernement, dont les défauts sont inhérents à sa constitution même : mutuelle paralysie, inaction à deux, dues à la rivalité d'influences, ne saurait subsister un plus long temps. »

La faillite du condominium au point de vue juridique est tout particulièrement à constater. Si « le droit, ainsi que l'ensemble des juridictions qui doivent l'interpréter, écrivait dès juillet 1914 M. Maurice Viollette, sont la base même des sociétés modernes... aux Hébrides l'organisation judiciaire a méconnu, de la façon la plus grave, tous ces principes. Il n'y a ni droit ni juge. » Que ce soit au point de vue criminel, civil, ou commercial, la multiplicité des juridictions, les dissemblances des législations françaises ou anglaises ont abouti à toutes les anomalies, à tous les imbroglios. Elles ont conduit proprement à l'anarchie.

Cette faillite se complète encore de l'absence des magistrats qui, dans l'impossibilité d'aboutir, se sont fait mettre successivement pour la plupart en congé illimité. N'a-t-on pas vu composer le tribunal mixte du greffier-notaire du tribunal français, président, et de colons, juges. Le résultat est connu : dix ans après l'inauguration à laquelle il fut solennellement procédé le 18 avril 1911, il n'y a pas encore une terre d'immatriculée!

Aussi est-ce l'avis de toutes les parties que ce régime fonctionne mal, qu'il ne saurait bien fonctionner, et qu'il faut absolument l'améliorer, disent les uns, ou bien lui substituer autre chose, disent les autres.

Ce sentiment s'était fait jour dès avant la guerre et du courant d'opinion qu'il avait fait naître était sortie la commission qui se réunit à Londres le 10 juin 1914. C'est à l'Angleterre que revenait l'initiative de cette conférence. Notre Gouvernement avait fait connaître quelque temps auparavant que « la pratique du condominium ayant révélé certaines imperfections, les deux Gouvernements étaient d'accord pour ouvrir une conversation en vue de remédier à ces imperfections. » Notre délégation, à la tête de laquelle se trouvait M. Picanon, inspecteur général des colonies et ancien Haut-Commissaire dans le Pacifique, avait pour mission d'étudier une mise au point du régime du condominium. Une nouvelle convention fut rédigée, mais la guerre est venue en suspendre la publication et, depuis lors, les choses sont restées en l'état.

Cependant, l'aveu d'impuissance radicale, absolue, du régime actuel des Nouvelles-Hébrides et de son réajustement, qui est nôtre, semble partagé aujourd'hui en Angleterre comme en Australie, au même degré que de ce côté. Il est intéressant à cet égard de citer les conclusions de la Commission que le Gouvernement australien chargea pendant la guerre, en 1916, d'une enquête sur le commerce des archipels du Sud-Pacifique.

A propos des Nouvelles-Hébrides, la Commission fait tout d'abord observer qu' « abstraction faite de la Nouvelle-Guinée, il y a beaucoup plus de terres, et plus riches, au Queensland, que dans toutes les îles du Pacifique réunies ». Que sont en effet les Nouvelles-Hébrides auprès du vaste continent australien et pourquoi ses habitants s'obstinent-ils à les revendiquer ?

Après avoir mis très impartialement en lumière l'importance des intérêts et des établissements respectifs de la France et de l'Angleterre dans l'archipel, le rapport dit que les défauts et l'impopularité du condominium sont hautement reconnus : « La complexité de l'administration et du régime judiciaire ont suscité chez les colons, français et anglais, des plaintes sans fin sur l'obscurité de la législation, l'inertie de l'administration, les lenteurs de la justice, particulièrement en ce qui concerne les contestations relatives aux titres de propriété... L'incertitude des titres de propriété, l'impuissance du tribunal mixte, la souffrance des intérêts lésés sont de notoriété publique ; rien n'allait déjà, et la guerre a achevé de tout arrêter. » La commission conclut en conséquence à la nécessité d'arriver « à un meilleur arrangement international » dans l'intérêt même des relations politiques et commerciales dans le Pacifique, et elle ajoute : « Que les îles deviennent éventuellement britanniques ou françaises, le Commonwealth a certainement un intérêt vital à leur développement économique. » Mais, dans ce but, « l'opinion générale est que mieux vaudrait la souveraineté de l'une ou l'autre nation, plutôt que le condominium. ».

A cette condamnation capitale du condominium, prononcée par des voix australiennes, qu'aurions-nous à objecter ou à ajouter ? Rien, assurément. Elle répond trop bien à notre propre sentiment.

Dès lors on pouvait espérer que les règlements de la guerre nous apporteraient en même temps la solution de la question des Nouvelles-Hébrides. Il n'en a rien été cependant. Depuis 1914, les années écoulées n'ont eu d'autres résultats que d'aggraver la situation des colons néo-hébridais, sans dénouer le problème politique. Lorsque le silence persistant fait autour du règlement de cette question a permis de conclure de façon positive à son ajournement, ces colons, habitués de longue date à organiser leurs forces et à ne compter que sur eux-mêmes, ont fait preuve une fois encore d'initiative et de décision. Ils se sont constitués en un Comité de défense des intérêts français aux Nouvelles-Hébrides, fondé à Port-Vila le 15 février 1920, sous la présidence de M. Thomas Wright, planteur à Espiritu-Santo, « en vue d'amener à aussi brève échéance que possible la dénonciation de l'actuel et stérile régime de condominium et l'annexion des archipels des Nouvelles-Hébrides, Banks et Torrès à la France ». M. Albert Favre, député, représente le Comité à Paris auprès des pouvoirs publics ; M. Vigoureux, directeur de la Société Française des Nouvelles-Hébrides, est son mandataire à Nouméa.

Le dernier trait saillant de l'histoire politique des Nouvelles-Hébrides est l'incident auquel elles ont donné lieu à la conférence impériale de Londres, au mois de juin 1921. Cet incident a été soulevé dès la seconde séance de la conférence par le premier ministre de Nouvelle-Zélande. M. Massey, qui a évoqué la situation « lamentable » créée par le régime du condominium et fait entendre qu'il convenait de proposer à la France un rachat de sa part en lui consentant des concessions territoriales par ailleurs.

Venant de l'Australie, cette proposition se fût encore comprise. Elle se conçoit à peine émanant d'un dominium qui n'entretient aucun commerce avec les Nouvelles-Hébrides. Mais il est probable qu'en l'occurrence, la Nouvelle-Zélande n'a été que le porte-parole de sa sœur voisine.

Quel enseignement devons-nous en tirer ? S'il y a lieu de la retenir comme l'expression du désir de voir enfin résoudre cette question, irritante à la longue, dans le sens de l'attribution à une unique puissance de la souveraineté de ces îles, il importe de la repousser nettement, quant au fond, parce qu'elle offre le défaut, rédhibitoire à nos yeux, de ne tenir aucun compte de la situation respective des intérêts en présence dans l'archipel. Les intérêts anglais ne restent placés en effet, aux Nouvelles-Hébrides, sur le pied d'une égalité de droit qu'en faisant abstraction de notre supériorité de fait.

La démonstration de cette dernière affirmation, comme la justification de la seule solution possible, à savoir la dévolution de ces îles à la France, nous apparaîtront, claires comme le jour, avec la connaissance plus profonde de cet archipel, de son sol, de ses richesses, et des efforts des parties à le mettre en valeur.

GÉOGRAPHIE

SOL. — Les Nouvelles-Hébrides sont de formation volcanique et madréporique. Dans leur ensemble, elles constituent une longue chaîne dont les sommets varient entre 100 et 1.000 mètres d'altitude. L'axe d'éruption de ce soulèvement est déterminé par cinq volcans, dont trois seulement, ceux d'Ambryn, de Lopévi et de Tanna, présentent encore une certaine activité. Leurs éruptions s'accompagnent de tremblements de terre, mais leurs secousses horizontales sont généralement peu violentes. Les Nouvelles-Hébrides se rattachent si bien physiquement, comme géographiquement, à la Nouvelle-Calédonie, que les commotions du volcan de Tanna sont ressenties à Nouméa.

En bordure du noyau éruptif, se remarquent des terres d'un aspect tout différent, provenant du soulèvement de plateaux coralliens, disposés en étages, sortes de gradins de vingt à quarante mètres de hauteur, se coupant à angle droit. Situées entre la Nouvelle-Calédonie et les Fidji dont les côtes sont entourées de récifs à fleur d'eau, les Nouvelles-Hébrides offrent toutefois cette particularité de ne présenter qu'exceptionnellement un banc corallien autour des îles.

Leur aspect, vues du large, a toujours excité l'admiration. Elles apparaissent comme « des pyramides de verdure ». La forêt les recouvre dans leur entier. Et cette forêt est d'une luxuriance telle qu'elle donne l'impression d'une « royauté végétale », d'une « écrasante splendeur ». Les plaines d'alluvion y sont excessivement rares et ne se rencontrent guère qu'en trois points : à Anatom, à Vaté et à Espiritu-Santo. Merveilleusement arrosées, recouvertes partout d'un abondant et riche humus, ces îles sont, par suite, d'une fertilité prodigieuse, ne le cédant à celle d'aucun autre pays au monde. Seules Java et les Marquises peuvent prétendre à les égaler en beauté naturelle. Presque toutes sont pourvues de lieux de débarquement d'un accès facile et même d'excellents ports naturels.

Nous avons dit que leur superficie totale était estimée à 14 ou 15.000 kilomètres carrés. C'est près de trois fois la superficie de la Réunion, de la Martinique et de la Guadeloupe réunies, celle de trois de nos départements, presque celle de la Nouvelle-Calédonie qui est de 20.000 kilomètres carrés. On en appréciera par là l'importance territoriale, mais plus encore qu'à leur étendue, c'est à leur fertilité qu'il convient de les juger.

Espiritu-Santo est la plus grande de toutes, mesurant à elle seule 4.905 kilomètres carrés. Elle possède des montagnes magnifiques, dont certains pics dépassent 1.200 mètres, entièrement recouvertes de verdure. Le long des collines coulent de nombreux ruisseaux. L'un d'eux, le Jourdain, est même une importante rivière qui se jette au nord de l'île dans la baie de Saint-Philippe, vaste dépression aux eaux profondes présentant d'excellents mouillages. Santo est séparée des îles Aoré et Malo par le canal du Segond, long couloir maritime, aux rives particulièrement fertiles, qui offre également aux navires des mouillages nombreux autant que sûrs.

Mallicolo vient ensuite, avec 2.539 kilomètres carrés. Nulle part plus que dans cette île n'apparaît la toute-puissance du monde végétal. Celui-ci atteint vraiment dans cette terre le maximum de splendeur. Deux excellents ports naturels existent à Mallicolo : Port-Sandwich, le meilleur mouillage des Nouvelles-Hébrides, de tous points semblable à un bassin, à l'abri de tous les vents, avec des fonds de vingt à trente mètres, et Port-Stanley, lui aussi fort bien abrité, et l'un des bons havres de l'archipel.

La troisième par la superficie est Erromango, située dans le groupe sud, et qui mesure 1.113 kilomètres carrés. Ses terres sont hautes et rocheuses. Les sommets de l'intérieurs sont couverts de riches forêts. Les côtes ont un aspect de toute beauté.

Vaté la suit de près avec 1.094 kilomètres carrés. C'est aujourd'hui la plus importante au point de vue de la colonisation et le principal établissement des Nouvelles-Hébrides. Les terres de cette île splendide sont d'une hauteur modérée et descendent vers la mer par une succession d'assises. Ses collines sont pittoresques et luxuriantes. Dans la vaste baie de Mélé, située au sud de Vaté, une indentation forme le port le plus fréquenté de l'archipel, d'un atterrissage d'ailleurs facile : Port-Vila, au fond duquel s'élève la capitale des Nouvelles-Hébrides, Franceville. Le port est éclairé par deux feux rouges qui donnent la nuit l'alignement de la passe, assez étroite ; un feu vert installé sur l'îlot Léliki complète cet éclairage, en fournissant un bon alignement pour le mouillage des grands vapeurs qui jettent l'ancre par des fonds de 27 à 33 mètres, à 5 ou 600 mètres de la plage. Vaté possède encore un autre bon mouillage, Port-

Banc de corail à Port-Vila

Havannah, en forme de boyau, et dont la baie est entourée de riches pâturages.

Ces quatre îles représentent à elles seules près de 10.000 kilomètres carrés, soit les deux tiers des Nouvelles-Hébrides. Après elles, on peut encore citer : Pentecôte (845 km²), Ambryn (644 km²), Epi (637 km²) et Aurore (547 km²). Grandes ou petites, toutes sont fertiles et offrent presque un égal intérêt pour la colonisation. L'étude de celle-ci sera pour nous l'occasion de les évoquer à nouveau et de les examiner avec plus de détails.

CLIMAT. — Voisines de l'équateur, les Nouvelles-Hébrides participent obligatoirement du climat des régions tropicales. L'année s'y divise en deux saisons : l'une, sèche, relativement fraîche (hiver et printemps austral) de mai à octobre ; l'autre, chaude et très humide (été et automne austral) de novembre à avril.

Tabou des indigènes de l'île d'Ambryn

Durant la première soufflent les vents alizés, dont la direction normale est sud-sud-est. Le voisinage des terres la modifie toutefois sensiblement et des périodes de calme se constatent par instants. Comme en Nouvelle-Calédonie, la saison chaude est celle des vents irréguliers et des grandes pluies tropicales. Les moussons de nord-ouest se font sentir de janvier à mars. C'est alors l'époque des ouragans et des cyclones qui atteignent les îles, celles du sud y étant plus exposées. Il ne se passe guère d'année sans que l'archipel soit visité par un ou plusieurs d'entre eux. Elles n'en sont pas moins en dehors du parcours des grandes perturbations atmosphériques et les coups de vent y sont peu dangereux.

Quoi qu'il soit de cette division en deux saisons, un fait, aux Nouvelles-Hébrides, est à observer : la sécheresse n'y est jamais complète. Les pluies s'y montrent à la vérité irrégulières, et, en tous cas, sont loin d'être rares pendant les mois de mai, juin et juillet. Il y aurait plutôt excès d'humidité, ainsi que le démontre l'abondance de la végétation.

Le climat est chaud, mais la température ne présente pas de variations excessives. D'avril à octobre, si la température est un peu pénible le jour, par contre les nuits sont agréablement fraîches. De novembre à mars, la chaleur augmente, mais de toute l'année, le thermomètre monte rarement au-dessus de 32° et ne descend guère au-dessous de 20°.

Si le paludisme règne à l'état endémique aux Nouvelles-Hébrides, comme dans toutes les contrées situées sous la même latitude, elles n'en sont pas moins aussi saines que la plupart de ces dernières. La fièvre paludéenne n'y est pas de nature contagieuse et les accès pernicieux y sont presque inconnus. Son aire diminuera d'ailleurs de plus en plus, avec les défrichements. Là où l'air et la lumière passent librement, l'impénétrable forêt vierge, qui par ailleurs en arrête la circulation et la diffusion et entretient l'abondance des pluies et des détritus, recule, et avec elle, la maladie.

La chaleur, l'humidité, les brusques sautes de vent, et par-dessus tout les émanations telluriques provenant de l'intense décomposition des matières végétales accumulées par les siècles, étant les causes principales de l'endémie palustre, les colons se doivent de prendre, lors de leur établissement aussi bien que dans la vie courante, certaines précautions indispensables. L'habitation devra être installée de préférence dans un endroit élevé et bien aéré, débroussé alentour. L'eau, presque toujours malsaine, devra être bouillie, le filtrage étant insuffisant. Les bains de mer et surtout de rivière devront être absolument proscrits, voire même les douches, car ils ne manquent pas d'impaluder ceux qui les prennent. Le vêtement sera léger, mais l'Européen devra toujours s'abriter avec soin de son plus grand ennemi : le soleil. Avec un régime alimentaire approprié aux saisons, et le plus possible exempt d'alcool, le climat des Nouvelles-Hébrides peut être, dans ces conditions, très supportable pour les Européens.

Déjà, la race blanche a pu s'y adapter. La santé des colons fixés, d'aucuns depuis près de quarante ans, dans l'archipel, celle de leurs enfants, montrent qu'on peut s'acclimater dans ces îles et y faire souche sans dégénérer, à la condition de ne pas se départir des règles d'hygiène qui s'imposent en tout pays tropical. Les décès dus au climat sont très rares, et la colonisation n'a point à y payer ce lourd tribut qui a marqué la conquête de la plupart de nos possessions, y compris l'Algérie. Aux Antilles, à la Réunion, où le climat est sensiblement le même que celui des Nouvelles-Hébrides, l'acclimatement depuis trois siècles de la race blanche est d'ailleurs une preuve que celle-ci peut prospérer dans l'archipel, et y vivre. Aux Européens trop éprouvés par la fièvre ou l'anémie, la Nouvelle-Calédonie n'est-elle pas là, au surplus, à quinze heures de distance, offrant son climat salubre et tempéré comme lieu de refuge et de reconstitution ?

LA POPULATION

INDIGÈNES. — Par suite de migrations successives, la population indigène des Nouvelles-Hébrides se trouve très mélangée. Si la race qui prédomine appartient au type mélanésien, répandu dans les divers groupes de l'Océanie occidentale : front bas, nez aplati, lèvres proéminentes, pommettes larges, cheveux crépus, peau noirâtre, les caractères primordiaux de cette race se sont modifiés en maints endroits par des apports de sang polynésien d'un côté, particulièrement dans les îles du nord, où la taille s'élève et le teint s'éclaircit, et de sang malais de l'autre, ce qui est le cas des îles du sud où les indigènes sont petits, vigoureux, musclés, mais de peau noire tirant sur le brun.

Canaques au travail

On n'est pas surpris de ces différences ethniques, parfois considérables, et qui se remarquent non seulement d'île à île, mais de tribu à tribu, lorsqu'on connaît la facilité avec laquelle se sont effectuées les migrations dans le sein de l'Océan Pacifique, et la hardiesse naturelle, comme navigateurs, des hommes qui se sont confiés à ses flots pour aller successivement en peupler les terres.

« Le gros de la population indigène, a écrit M. Bourge, est groupé par tribus sur le bord de la mer, toujours la plus sûre des nourrices de l'homme dénudé. Les Canaques aiment aussi s'établir sur les deltas fertiles des rivières et le long des principales vallées. Leurs villages sont pittoresques et presque toujours ombragés par l'arbre providentiel des pays chauds, le cocotier. La mer, le cocotier, il n'en faut pas plus aux peuplades de ces belles îles pour pourvoir à leur existence matérielle ». Les recruteurs ont désigné sous le nom de *men salt water* les indigènes vivant près du rivage, et sous celui de *men bush* les indigènes habitant la brousse. Ces derniers sont plus sauvages et plus arriérés que ceux du littoral.

Tous se divisent en de nombreuses tribus, toujours en rivalité et bien souvent en hostilités. Les apports de sangs différents ont engendré parmi elles plus de vingt dialectes divers. Dans leurs relations avec les indigènes, les Européens se servent d'une sorte de sabir appelé bichelamar, où dominent les termes anglais.

L'autorité du père de famille est absolue, ayant droit de vie et de mort sur sa femme et ses enfants ; l'indigène, cependant, ne dispose pas de lui-même. Sa personne et ses biens appartiennent à la tribu, et le chef peut en user comme il l'entend, soit pour le désigner, le cas échéant, comme travailleur, soit pour jouir de ce qui constitue momentanément sa propriété. Celle-ci n'est pas possédée individuellement par les familles; c'est la propriété collective de la tribu. Encore est-il même difficile de parler de propriété collective, fait observer M. Brunet, aucune tribu ne paraissant avoir des droits à une partie définie de la terre.

La condition de la femme aux Nouvelles-Hébrides est tout ce qu'il y a de misérable. Elle n'existe pour ainsi dire pas. Elle se vend et s'achète, et se troque en prenant pour étalon d'échange... le cochon, l'animal le plus précieux de ces îles. Elle est la seule à travailler, et son époux s'en sert comme d'une bête de somme. Toutes les besognes les plus pénibles, tous les fardeaux les plus lourds lui sont réservés. L'homme pêche, chasse, récolte les ignames une fois l'an, se livre aux occupations guerrières, et passe le reste du temps dans l'oisiveté la plus complète.

On a représenté les indigènes des Nouvelles-Hébrides comme étant d'une très grande sauvagerie. Le fait est qu'ils sont cruels, et la pratique de l'antropophagie, qui leur a été chère, en est une preuve. Si cette horrible coutume subsiste encore dans certaines peuplades, elle semble heureusement avoir complètement disparu dans les îles où les missionnaires et les colons sont depuis longtemps en contact avec les indigènes. Cruels, ceux-ci sont encore vindicatifs. Ils se montrent implacables dans leurs vengeances, mais les brutalités qui ont marqué leurs premiers contacts avec les blancs, jointes au caractère que nous leur connaissons, expliquent suffisamment leurs trop nombreux attentats. S'ils ne pardonnent jamais à qui les a injuriés, trompés ou frappés, des témoignages sincères s'accordent à prouver qu'ils se montrent dévoués envers qui les traite avec humanité et justice. Ils savent alors se montrer honnêtes et faire preuve d'une endurance peu commune.

Les colons doivent veiller à leur attitude envers les indigènes. Les malmener, nous l'avons vu, est une faute ; les admettre familièrement dans son intimité en est une autre. Il est bon, en effet, que le colon soit craint. Cette attitude demande donc à être faite à la fois d'énergie, de droiture et d'équité.

Les indigènes des diverses îles de l'archipel ont aisément adopté les divers objets, fruits du progrès et de la civilisation, qui étaient pour eux d'un usage facile et d'un intérêt immédiat. Ils se montrent réfractaires, par contre, aux idées susceptibles d'apporter des changements dans leur existence et leurs traditions, et retournent volontiers, même après un séjour chez leurs engagistes, à leurs anciennes pratiques.

Cette fidélité à leurs coutumes et à leurs habitudes de vie ne les préserve pourtant pas de la disparition. La population indigène des Nouvelles-Hébrides, comme celle de toutes les îles océaniennes, à quelques rares exceptions près, diminue avec une étonnante rapidité. Il y a là comme une fatalité étrange qui pèse sur ces races et semble les condamner à la mort dès qu'elles entrent en contact avec la civilisation blanche. Les raisons de cette dépopulation n'en sont pas moins diverses, et, pour certaines, en aucune façon imputables à cette civilisation.

L'insuffisance de l'alimentation, le manque d'hygiène, l'humidité de la brousse, la condition inférieure de la femme, la pratique de l'avortement, sont autant de causes qui concourent à l'augmentation de la mortalité d'une part, à la diminution de la fécondité et de la natalité de l'autre, et n'ont rien à voir cependant avec notre arrivée dans ces îles. Par contre, nous avons apporté à ces populations diverses épidémies : la variole, la dysenterie, et surtout la tuberculose, qui exercent parmi elles de sérieux ravages. Enfin, le recrutement est un agent important de dépopulation. Combien ne reviennent pas parmi ceux qui s'expatrient ?

Cook avait estimé le nombre des habitants des Nouvelles-Hébrides à 200.000. Reclus a donné le chiffre de 63.750. Les travaux des missionnaires anglais font osciller ce chiffre de 58.000 à 100.000. Le capitaine Montégu, qui fut chef de la mission de délimitation des terres de l'archipel, les a évalués à 45.000, dont 6.550 soumis à l'influence des missionnaires et colons français, 8.400 à l'influence des missionnaires et colons anglais, et 30.000 échappant à toute influence. Mais aucun recensement n'a jamais pu être effectué dans l'archipel, et ces évaluations doivent être accueillies avec les plus grandes réserves. C'est probablement faire montre d'optimisme que d'en estimer aujourd'hui le nombre de 50.000 à 60.000.

Fait digne de remarque, cette population est très inégalement répartie entre les diverses îles. Si Espiritu Santo, la plus grande, est en même temps la plus peuplée, avec 15.000 habitants environ, Mallicolo et Tanna présenteraient le même nombre d'habitants : 8.000 environ, bien que la première soit six fois plus grande que la seconde. Vaté n'aurait qu'un chiffre de population de 3.000 à 4.000, Aoba et Ambryn de 3.000 ; quant à Erromango, la troisième des îles par la superficie, elle ne contiendrait que 1.500 à 2.000 habitants.

Main-d'œuvre. — Aux Nouvelles-Hébrides, l'indigène est l'associé presque obligé du colon, le climat ne permettant pas à celui-ci de travailler par lui-même et limitant son action à un rôle de contrôle et de surveillance. Il lui faut donc trouver la main-d'œuvre nécessaire sur place, dans la population indigène, ou bien l'importer du dehors. Cependant les habitants de l'archipel ne fournissent pas plus de 2.000 à 3.000 travailleurs aux exploitations agricoles. Il est vrai que les difficultés suscitées par les missionnaires presbytériens en sont cause, ceux-ci n'ayant d'autre préoccupation que d'entraver l'activité des colons, en majorité français, et mettant en jeu, dans ce but, les « actes de pression les plus coupables et les moyens d'intimidation les plus condamnables ». Certains procédés sont, paraît-il, toujours en vigueur.

Dès qu'un bateau recruteur s'approche d'une côte, chaque missionnaire met ses teachers en mouvement, fait surveiller le rivage par les hommes de sa police, entrave les pourparlers et fait garder rigoureusement les routes venant des tribus de l'intérieur. Or, nos sociétés et nos colons ne sont pas, ainsi que l'insinue certaine presse, « de vulgaires négriers ». Les abus d'autrefois ne peuvent plus exister. Non seulement ils iraient, et c'est le meilleur argument qu'on puisse donner, à l'encontre de l'intérêt des colons, qui verraient s'évanouir leur main-d'œuvre, mais une administration et une justice sont là désormais pour réprimer les excès dont les indigènes auraient à se plaindre et que les missionnaires anglais ne seraient du reste pas les derniers à dénoncer.

Contraindre, sous certaines garanties bien entendu, les Canaques au travail, constituerait sans doute une atteinte à leur liberté, mais ce serait pourtant rendre à la race sa vigueur et en assurer la conservation, en même temps que satisfaire aux besoins de la colonisation. C'est un fait qu'on constate chez les engagés un relèvement des forces physiques et de la natalité.

Pour s'assurer les bras nécessaires, chaque exploitation importante possède un petit voilier qui va recruter, là où elle espère les trouver, les travailleurs dont elle a besoin. Les exploitations de faible importance glanent, parmi les engagés ayant terminé leur contrat et qui ne désirent pas être rapatriés, les indigènes qui leur sont indispensables. Cette organisation rudimentaire ne fournit toutefois, aux uns comme aux autres, qu'une main-d'œuvre précaire, et aujourd'hui insuffisante. La main-d'œuvre locale, qui a créé les plantations existantes, n'arrive plus aujourd'hui à les entretenir, et d'aucunes, faute de bras, sont retournées à l'état de brousse.

Il n'est pas à cette heure, aux Nouvelles-Hébrides, de problème plus important et, malheureusement, plus difficile à résoudre. C'est là cependant une question de vie ou de mort pour nos colons.

Encore, jusqu'à présent, une infime partie seulement des terres exploitables a-t-elle été mise en valeur. Mais si l'on veut un jour utiliser à plein l'extraordinaire fertilité du sol des Nouvelles-Hébrides, dont la production n'a d'autre limite que le nombre des bras qu'on y pourra affecter, il faudra bien recourir alors à un large appel de l'extérieur. Les indigènes néo-hébridais, en décroissance constante et peu soucieux d'aliéner leur liberté, ne fourniront jamais aux colons la somme de travailleurs qu'exigera cette vaste tâche. A quels réservoirs puiser, en conséquence ?

Losqu'on envisage cette question, aussi bien pour l'archipel que nous étudions que pour toutes les terres dépeuplées du Pacifique, on est fatalement amené à convenir que seule l'Asie peut fournir le remède à cette situation. Malheureusement, les pourparlers entamés à différentes époques, et récemment encore, avec les pays à population dense, le Japon et la Chine exceptés, n'ont jamais été couronnés d'un réel succès. Aboutiront-ils plus favorablement dans l'avenir?

La main-d'œuvre est un bien aujourd'hui si précieux que ceux qui le possèdent le gardent jalousement et n'aiment plus à s'en dessaisir. Il est certain pourtant que Javanais ou Hindous viendraient volontiers travailler sur les plantations si leurs Gouvernements respectifs voulaient bien en autoriser le recrutement. Mais comment les y décider?

Les Japonais, eux, affluent déjà en Calédonie et apparaissent aux Hébrides. Dans ces dernières îles, on en compterait peut-être une cinquantaine. Ils s'y livrent de préférence au commerce ou à la pêche, c'est-à-dire qu'ils ne présentent qu'un intérêt médiocre pour la colonisation, d'autant plus qu'ils s'acclimatent mal. La main-d'œuvre japonaise paraît offrir maintenant, du reste, plus d'inconvénients que d'avantages. Elle est devenue depuis la guerre exigeante, arrogante, d'un maniement difficile, et les salaires élevés qu'elle réclame la rendent de plus onéreuse. En outre, elle s'accompagne toujours de visées politiques. Loin d'en encourager la venue aux Nouvelles-Hébrides, il convient au contraire de l'écarter.

La Chine, elle, constitue la réserve immense d'une main-d'œuvre appliquée, docile, de tous points excellente, et pour ainsi dire inépuisable ; on lui doit déjà d'avoir heureusement remplacé, en maint endroit du Pacifique, la population autochtone disparaissante, et rendu la prospérité économique à des terres menacées d'une atonie complète. Le jour où l'on voudrait faire appel aux Célestes pour fournir en abondance des engagés aux Nouvelles-Hébrides, il semble que le recrutement en devrait être facile. Déjà des pourparlers relatifs à l'introduction de travailleurs chinois par des maisons hébridaises ont eu lieu, qui, cependant, sans motifs bien apparents, n'ont pas été suivis d'effet. Les conditions économiques actuelles ont pu, dans une certaine mesure, s'y opposer, mais avec le retour à la normale, il y a là une éventualité qui pourrait enfin trouver sa réalisation.

Mais mieux encore qu'à la main-d'œuvre chinoise, c'est à la main-d'œuvre annamite qu'il serait désirable que les Nouvelles-Hébrides pussent avoir recours. Il n'est pas besoin d'insister sur les raisons de cette préférence. Dans cet océan Pacifique devenu le centre d'un monde nouveau appelé aux plus grandioses destinées, la France possède de nombreuses possessions restées jusqu'à présent isolées et sans cohésion. Leur union ferait leur force. L'Indochine, puissante et riche, féconde en ressources, pourrait à leur égard jouer le rôle d'une métropole moins distante, de centre commun, d'où viendraient les impulsions et les moyens d'action : lignes de navigation, main-d'œuvre, etc. Elle l'a compris déjà en envoyant en 1920 un premier convoi de mille travailleurs à la Nouvelle-Calédonie et aux Nouvelles-Hébrides. Il est vivement regrettable qu'à la suite de malchances des résistances soient nées qui interdisent provisoirement tout nouveau départ. Nous voulons espérer qu'une réaction favorable se produira et que nous verrons un jour ce mouvement reprendre, pour le plus grand bien de tous nos établissements du Pacifique.

Il est un fait, toutefois, qu'il ne faut pas oublier, c'est la répugnance absolue et bien connue des Australasiens pour les travailleurs de race jaune. L'introduction d'Asiatiques aux Nouvelles-Hébrides ne serait pas pour faciliter les tractations que, directement ou par la voie de l'Angleterre, nous aurons fatalement avec eux au sujet du régime futur de ces îles. Et pourtant prohiber l'importation d'une main-d'œuvre étrangère, qui ne peut être que de couleur, dans l'archipel, ce serait vouloir en interdire le développement. Hindous ou Annamites pourraient-ils toutefois trouver grâce? C'est là une question que nous reprendrons lorsque nous parlerons de l'avenir de ces îles.

Pour l'instant, les colons hébridais frappent à toutes les portes : Java, Chine, Indochine, Salomon, et, devant l'insuccès de leurs appels, poussent un véritable cri d'alarme. Il n'est que trop vrai que, faute de main-d'œuvre, la colonisation est menacée de rétrograder ou tout au moins de stagner aux Nouvelles-Hébrides. Mais c'est alors l'influence française qui se trouve en péril! Voilà ce à quoi il faut songer et ce qu'il faut à tout prix éviter.

Natifs, blanc, immigrés, toutes ces parties si dissemblables concourent à faire de la population des Nouvelles-Hébrides une gamme de couleurs et à lui imprimer un caractère spécial. Du tableau offert par ce curieux mélange, M. Brunet a brossé une saisissante esquisse, que nous nous plaisons à placer sous les yeux du lecteur :

« Indigènes de la brousse, indigènes côtiers, engagés que rappelle au travail la conque résonnant à travers les plantations, recruteurs

— « les meilleurs marins de l'archipel » — enserrant les îles de leurs sillages étroits, traders et coprahmakers à demi sédentaires et à demi nomades, missionnaires, colons enfin dont le labeur tenace transforme l'aspect de la terre livrée jusque-là aux seules inspirations de la nature, ce sont tous ces éléments juxtaposés qui constituent la colonisation néo-hébridaise et qui en font l'originalité. »

C'est elle maintenant que nous allons envisager.

CHAPITRE II

Colonisation

LES PREMIERS COLONS

La diplomatie et la colonisation ont presque toujours marché de pair aux Nouvelles-Hébrides, et l'histoire diplomatique de l'archipel se confond bien souvent avec celle de la colonisation proprement dite. Déjà, il nous a été donné de laisser entrevoir les efforts accomplis par les entreprises françaises et anglaises dans ces îles et les résultats obtenus aux divers stades de leur développement. Mais efforts et résultats ont procédé là de la lutte ardente d'influence que les deux nations se sont livrée dans le Pacifique et s'y sont montrés plus méritoires que partout ailleurs. Au surplus, cette lutte n'est point achevée. Elle continue de se poursuivre, et chaque jour qui passe sert à accroître la part des intérêts nationaux en jeu. Elle vaut donc d'être exposée plus largement qu'il n'a été fait jusqu'ici.

Lorsque nous prîmes possession de la Nouvelle-Calédonie, en 1853, nous y trouvâmes un certain nombre d'aventuriers marins dont le plus connu parmi les « traders » des mers du Sud : le capitaine Paddon.

Celui-ci vivait dans ces parages depuis une douzaine d'années et y dirigeait des opérations commerciales d'une certaine importance. Possédant jusqu'à vingt navires, Paddon trafiquait sur les côtes de la grande île et surtout dans ses dépendances, les Nouvelles-Hébrides.

Ces relations continuèrent et se développèrent avec l'exportation des indigènes, dont l'importance prima bientôt le commerce du bois de santal et du coprah. Cependant le recrutement faisait connaître les îles et leurs richesses, et celles-ci incitaient les membres des équipages des navires recruteurs à s'y installer. Le ravitaillement de ces isolés, dont le nombre allait croissant, l'écoulement de leurs produits, conduisirent peu à peu plusieurs maisons de commerce à prendre pied dans les îles et à y ouvrir des comptoirs, notamment à Port-Havannah.

Il convient de signaler la tentative faite à cette époque par la maison allemande Godefroy, des Samoa, pour s'emparer du commerce des Nouvelles-Hébrides. Elle y fonda plusieurs stations et les desservit par ses goélettes. Mais la population et la production des îles n'étaient pas encore suffisantes pour alimenter une telle exploitation, et en 1883, à la suite de mauvaises affaires, la maison Godefroy disparut de l'archipel.

Jusqu'en 1871, l'Angleterre fut seule à être représentée aux Nouvelles-Hébrides par ses commerçants australiens et ses missionnaires.

Les Banks, Aoba et les îles du Sud virent les premières terres exploitées par les Européens. Ces établissements connurent des fortunes diverses ; la plupart périclitèrent, et le commerce néo-hébridais marqua un temps d'arrêt. En 1878, il ne restait plus que quelques traders à Epi, à Mallicolo et dans les îles du Sud.

LES LUTTES D'INFLUENCE

C'est l'époque du premier acte diplomatique relatif aux Nouvelles-Hébrides, et c'est également le moment où quelques Français vinrent s'installer à Vaté. Ce fut là le début du mouvement de colonisation parti de Nouvelle-Calédonie à la conquête des Nouvelles-Hébrides. A cette date s'ouvre la période marquée, quatre ans plus tard, par la fondation de la *Compagnie Calédonienne des Nouvelles-Hébrides*, et qui mérite d'être appelée dans les annales locales « le cycle Higginson ».

Bientôt, en effet, avec l'arrivée de nouveaux colons, de nouvelles stations se créèrent, les transactions se développèrent, les communications se régularisèrent avec la base naturelle de Nouméa. La Compagnie Calédonienne n'était pas la moins active. Fondée au capital de 500.000 francs, les actions en furent souscrites en vingt-quatre heures par les principaux négociants de Nouméa. S'appropriant la méthode anglaise d'acquisition du sol, nous l'avons vue racheter les terres des colons anglais incapables de s'adapter à la vie équatoriale, dont elle possédait déjà 150.000 hectares à la fin de 1882, régularisés par les autorités britanniques et enregistrés soit aux Fidji, soit en Australie, en même temps qu'à la même époque, elle s'était assuré 200.000 hectares d'autres domaines, à la suite de contrats passés en bonne forme avec les indigènes. Des colons étaient envoyés par elle de Nouméa aux Nouvelles-Hébrides. Elle établissait des comptoirs, des fermes, et se rendait maîtresse des principaux ports : Port-Vila et Port-Havannah à Vaté, Port-Sandwich à Mallicolo. La façon dont elle déjoua en 1884 la manœuvre d'une Compagnie anglo-australienne en formation au capital de 25 millions, destinée à l'exploitation commerciale des Nouvelles-Hébrides et dont le centre des opérations devait être Mallicolo, est restée légendaire et passe à juste titre pour l'une des entreprises les plus hardies et les plus audacieuses. Quelques jours après la nouvelle connue à Nouméa, Higginson, embarqué sur un navire affrété à la hâte, remorquant un vieux ponton pris au passage à Port-Havannah, franchissait de nuit les récifs de Port-Sandwich et signait le lendemain avec les chefs des tribus voisines une convention plaçant Mallicolo sous la protection des Français.

En juin 1885, le bilan des efforts et des résultats de la Compagnie Calédonienne pouvait s'établir ainsi : « Notre Société, écrivait son fondateur, M. Higginson, à notre ministre des Affaires étrangères, a acheté les sept huitièmes au moins des terres qui appartenaient aux colons britanniques; elle s'est rendue acquéreur de grandes quantités de terres et des meilleures que les indigènes lui ont cédées en présence des commandants de navires français ; elle a désintéressé le seul Allemand qui eût fondé un comptoir et possédât une propriété dans l'archipel; elle a conclu des alliances avec les chefs canaques les plus importants; plusieurs de ces chefs sont même venus à Nouméa pour passer des traités avec nous. Il y a eu un moment, enfin, où le pavillon français a été le seul à flotter dans toute l'étendue du territoire des Nouvelles-Hébrides. »

La Compagnie Calédonienne possédait alors 700.000 hectares. Elle avait établi, sur une partie de ses domaines, avec le concours de la *Société française de Colonisation* de Paris, et grâce aussi à des subsides votés en 1886 et 1887 par les Chambres pour favoriser l'émigration, de nombreux colons venus de France. Sa situation ne cessa de grandir et de prospérer durant les cinq premières années qui suivirent sa fondation. Mais sa gestion ne demeura pas toujours exempte de critiques, et après des fortunes diverses, sa situation financière devint embarrassée. Elle disparut en 1894 pour faire place à la *Société française des Nouvelles-Hébrides.*

Son œuvre toutefois demeurait, et elle était celle-ci :

Le nombre des colons établis alors aux Nouvelles-Hébrides était de 122, célibataires ou chefs de famille, donnant un total de 206 personnes. D'après les nationalités, ce chiffre se décomposait ainsi : 81 Français (138 avec les femmes et les enfants), 33 Anglais (55 avec les femmes et les enfants), 8 divers (13 avec les femmes et les enfants). A un autre point de vue, les colons pouvaient se diviser en négociants et planteurs proprement dits, presque tous Français; en coprahmakers, presque tous Anglais; enfin, en missionnaires, comptant 11 maristes français et 6 familles de pasteurs anglais formant ensemble 20 personnes. Les planteurs français avaient à leur service environ 700 engagés canaques. Notre supériorité était, dès cette époque, franchement marquée.

Des difficultés de toutes sortes : difficultés morales, — les plus pénibles de toutes, — difficultés matérielles, assaillaient pourtant de toutes parts les malheureux colons français.

Pendant que l'Angleterre, par le *Pacific Order in Council* (1890), avait organisé la protection de ses colons, leur maintenant les avantages de la nationalité et les garanties des Etats civilisés, les nôtres devaient vivre en marge des règles légales. Ils ne disposaient d'aucune autorité susceptible de constater leur existence, d'assurer la validité des contrats, de trancher les différends, de réprimer les crimes et délits. Pas d'état civil et pas de tribunaux! Ils se trouvaient en réalité hors la loi!

Leurs multiples efforts d'alors pour sortir de cette situation soulignent leur esprit d'initiative et leur ténacité. La tentative des colons de l'île Vaté de s'organiser civilement et judiciairement en commune indépendante rencontra l'opposition que nous connaissons. La municipalité de Franceville, entrée en fonctions le 9 août 1889, n'eut qu'une existence éphémère. Elle avait créé des registres d'état civil, constitué un tribunal et ordonné la construction d'une route au bord de la mer, qui constitue aujourd'hui l'une des rues de Port-Vila. L'on sait également comment échoua, en 1895, leur essai de création d'un tribunal arbitral.

Mais nos colons se réunissaient de temps à autre en assemblées générales, discutaient de leurs intérêts communs, particuliers ou collectifs, et bien que les décisions prises fussent dépourvues de sanctions en cas de violation, il est à leur honneur de constater qu'elles étaient presque toujours exécutées.

A défaut de lois qui leur fussent applicables, ils conformaient leurs actes à la justice et à l'honnêteté. On les vit se constituer en « comité de notoriété », afin de prononcer des mariages « au nom de la morale publique ».

C'est à leur solidarité et à leurs efforts qu'ils durent également d'avoir une école qui fut fondée à Port-Vila. D'autre part, la Compagnie Calédonienne fit construire, en 1893, un hôpital situé à peu de distance du même centre.

Cette situation dura jusqu'en 1900. Mais à ces divers préjudices moraux s'était ajouté, depuis le 1er avril 1893, un grave préjudice matériel, causé par l'application en Nouvelle-Calédonie du tarif douanier métropolitain. A raison de la situation internationale des Nouvelles-Hébrides, nos colons s'y trouvaient rejetés, par une rigueur invraisemblable, au rang d'étrangers et leurs marchandises ne pouvaient plus entrer à Nouméa sans acquitter les droits. Là encore, il leur fallut attendre, et ce ne fut qu'en 1901 que le Gouvernement français prononça la détaxe des produits néo-hébridais à leur entrée en France ou dans les colonies françaises.

Cependant, la Compagnie Calédonienne s'était reconstituée en 1894, avec l'aide de M. Mercet, président du Comptoir National d'Escompte, sous le nom de Société française des Nouvelles-Hébrides, en faisant apport à cette dernière de tous ses biens et domaines. Celle-ci bénéficiait en outre d'une subvention de l'Etat, constituée par quinze annuités, à charge par elle d'assurer le service postal entre Nouméa, les Loyalty et les Nouvelles-Hébrides. Néanmoins, ses affaires ne furent pas brillantes. Elle avait pourtant acquis deux navires, repris le mouvement d'émigration et créé de nouveaux stores. Mais les pertes annuelles s'accumulaient, auxquelles l'absurde régime douanier imposé à l'archipel n'était certainement pas étranger. Elle dut se reconstituer financièrement en 1904. L'Etat l'exonéra alors des obligations du service postal. Mais elle n'est point parvenue dans la suite à recouvrer une réelle prospérité et il y a d'autant plus lieu de le regretter que ses intérêts sont étroitement liés à ceux de la colonisation française et de notre influence politique aux Nouvelles-Hébrides (1).

Jamais les droits de la France, la prédominance de ses intérêts, l'effort de ses nationaux n'ont été mieux exposés que dans la pétition adressée en 1903 aux membres des deux Chambres par 84 résidents français des Nouvelles-Hébrides, auxquels s'étaient joints 500 colons de la Nouvelle-Calédonie, désireux de marquer la solidarité qui unit les deux colonies. Après avoir établi notre priorité d'occupation, la supériorité numérique et territoriale de ses membres, la pétition montrait l'organisation de la vie civilisée, réalisée par leur esprit d'entreprise et de solidarité :

« Tout ce que l'initiative individuelle peut entreprendre et réaliser pour tirer parti des richesses naturelles et améliorer les conditions d'existence dans un pays neuf, nous l'avons fait par nos propres ressources : plantations variées, donnant déjà des résultats très satisfaisants et pleins de promesses, grâce à l'ad-

(1) L'opinion publique s'est vivement émue tout dernièrement de l'offre faite par la Société française des Nouvelles-Hébrides à l'Australie de lui vendre son domaine. Le Gouvernement français s'est immédiatement empressé de faire connaître qu'il s'opposerait à cette cession en refusant l'autorisation qu'aux termes de la convention passée en 1894 entre l'Etat et la Société, celle-ci est tenue de solliciter pour aliéner tout ou partie des terrains lui appartenant dans l'archipel ou pour conclure un bail de plus de dix-huit ans. A quoi la Société a répondu que ces deux obligations ont disparu, d'après une stipulation formelle, dans les cinq années qui ont suivi le règlement diplomatique de la question des Nouvelles-Hébrides, survenu d'après elle le 20 octobre 1906, date de l'établissement du condominium. Mais le Gouvernement considère que cet acte ne constitue nullement la solution définitive envisagée, qui ne saurait résulter que de l'attribution de l'archipel à la France ou à l'Angleterre, ou encore de son partage effectif, et il s'estime toujours en possession des droits inscrits au contrat.

Telles sont les deux thèses en présence. Mais quelle que soit la décision à intervenir, nous avons peine à croire qu'il soit vraiment dans les intentions de la Société française des Nouvelles-Hébrides, héritière d'Higginson, et dont le président du Conseil d'administration, M. le Dr Auvray, est gendre de celui-ci, de renier l'œuvre patriotique de ce grand Français d'adoption en livrant à nos rivaux tout l'avenir des Nouvelles-Hébrides. Par contre, c'est un fait que cette Société traverse de graves difficultés financières qu'elle a déjà essayé, sans y parvenir, de passer la main ou de se reconstituer. Aussi, serions-nous tentés de voir plutôt dans cette affaire une manœuvre destinée à provoquer l'intervention du Gouvernement français en faveur du rachat des domaines de la Société ou son aide pécuniaire en vue de la formation d'une Société nouvelle.

mirable fertilité du sol, élevage de bétail, factoreries alimentées de marchandises presque exclusivement françaises, magasins et wharfs facilitant les opérations de chargement et de déchargement dans nos excellents ports naturels, chemins d'exploitations et routes publiques, ponts sur les cours d'eau et les lagunes, hôpital, travaux d'assainissement, grâce auxquels la salubrité est à peu près complète dans les localités débroussées, écoles gratuites où les enfants des indigènes viennent apprendre notre langue et sont élevés dans les idées de justice et d'humanité qui sont les nôtres; enfin, maisons municipales où l'état civil est tenu et les intérêts de la collectivité sont gérés comme dans les communes de la métropole. »

Village à Api

Ces efforts étaient d'autant plus méritoires que l'Angleterre et l'Australie ne négligeaient rien de leur côté pour développer de toutes manières leurs intérêts dans l'archipel. Leur situation commerciale y fut pendant longtemps supérieure à la nôtre. A notre prépondérance territoriale, la politique anglo-australienne chercha, en effet, à partir de 1884, à opposer la puissance commerciale et financière. Deux grandes firmes australiennes : Kerr Brothers and Belt, et surtout Burns, Philp and C°, fondée en 1873, par James Burns, à Townsville, dont l'importance est considérable en Australie et dans les mers du Sud, exercèrent un long moment dans les îles un pouvoir tel que nos colons étaient contraints de passer par elles.

Peu après la constitution de la Compagnie calédonienne, les Australiens fondèrent la « Compagnie néo-hébridaise » au capital de 10.000 livres sterling ou 25 millions de francs, dont l'annonce valut la célèbre expédition d'Higginson à Port-Sandwich. Cette Compagnie bénéficiait d'une garantie d'intérêts de la Nouvelle-Galles du Sud. Ayant connu néanmoins la déconfiture, elle se reconstitua en 1897, sous les auspices de la puissante Compagnie Burns Philp's, et reçut alors pour ses services de navigation une subvention progressivement augmentée, qui atteignait 250.000 fr. en 1905.

Toutefois l'Australie, sans souci de ses intérêts extérieurs, devenait nettement protectionniste et les barrières douanières dont elle s'entourait paralysaient les efforts de ses commerçants et de ses colons. Le trafic britannique ne tarda pas à perdre de ce fait son avance antérieure.

LES MISSIONNAIRES

Mais la force morale, et mieux encore politique, que l'Angleterre, dans son expansion mondiale, a toujours tirée de ses missionnaires, n'a jamais cessé de s'accuser aux Nouvelles-Hébrides d'une façon toute particulière. Non seulement l'organisation de ses pasteurs s'y appuie sur des bases anciennes, mais leurs moyens d'action sont considérables et contrastent étrangement avec ceux de nos malheureuses missions. Ils exercent une autorité à peu près absolue sur les tribus, au moyen de leurs églises, écoles, hôpitaux, ambulances. Ils ont du reste des corps de police et des geôles particulières. S'ils s'efforcent d'empêcher les indigènes de s'employer chez les colons et de trafiquer avec eux — ceci afin de se réserver le profit commercial des récoltes des naturels, — on leur doit cependant une action humanitaire et civilisatrice non dépourvue de résultats. C'est en grande partie grâce à eux que l'anthropophagie a disparu des îles. Ils y possèdent plusieurs médecins, et entretiennent deux hôpitaux, à Ambryn et à Port-Vila. Leur rôle et leur influence vont toutefois s'affaiblissant, et ils devront de plus en plus céder le pas au colon, dont l'emprise est plus forte encore que celle du missionnaire, parce qu'il s'attache au sol.

RECENSEMENT

Nous avons fait connaître l'état de la colonisation européenne aux Nouvelles-Hébrides vers 1894. On nous permettra de citer encore quelques chiffres de nature à faire ressortir les progrès qu'elle avait accomplis au moment de la création du condominium.

Au point de vue de la population blanche dans l'archipel, un recensement français effectué fin 1905 indiquait: 420 Français, dont 45 religieux ou religieuses, soit 375 colons français avec leurs familles ; 217 Anglais, dont 76 missionnaires ou membres de leurs familles, soit 141 colons anglais, y compris les femmes et les enfants.

Sous le rapport de la propriété territoriale, la seule Société française des Nouvelles-Hébrides revendiquait alors la possession de 780.600 hectares, se répartissant ainsi : Espiritu-Santo, 363.000 hectares ; Mallicolo et dépendances, 193.200; Pentecôte, 33.000; Aurore, 19.000; Aoba, 14.100; Ambryn, 13.000; Api, 52.700; Mai et Deux-Monts, 2.000; Vaté et dépendances, 94.600; Tanna, 5.000. Les terres réclamées par les Anglais ne dépassaient pas 130.000 hectares.

Notre supériorité numérique et territoriale s'affirmait par conséquent incontestable et en progrès constants.

Elle n'a pas cessé de s'accroître depuis. Le recensement, pratiqué en décembre 1917, accusait aux Nouvelles-Hébrides, outre vingt-deux étrangers, 641 Français et 262 Anglais, sur lesquels l'élément missionnaire entrait pour 49 unités chez les Français et pour 39 chez les Anglais. L'élément laïque se décomposait ainsi :

592 Français, dont 256 hommes, 130 femmes et 206 enfants,

223 Anglais, dont 120 hommes, 52 femmes et 41 enfants.

La poportion des femmes et des enfants attestait le caractère familial des établissements français.

Enfin, au dernier recensement officiel effectué en juillet 1921, il a été constaté la présence de 677 Français contre 226 Anglais. La répartition de ces chiffres par île était la suivante :

Vaté	413	70
Santo	99	24
Aoré	18	»
Malo	13	14
Aoba	8	6
Mallicolo	60	25
Ambryn	7	12
Pentecôte	26	6
Epi	23	18
Paama	8	4
Tongoa	2	10
Tanna	»	20
Anatom	»	7
Erromango	»	4
Banks	»	6
Total	677	226

En outre, se trouvaient placés sous le régime :

	français	anglais
Somali	1	»
Japonais	27	6
Javanais	72	»
Chinois	31	24
Annamites	164	»
Loyaltiens et Calédoniens	25	»
Indigènes nés au Queensland		2
Total	320	32

L'évaluation de la population anglaise n'est pas de source officielle. Bien qu'inférieure à celle de 1917, elle n'en touche pas moins, est-il affirmé, de très près la vérité, ces chiffres ayant été rigoureusement contrôlés.

En ne comptant que la population blanche, il y a donc aujourd'hui aux Nouvelles-Hébrides trois Français contre un Anglais.

Au point de vue foncier, les précisions les plus récentes donnent les chiffres suivants. Sur 1.185.268 hectares de terres habitables ou cultivables, les réserves indigènes se montent à 438.492 hectares. Le domaine français est de 617.298 hectares, et le domaine anglais de 129.478 hectares.

Il est encore un troisième facteur que nous examinerons plus loin : c'est le facteur commercial. Là encore notre prédominance est considérable. Notre commerce représente 76 % de l'ensemble des transactions, le commerce anglais 24 % seulement.

Quels que soient ces résultats et le nombre des colons néo-hébridais, il faut néanmoins penser que la plus grande partie des terres est encore libre pour la colonisation. Si la Société française des Nouvelles-Hébrides possède les titres de propriété de plus de 600.000 hectares, elle n'en a encore mis en valeur que des fractions peu importantes. Elle a suspendu depuis plusieurs années, sous divers prétextes, la délivrance gratuite de concessions de 25 hectares aux colons détenteurs d'un capital de 25.000 francs, à laquelle l'obligeaient ses engagements envers l'Etat. Cependant les immigrants ont toujours la possibilité de lui acheter des terres, qu'elle rétrocède à des prix variant de 50 à 90 francs l'hectare.

C'est vers les grandes îles de Vaté, d'Epi, de Mallicolo, de Santo, que se sont portés de préférence les efforts de la colonisation.

Vaté compte aujourd'hui cinq centres agricoles : Port-Vila ou Franceville, Mélé ou Faureville, Tagabé, Téouma et Courbet. Port-Vila, reconnue comme la capitale des Nouvelles-Hébrides, est aujourd'hui une ville d'aspect bien français. Des magasins de toutes sortes y sont installés ; il y existe un hôtel. Port-Vila compte trois écoles, dont une laïque et deux religieuses, fréquentées par une centaine d'enfants. Ces écoles sont uniquement françaises ; il n'y en a pas d'étrangères. Un hôpital français, dirigé par un médecin des troupes coloniales — le seul il est vrai de tout l'archipel, — assure les soins médicaux à la colonisation. C'est à Port-Vila que se trouvent les services administratifs et judiciaires du condominium, ainsi que la station de T. S. F. qui permet de correspondre avec l'Australie, la Nouvelle-Calédonie, les Salomon, les Fidji et la Nouvelle-Zélande.

Dans les centres de Franceville, Tagabé, Faureville, Téouma, Courbet, la Société française et de nombreux colons ont créé de remarquables plantations de plusieurs centaines d'hectares, quelques-unes de plusieurs milliers. Des voies ferrées agricoles relient Port-Vila au centre de Tagabé et la pointe Félix-Faure au centre de Mélé-Est.

A Vaté, la prépondérance française est absolue, tant au point de vue de la population que de la production.

De cette île, la colonisation française a gagné Epi, la terre la plus proche, où elle s'étale de la baie du Diamant à la baie de la Colombe. Mallicolo possède également de belles plantations, dans les baies de Port-Sandwich, Mac-Nab, à Ouesso, Sarmettes, aux Maskelynes, mais qui paraissent encore bien peu au regard de sa vaste étendue.

Dans ces trois îles centrales, la supériorité des intérêts français est incontestable. A Pentecôte, à Malo, à Aoré, les efforts de nos colons sont marqués par les nombreux établissements qu'on y rencontre. A Espiritu Santo, objet d'une vive compétition entre les représentants des deux nations, notre colonisation est particulièrement vivace, s'étendant tout au long du canal du Segond jusqu'à la baie de Palikulo.

La colonisaion anglaise n'a pour la représenter que quelques colons et ses coprahmakers. A Vaté, en tant qu'entreprises agricoles anglaises, on ne trouve [illegible] cinq ou six plantations, dont celle d[illegible] *[illegible]cific Isles Investment Islands* C° [illegible] de même à Epi et à Espiri[illegible] [illegible]lo n'en offre qu'une. L[illegible] [illegible]xception ; la masse [illegible] [illegible]ers.

[illegible] voie d'in- [illegible]on fran- [illegible] colons [illegible]elle, [illegible] eut d[illegible] [illegible]le leur [illegible]

CHAPITRE III

Productions

PRODUCTIONS VÉGÉTALES

L'extraordinaire fertilité du sol des Nouvelles-Hébrides se reflète dans la luxuriance de sa végétation tropicale, la richesse des essences que contient sa forêt. Le santal en est la plus précieuse ; mais par suite de l'exploitation abusive que nous avons signalée, il est aujourd'hui très épuisé, surtout le long des côtes. Les bois propices à l'ébénisterie, à la menuiserie, à la construction, abondent. En dehors des espèces encore à peine connues ou recensées, on peut citer: le bois de rose, le palissandre, le gaïac, l'ébène, le teck, l'acajou, le bois de fer, le bourao, le chêne tigré, etc. Faute de main-d'œuvre et de moyens de transport, il n'a pu encore être tiré parti d'aucun de ces bois.

« Il est probable que la flore indigène compte plus d'un millier d'espèces de plantes à fleurs, et plus de deux cents variétés de fougères ou d'alliées. » C'est dire sa profusion et sa richesse. Le banian est le géant de la forêt néo-hébridaise. On y trouve différentes plantes à latex, qui produisent un caoutchouc très estimé, et l'arbre à pain, la canne à sucre, le citronnier, l'oranger, le pamplemousse et surtout le bananier, qui entrent dans l'alimentation des indigènes. Ceux-ci cultivent, d'autre part, avec beaucoup de succès, l'igname, le taro, la patate, le manioc.

Nous n'avons pas encore parlé du véritable roi de ces îles : le cocotier, qui fournit à l'homme primitif des pays chauds tout ce dont il a besoin pour subsister et au civilisé le coprah, ou amande séchée de la noix de coco, cette graisse végétale dont l'emploi si multiple et si répandu se généralise chaque jour davantage.

Les cocotiers, qui sont aujourd'hui dans presque tous les archipels océaniens l'élément principal du commerce, se montrent aux Nouvelles-Hébrides innombrables, depuis le rivage jusqu'aux sommets les plus élevés. Dans les îles Aboa, Pentecôte, Epi, Ambryn, Mallicolo, Tanna, ils forment de véritables forêts particulièrement séduisantes à l'œil, « car le cocotier, avec son fût élancé, sa longue chevelure de palmes souples, d'un vert léger, est l'un des arbres les plus élégants des pays tropicaux ».

Ils ont donné naissance, dès le début, à un important trafic, et ont assuré la fortune première de l'archipel. Ce trafic, consistant à échanger avec les indigènes des articles de traite contre les noix récoltées par eux, a créé un métier spécial, un type particulier: celui du « coprahmaker », mi-sédentaire, mi-nomade. Maître autrefois de l'archipel, son importance s'efface peu à peu avec l'accroissement en nombre des colons.

La culture du cocotier est aux Nouvelles-Hébrides l'une de celles qu'il convient le plus de propager, malgré qu'un coléoptère qui s'attaque au parenchyme des feuilles soit venu récemment la compromettre dans une certaine mesure. Elle n'exige que peu de soins, et par conséquent, presque pas de main-d'œuvre. Elle demande, par contre, de vastes espaces et ne commence à rapporter qu'après sept ou huit ans. C'est une culture d'attente, « de longue haleine ». Ce n'en est pas moins l'une des plus rémunératrices.

M. Bourge donne sur les conditions de cette culture dans l'archipel les détails suivants : on compte généralement 168 cocotiers à l'hectare, susceptibles de fournir, lorsque la cocoteraie est en plein rapport, de 250 à 300 fruits en moyenne par an. Le kilogramme de coprah exige dix noix à Vaté, alors qu'à Ambryn sept à huit suffisent ; en Nouvelle-Calédonie il en faut douze. Les cours du coprah ont subi, ces temps derniers, des fluctuations assez grandes, mais celles-ci n'influencent en rien les débouchés de cette denrée qui est assurée, pendant longtemps encore, d'un placement assuré et d'une vente certaine.

Le colon qui commence aux Nouvelles-Hébrides n'a point, en général, la possibilité d'attendre les sources de revenu d'une plantation de cocotiers, ni même des autres cultures. Il lui faut vivre, et, pour ce, récolter au plus tôt. La culture qui lui assurera un profit immédiat est celle du maïs, que les Européens ont introduite dans l'archipel. C'est la culture pratique par excellence, qui permet d'attendre en faisant face aux frais généraux.

On sème le maïs dès que l'on a défriché, et l'on récolte quatre ou cinq mois après, au fur et à mesure du débroussage. Ce produit se sème et se récolte, en effet, en toute saison, et l'on en fait deux et trois moissons sur le même terrain annuellement, sans fumer. Le rendement moyen à l'hectare est de deux à trois tonnes et demie. Cette culture n'a contre elle que les coups de vent, qui renversent parfois la moisson avant sa maturité, et les variations des cours, avilis en ce moment par la cherté des frets et l'exiguïté des débouchés.

Les cultures les plus rémunératrices sont ensuite celles du caféier, du cotonnier et surtout du cacaoyer.

Le caféier fut avec le maïs et le cocotier l'une des premières cultures pratiquées aux Nouvelles-Hébrides. Bien que délicate et moins avantageuse qu'on pourrait le supposer par suite des frais de main-d'œuvre qu'elle nécessite, elle n'en a pas moins procuré un moment aux colons de gros bénéfices. Il y a quelque vingt ans, le revenu à l'hectare se montrait tel qu'on a pu écrire que le caféier était alors pour les Nouvelles-Hébrides « une vraie mine d'or ». Mais c'était avant que l'hémiléia vastatrix, cette redoutable maladie cryptogamique, ne vînt détruire en majeure partie les plantations de café arabica. A la suite de ce fléau, de nombreux colons ont bien reconstitué leurs caféeries avec des semences de Robusta, espèce rustique importée du Congo par l'intermédiaire des jardins botaniques de Java, mais beaucoup ont préféré s'adonner à la culture du cacaoyer.

Le caféier commence à produire dans l'archipel la troisième année ; il est en plein rapport à cinq ans, et y reste jusqu'à l'âge de vingt-cinq à trente ans environ. La cueillette se fait à des époques variables, selon les îles. A Vaté, elle a lieu en juin et juillet. A Mallicolo, elle va de février en août. A Espiritu-Santo, plus près encore de l'équateur, elle s'échelonne de janvier à juillet. Le café des Nouvelles-Hébrides se rapproche beaucoup du néo-calédonien. Son arome est très fin.

L'exportation du café, qui atteignait autrefois 700 à 800 tonnes et était tombée à moins de 140 tonnes par suite de l'hémiléia, est remontée depuis quelques années aux alentours de 300 tonnes.

La détermination de très nombreux colons de substituer la culture du cacaoyer à celle du café, ou, tout au moins, d'allier les deux dans leurs plantations, a été pour eux une heureuse solution. Cette plante donne, en effet, des résultats tout à fait remarquables. Le cacaoyer trouve aux Nouvelles-Hébrides les conditions les plus favorables d'habitat : climat chaud et humide, humus profond des terres qui convient au pivot de sa racine. Aussi y pousse-t-il avec une vigueur exceptionnelle. Il demande, en outre, une main-d'œuvre moins nombreuse que le caféier. A tous égards, sa culture se montre plus avantageuse. Comme le cocotier, c'est une culture d'attente. Le cacaoyer ne commence, en effet, à produire qu'à l'âge de cinq ans et n'entre en plein rapport qu'à la huitième ou à la neuvième année. Le rendement varie de 500 grammes à 3 kilos et demi par arbre, en moyenne. L'analyse des cacaos néo-hébridais les classe parmi les meilleures espèces répandues sur les marchés d'Europe et d'Australie.

De nombreuses plantations se sont créées dans tous les centres de colonisation : à Vaté, à Mallicolo, à Espiritu-Santo, à Aoré.

L'exportation du cacao a été de 556 tonnes en 1918, de 690 tonnes en 1919, et de 320 tonnes en 1920. Ce sont là des chiffres qui ne tarderont pas à s'élever et pourront vraisemblablement atteindre jusqu'à 2.000 tonnes, étant donné les plantations qui existent, mais dont les arbres sont encore trop jeunes pour produire.

Le coton donne, lui aussi, des résultats magnifiques, tant par sa qualité que par son rendement. Les produits récoltés sont de toute première valeur, sous le rapport de la longueur, de la souplesse et de la force de la fibre. Les espèces cultivées appartiennent au genre « calédonien » et « caravonica ». C'est un fait que les terres et les conditions atmosphériques de toutes sortes de l'archipel paraissent convenir parfaitement à cette exploitation agricole.

Semé en fin d'année, il donne dès le mois de juillet de l'année suivante une récolte qui couvre actuellement la plus grande partie des frais de première installation. Avec quelques soins peu coûteux, il rapporte pendant six ou sept ans, sans qu'il soit besoin de le renouveler.

Des essais de plantation de coton avaient été tentés jadis à Tanna et à Vaté, et avaient donné un produit de qualité supérieure. Les hauts cours pratiqués alors pour le coton dans le monde entier avaient incité à ces expériences dans de nombreuses îles du Pacifique. Ce fut notamment le moment où le coton des Marquises acquit la célébrité qu'il a conservée depuis lors. Mais lorsque les prix redevinrent nomaux, la différence considérable du fret ne put compenser la qualité intrinsèque du produit récolté, et la culture en rétrograda jusqu'à disparaître presque.

La dernière guerre lui a donné une nouvelle extension. A Espiritu-Santo, sur les bords du canal du Segond, à Aoré, ainsi que dans les petits îlôts de Tutuba et d'Aïessi, des champs ont été plantés et l'exportation du coton non égrené, qui ne fut que de 1.000 tonnes en 1913 et en 1914, a dépassé 2.300 tonnes en 1920. La production pourrait en atteindre des quantités considérables, illimitées presque, avec des capitaux suffisants et une main-d'œuvre appropriée. L'insuffisance de celle-ci est assurément la principale et pour ainsi dire la seule pierre d'achoppement au développement intensif de cette culture.

Nous donnons ci-dessous les quantités de coton non égrené exportées des Nouvelles-Hébrides au cours des années 1911 à 1920 :

1911	197	tonnes
1912	316	—
1913	846	—
1914	1.088	—
1915	1.638	—
1916	1.740	—
1917	1.362	—
1918	1.443	—
1919	1.484	—
1920	2.345	—

Factorerie au canal du Segond

Avant la guerre, la presque totalité de la production hébridaise, et calédonienne aussi, était expédiée sur la métropole. La pénurie de communications directes a favorisé la naissance d'un courant d'exportation à destination du Japon et de l'Australie. On constate, du reste, que dans ce dernier pays le Queensland, gros producteur de coton, dirige la plus grande partie de sa récolte sur l'Angleterre, à raison des contrats passés entre le Gouvernement de cet Etat et les manufacturiers britanniques. Il s'ensuit que d'importantes cargaisons de coton des Nouvelles-Hébrides sont exportées en Australie pour y alimenter les filatures récemment créées. Il serait, en conséquence, vivement à souhaiter que les relations maritimes directes de la France avec ses possessions du Pacifique fussent rétablies au plus tôt dans leur intégrité d'avant-guerre, afin de récupérer leur production cotonnière en faveur du marché métropolitain; ces facilités d'exportation constitueraient, au surplus, un excellent facteur de développement des exploitations agricoles de nos possessions.

Celle du bananier fut un moment sur le point de les enrichir. Un parasite ayant détruit la plus grande partie des bananeraies des îles Fidji, qui fournissaient jusqu'à 70.000 régimes par mois à l'Australie et à la Nouvelle-Zélande, nos colons se lancèrent dans cette culture, de 1892 à 1898. Mais les communications maritimes, passées bientôt aux mains d'une Compagnie australienne, étaient mal assurées, les frais de commission étaient trop élevés, et le plus clair des bénéfices restait aux mains des intermédiaires. La production des régimes de banane en vue de l'exportation périclita peu à peu et cessa après 1900. La banane n'en continue pas moins aujourd'hui d'être consommée sur place ; les indigènes en sont très friands.

Factorerie à Port-Sandwich

Si les cultures qui viennent d'être envisagées sont particulièrement à recommander parce que sous un petit volume elles atteignent de très hauts prix et qu'elles assurent présentement les colons des Nouvelles-Hébrides contre certains risques, bien d'autres réussiraient et donneraient également de fort beaux résultats, que la qualité de la main-d'œuvre ou des raisons d'ordre économique, qui empêchent leur exploitation d'être avantageuse pour l'instant, conduisent à négliger. D'une manière générale, d'ailleurs, toutes les cultures tropicales qui ont fait et font encore la fortune de ce que l'on appelait, autrefois, les Indes orientales ou occidentales, prospèrent admirablement dans ces îles fortunées.

Sa culture mériterait incontestablement d'être reprise et de donner lieu à une organisation sérieuse entre producteurs et transporteurs, car la facilité de sa venue dans l'archipel, la préférence accordée à la qualité néo-hébridaise et traduite dans les cours sur les marchés voisins, la proximité des débouchés, assureraient dans de saines conditions des bénéfices certains aux planteurs.

Le tabac réussit parfaitement aux Nouvelles-Hébrides, et sa culture y trouverait également un avenir pour ainsi dire illimité, avec des capitaux et de la main-d'œuvre. Des diverses qualités de graines essayées, celles de Sumatra ont, dans leur réussite, dépassé toutes les prévisions et apparaissent les plus recommandables.

De même que le tabac, le ricin, dont il existe plusieurs variétés dans l'archipel, pourrait donner lieu à une culture facile et rémunératrice. Les graines semées ont donné naissance à des arbres gigantesques et chargés de fruits.

La beauté de la canne à sucre produite par les indigènes suffit à prouver que le sol néohébridais conviendrait à merveille à sa culture intensive. Les riches plaines d'Espiritu-Santo, étendues et fertiles, paraissent à l'avance désignées pour cette exploitation. On peut rappeler à cette occasion que les Fidji alimentent en sucre l'Australasie tout entière, mais elles disposent de 40.000 Hindous qui manquent aux Hébrides pour l'obtention d'un même résultat.

La vanille est encore une culture riche qu'on obtient avec succès à Santo, à Vaté et à Epi, et qui donne des bénéfices en dépit de l'avilissement des cours. Le kolatier et le théier prospèrent parfaitement. Le manioc pousse à peu près sans culture dans l'archipel. Les colons y ont recours pour nourrir leurs engagés. On l'utilise, d'autre part, à l'engraissement des porcs. Le riz vient très bien dans les plaines de Mallicolo ou de Santo. Des essais de riz de montagne ont été tentés récemment, qui ont fourni des résultats encourageants.

Les épices de toutes sortes, les textiles les plus divers, les légumes d'Europe (haricots, choux, salades, betteraves, asperges, pommes de terre) croissent aisément et en abondance dans l'archipel. Il va sans dire que tous les fruits tropicaux s'y trouvent ou y prospèrent. L'ensemble de ces cultures secondaires présente donc un intérêt évident pour les colons, soit comme production marchande, soit au point de vue de leur économie domestique.

De cette revue succincte de la production agricole des Nouvelles-Hébrides, on doit retenir qu'il n'est sans doute pas, dans la zone équatoriale, de terres d'une fertilité plus grande, d'un travail plus facile, et offrant plus d'aptitudes à toute la gamme des cultures tropicales.

Les produits agricoles exportés de l'archipel pendant l'année 1920 ont dépassé en valeur la somme de dix millions de francs. Ceux exportés de la Nouvelle-Calédonie durant la même année ne représentent pas le triple.

Si l'on songe que la Nouvelle-Calédonie a une population blanche de 10.000 âmes, alors qu'aux Nouvelles-Hébrides celle-ci n'atteint même pas un millier, on mesurera toute l'importance de la valeur économique de ces îles. Le Syndicat français agricole des Nouvelles-Hébrides, d'accord avec l'Association britannique, avait demandé, en 1913, l'institution à Port-Vila d'un Bureau de l'agriculture, à la tête duquel eût été placé un savant qualifié par ses études antérieures en agronomie coloniale. Assurément une telle création serait éminemment désirable. Mais les finances du condominium en permettraient-elles actuellement la réalisation?

PRODUCTIONS ANIMALES. — Comme dans toutes les îles océaniennes, la grande faune n'est pas représentée aux Nouvelles-Hébrides. Pendant longtemps les plus hauts quadrupèdes ont été les chiens et les cochons, introduits par les premiers navigateurs. Le cheval et le bœuf ont été importés plus récemment et sont susceptibles d'élevage dans certaines îles : Vaté notamment. Les moutons y vivent difficilement, mais les chèvres y prospèrent et donnent d'excellents produits.

La gent ailée a de nombreux représentants, mais il n'y a ni gros volatiles ni grands palmipèdes. Les oiseaux offrent une réelle variété : perruches, pigeons verts, pigeons noirs, notous, roussettes, poules sultanes, canards sauvages, râles, etc., sans compter les poules, canards et dindes domestiques, et sont une ressource appréciable pour les colons au point de vue de l'alimentation.

Dans un pays où les grands ruminants sont encore peu nombreux et la viande de boucherie conséquemment fort rare, l'alimentation pose en effet un problème. Les colons y suppléent par l'élevage.

Celui du porc est, à bien des points de vue, d'un bon profit. Les indigènes ont pour lui une prédilection marquée. Pour le colon, il est une véritable valeur. Celui-ci peut tirer également une grande ressource d'un troupeau de chèvres, par le lait, le fromage et la chair des chevreaux. L'élevage de la volaille est naturellement tout indiquée. Enfin, le colon a la faculté de vendre le surplus de sa consommation en animaux, légumes, fruits et œufs, aux négociants des îles ou aux bateaux de passage.

Les poissons, d'autre part, qu'ils soient de mer ou de rivière, sont très nombreux dans les eaux des Nouvelles-Hébrides, et excellents comme qualité : picots, bossus, carangues, aiguillettes, maquereaux, loches, etc., viennent encore varier la nourriture de sa population, ainsi que les crustacés et coquillages recherchés des indigènes.

En mer, on trouve différentes sortes de

carets ou tortues de mer ; les requins foisonnent et pourraient être utilement pêchés pour leur huile et leurs ailerons, dont les Asiatiques sont très friands. La biche de mer (holothurie), tant appréciée des gourmets chinois, s'y rencontre également. Enfin, les langoustes abondent.

Il convient, en dernier lieu, de signaler la présence dans tout l'archipel des coquillages nacréens, qui s'y montrent extrêmement nombreux. Le burgau et le troca sont exploités, et comme en Nouvelle-Calédonie font l'objet d'un commerce important et rémunérateur. Les îles Maskelynes, au sud de Mallicolo, sont, à cet égard, l'un des centres de pêche les plus fréquentés.

Productions minérales. — Il nous reste à parler des richesses minières des Nouvelles-Hébrides.

A vrai dire, on est encore très mal renseigné sur la valeur de leur sous-sol. Les difficultés de l'existence au sein de la forêt tropicale, et, dans certains cas, la férocité des tribus indigènes, n'ont pas encore permis aux prospecteurs de se livrer à des recherches sérieuses.

Il n'est pas douteux, cependant, qu'il existe dans les massifs montagneux de ces terres éminemment volcaniques des gisements de minerais analogues à ceux de Nouvelle-Calédonie : nickel, cobalt, chrome, cuivre, etc., mais dont l'importance et la richesse ne se découvriront que plus tard. Il est à peu près certain déjà que les phosphates s'y trouvent en grande quantité.

Les seules richesses minières révélées sont les soufres de Vanua Lava, dans les Banks, et de Tanna. La soufrière de Vanua Lava a donné naissance, en 1900, à la Société française des soufrières de Vanua Lava, au capital d'un million de francs. L'exploitation en a été abandonnée par la suite et actuellement une compagnie anglo-australienne a entamé des négociations avec l'administration du condominium en vue de la reprise de l'exploitation. La soufrière de Tanna a été achetée par la Compagnie calédonienne.

L'importance de cette richesse s'accroît, pour les intérêts anglais, de la proximité de l'énorme réserve phosphatière des îles Nauru et Ocean. Elle en est en quelque sorte le complément, le soufre étant l'agent nécessaire à la transformation du phosphate en superphosphate soluble.

CHAPITRE IV

Commerce et Navigation

RELATIONS MARITIMES. — Lorsque la Compagnie calédonienne fut fondée, en 1878, la production des Nouvelles-Hébrides, qui était alors d'environ 1.500 tonnes de coprah, de 250 à 300 tonnes de maïs, de quantités beaucoup plus faibles de biche de mer, de nacre, d'écaille de tortue, d'amandes séchées, et d'un peu de café, était évacuée par les voiliers et les goélettes qui assuraient, irrégulièrement d'ailleurs, les relations entre l'archipel d'une part, la Nouvelle-Calédonie ou l'Australie de l'autre. Un courrier postal mensuel circula, sous le pavillon de cette société, à partir de 1886, entre Nouméa, les Loyalty et les Nouvelles-Hébrides, à la suite d'un contrat intervenu le 18 novembre de ladite année, entre M. Higginson et le Département des Colonies.

La Compagnie australienne néo-hébridaise, constituée en 1884 pour contrebalancer l'action de la Société française, que nous avons vue se fondre ultérieurement dans la grande firme Burns, Philp and C°, créa à son tour une ligne régulière de vapeurs, alimentée dans les principales escales par un schooner automobile.

Lors de la transformation de la Compagnie calédonienne en Société française des Nouvelles-Hébrides, l'Etat s'engagea, par un contrat passé le 30 mars 1894 entre le ministre des Colonies et M. Higginson, à verser à la Société une subvention non remboursable de quinze annuités, en retour de l'obligation par elle d'assurer le service postal entre Nouméa, les Loyalty et les Nouvelles-Hébrides, et d'entretenir constamment, pendant la durée de la convention, c'est-à-dire jusqu'au 31 décembre 1909, un approvisionnement de 500 tonnes de charbon, jusqu'à concurrence de 4.000 tonnes par an, au maximum, qui seraient mis à la disposition des navires français au prix de revient sur les lieux.

Mais après sa reconstitution financière, opérée en 1904, le Gouvernement l'exonéra des obligations qui lui incombaient en ce qui touche l'exécution du service postal et l'entretien du dépôt de charbon.

L'organisation d'un service postal régulier fut alors négociée directement par le ministre des Colonies avec la Compagnie des Messageries Maritimes, à la suite du voyage d'essai de son paquebot *Pacifique*. Ce service n'a pas cessé de fonctionner depuis lors et se trouve toujours assuré par le même navire.

Le dernier cahier des charges en date, approuvé par la convention du 29 décembre 1920, prévoit un voyage toutes les quatre semaines entre Sydney, Nouméa, les Nouvelles-Hébrides, Nouméa, Sydney, en correspondance au retour à Sydney avec le navire rentrant en France. Il n'est fait toutefois que douze voyages par an, le temps correspondant au treizième voyage devant être utilisé pour la réparation annuelle du stationnaire en une ou plusieurs fois.

En ce qui concerne les escales à desservir aux Nouvelles-Hébrides, les itinéraires sont fixés d'un commun accord entre l'administration et les représentants de la Société, en tenant compte de la nécessité d'assurer à Sydney le transbordement de la poste à destination de l'Europe. En fait, de Nouméa, le *Pacifique* se dirige sur Port-Vila ou Franceville et dessert ensuite les baies de l'île d'Epi, les centres de Port-Sandwich, dans l'île de Mallicolo, et ceux du canal du Segond, entre Espiritu-Santo et Aoré. Il revient ensuite à Vaté où il fait escale à Mélé-Faureville, avant de s'arrêter à nouveau à Port-Vila, pour regagner enfin Nouméa. Le voyage à travers les îles dure environ une semaine.

La ligne anglaise subventionnée par le Gouvernement australien n'a qu'un départ toutes les six semaines. Elle relie Sydney à l'archipel, en passant par les îles Norfolk et Lord Howe. La durée du voyage de Sydney à Port-Vila, par cette voie, est de douze jours. Ce service est toujours assuré par la « Burns Philp and C° », avec le navire *Makambo*.

En dehors de ces services subventionnés, qu'entretiennent les deux gouvernements français et anglais dans l'intérêt de leur politique et de leurs nationaux respectifs, l'archipel est desservi par deux vapeurs appartenant à des maisons de commerce françaises : le *Saint-Michel*, propriété des Comptoirs français des Nouvelles-Hébrides, et la *Pervenche*, qui appartient à la Maison G. de Béchade. Ces deux puissantes firmes bordelaises ont établi à Port-Vila des succursales largement approvisionnées et trafiquent avec les autres îles au moyen de magasins flottants portés par leurs vapeurs. Ceux-ci accomplissent des tournées fréquentes dans l'archipel, ravitaillent en marchandises les planteurs et embarquent leurs produits qu'ils dirigent sur Nouméa où se trouve le siège social des deux Compagnies.

Les colons des Nouvelles-Hébrides ont constitué d'autre part une Société coopérative qui se livre à toutes les opérations d'importation et d'exportation de produits et maintient une concurrence bienfaisante sur le marché.

COMMERCE. — Sous l'effort d'une colonisation grandissante, la production des Nouvelles-Hébrides, dont nous venons de voir le peu d'importance en 1878, n'a cessé de suivre un mouvement largement ascendant.

Les premières statistiques officielles sur le commerce de ces îles, recueillies alors par la douane de la Nouvelle-Calédonie, remontent à l'année 1904. Elles indiquaient un chiffre d'exportations néo-hébridaises à destination de notre colonie océanienne de 660.278 francs, se décomposant comme suit :

Maïs (763.012 k.)........	127.106 fr.
Café (80.783 k.)	119.357 »
Coprah (2.316 tonnes).....	388.924 »
Fruits (bananes, ananas, etc.)	6.380 »
Coquillages de nacre	12.836 »
Divers	5.675 »
Total	660.278 fr.

Les importations en provenance de la Nouvelle-Calédonie s'élevaient à 647.484 fr., comprenant principalement des conserves, des céréales, des vins, du tabac, des tissus, des meubles et ouvrages en bois, des ouvrages en métaux, des armes et munitions, des bois de construction.

Les échanges commerciaux des Nouvelles-Hébrides avec l'Australie étaient évalués à la même époque, par le capitaine Rason, commissaire anglais à Port-Vila, à 17.000 livres sterling, ou 425.000 francs, aux exportations, et à 29.000 livres, ou 725.000 francs, aux importations. Le commerce français se trouvait donc un peu inférieur au commerce anglais aux importations, mais bien supérieur déjà aux exportations. Dans l'ensemble, les transactions de l'archipel se montaient à près de 2 millions 1/2, pour une population blanche de 629 habitants, dont seulement 520 colons, et un peu plus de la moitié, en valeur, de ces transactions ressortissait au commerce français.

D'année en année, ces résultats se sont considérablement développés. Les estimer, toutefois, n'est pas toujours chose aisée. L'activité commerciale des Nouvelles-Hébrides est, en effet, assez difficile à chiffrer. Même depuis que le condominium a été instauré, il n'existe aucun service de contrôle organisé. Les statistiques produites résultent pratiquement des supputations établies par notre commissaire résident. Elles cherchent, cela va sans dire, à serrer d'aussi près que possible la vérité, mais sans présenter toutefois le caractère d'exactitude des statistiques commerciales de la métropole ou de nos colonies.

De 2 millions 1/2 en 1904, nous retrouvons le commerce des Nouvelles-Hébrides à près de 5 millions dix ans après, en 1914. Il avait presque doublé.

Nous donnons dans le tableau suivant les chiffres généraux de ce commerce en ces dernières années, de 1914 à 1920 :

Années	Exportations — en francs	Importations — en francs	Totaux — en francs
1914......	3.103.298	1.740.610	4 743.908
1915......	3.960.581	1.992.933	5.953.544
1916......	4.225 652	2 250.000	6 675.652
1917......	4.638.503	2 998.241	7 636.744
1918......	5.644.563	3.212 405	8.859.945
1919......	7.000.000	4 060.000	11 060.000
1920......	11.390.829	6 087.572	17.478.401

Plus encore que le développement constant du commerce néo-hébridais, c'est la part grandissante que nous ne cessons d'y prendre qu'il importe de faire ressortir. Cette part excédait à peine la moitié en 1904. Elle atteignait environ les deux tiers au début de la guerre. Elle est aujourd'hui des trois quarts, ainsi qu'il ressort des chiffres des exportations et des importations de l'année 1920.

Voici tout d'abord l'état des produits exportés l'année dernière, tant par les navires français que par les navires anglais.

ETAT DES PRODUITS EXPORTÉS EN 1920

PRODUITS	PRIX MOYEN par kilo	PAR NAVIRES FRANÇAIS		PAR NAVIRES ANGLAIS		ENSEMBLE	
		QUANTITÉS (kilos)	VALEUR (francs)	QUANTITÉS (kilos)	VALEUR (francs)	QUANTITÉS (kilos)	VALEUR (francs)
Cacao	4.025	308.378	1.241.221	10.673	42.958	319.051	1.284.179
Café	2.875	296.824	853.369	»	»	296.824	853.369
Coprah	1.60	1.664.433	2.663.252	1.337.764	2.140.422	3.002.197	4.803.674
Coton	1.50	2.239.420	3.359.130	106.099	159.148	2.345.519	3.518.278
Maïs	0.50	599.826	299.913	72.482	36.241	672.308	336.154
Trocas	2.625	71.999	188.997	15.229	39.976	87.228	228.973
Burgaus	0.475	18.275	8.680	564	267	18.839	8.947
Peaux	2.	14.248	28.496	2.625	5.250	16.873	33.746
Santal	1.50	73.373	110.059	5.800	8.700	79.173	118.759
Laine	6 30	»	»	32.500	204.750	32.500	204.750
Totaux		5.286.776	8.753.147	1.583.736	2.637 712	6.870.512	11.390.829

La valeur des marchandises importées pendant cette même année 1920 a été la suivante :

Marchandises adressées aux Français	4.633.209 fr.
Marchandises adressées aux Anglais	1.454.363 »
Total	6.087.572 fr.

La part des intérêts français ressort ainsi : aux exportations, à 77 % contre 23 % aux intérêts anglais ; aux importations, à 76 % contre 24 %. Plus des trois quarts des échanges extérieurs des Nouvelles-Hébrides pendant la dernière année ont été aux mains françaises ! Voilà ce qu'il importe de constater et de retenir.

Les Anglais attribuent notre prépondérance commerciale aux encouragements que nous concédons à nos colons par certains tarifs de faveur. L'Australie, au contraire, disent-ils, égoïstement protectionniste, traite les colons anglais comme des étrangers et leur fait acquitter, à l'entrée chez elle, les droits les plus élevés de son tarif douanier. Grâce à quoi, les colons anglais ont intérêt à envoyer leurs marchandises en Nouvelle-Calédonie, ce qui assure aux bateaux français la presque totalité du commerce.

C'est en 1901, nous l'avons vu, que la détaxe a été accordée aux principaux produits coloniaux. Trois décrets, rendus en exécution de la loi du 30 juillet 1900, ont organisé le régime commercial des Nouvelles-Hébrides, tel qu'il existe encore actuellement. Le premier, en date du 12 novembre 1901, réduit les droits perçus en France ou en Nouvelle-Calédonie sur le maïs, le café, le cacao et la vanille provenant des exploitations françaises. Le second, du 24 juillet 1902, concède l'entrée en franchise en Nouvelle-Calédonie de divers fruits. Enfin, le troisième, du 16 avril 1904, accorde également l'entrée en franchise en Nouvelle-Calédonie du maïs et dans toutes les colonies françaises autres que celle-ci, des produits des Nouvelles-Hébrides.

Les quantités appelées à bénéficier de ces avantages sont limitées et fixées annuellement par un décret. Pour l'année partant du 1er juillet 1920 jusqu'au 30 juin 1921, elles ont été les suivantes :

En France et en Nouvelle-Calédonie :

Café	523.500 kilos.
Cacao	874.500 »
Vanille	150 »

En Nouvelle-Calédonie :

Maïs	1.045.000 kilos.

Dans les autres colonies françaises :

Café	50.000 kilos.
Cacao	5.000 »

Mais les colons hébridais réclament, depuis longtemps déjà, la détaxe entière des cafés et cacaos, qui les placerait sur un pied d'égalité avec leurs confrères calédoniens. Le Ministère des Colonies avait préparé, en 1914, un projet de décret leur concédant cette exonération complète; l'opposition du Ministère des Finances la fit alors échouer. Ils insistent à nouveau, aujourd'hui, pour que cette question soit reprise et résolue en leur faveur.

Les importations dans l'archipel consistent principalement en objets de traite et d'alimentation.

Mais s'ils sont en grosse majorité introduits par des commerçants français, il s'en faut de beaucoup qu'ils proviennent de France. Ils sont fournis par l'Angleterre, le Japon, l'Amérique, la Belgique, voire même l'Allemagne. Et ce n'est pas là une question de prix, car tous ces objets sont vendus très cher; mais c'est parce qu'il est impossible de les trouver sur place, en Nouvelle-Calédonie ou en Australie. Il y a là, pour notre commerce d'exportation, des débouchés à recouvrer, des marchés à conquérir, pour lesquels il semble qu'il puisse parfaitement lutter avec les maisons étrangères. Mais ce sont toujours les relations qui font défaut.

Les Nouvelles-Hébrides importent chaque année du riz destiné à la nourriture des travailleurs, mais ce riz ne vient pas d'Indochine. Ce sont les Indes qui le fournissent. La farine provient d'Australie, ce qui est normal. Les biscuits, les conserves arrivent d'Australie, d'Amérique. La Nouvelle-Calédonie, il est vrai, en envoie aussi, et quelques conserves fines viennent même de France. Les tabacs sont reçus d'Amérique et d'Angleterre et les allumettes de ce dernier pays et de Hollande. Les fers, tôles, moteurs, toiles, etc., sont des articles entièrement fournis par l'étranger.

Cependant, il est un fait : « En cette colonie, le planteur français est très patriote, mais s'il ne donne pas, pour tous ces objets, la préférence aux articles de son pays, c'est qu'il ne sait où se les procurer. »

Le commerce étant néanmoins, dans la proportion que nous avons indiquée, entre les mains françaises, les transactions se font presque exclusivement en monnaie de notre pays. L'argent et le papier français sont abondants dans l'archipel, alors que la monnaie anglaise est rare. Mais comme celle-ci n'en a pas moins cours légal, il en est résulté, dans ces dernières années, du fait des variations du change, des complications et des difficultés énormes dont nous avons eu grandement à souffrir.

Nous terminerons ce chapitre par l'indication des mouvements maritimes constatés à l'entrée et à la sortie de l'archipel depuis 1915, lesquels montrent que, dans ce domaine encore, la France détient une réelle supériorité.

Mouvements a l'entrée

Années	Pavillon français		Pavillon anglais	
	Nombre de navires	Tonnage (tonnes)	Nombre de navires	Tonnage (tonnes)
1915	30	12.946	20	10.136
1916	25	13.106	15	8.653
1917	27	14.286	14	6.795
1918	28	12.599	9	4.768
1919	31	11.479	9	4.707
1920	28	9.889	13	5.407

Mouvements a la sortie

Années	Pavillon français		Pavillon anglais	
	Nombre de navires	Tonnage (tonnes)	Nombre de navires	Tonnage (tonnes)
1915	29	11.787	19	10.550
1916	26	14.324	13	7.385
1917	27	13.845	14	7.039
1918	25	12.719	10	5.171
1919	21	10.939	8	4.449
1920	23	9.786	11	5.418

CONCLUSION

L'avenir de l'Archipel

Que les Nouvelles-Hébrides, malgré leur incomparable richesse, unanimement proclamée, malgré leur climat relativement salubre, supportable aux Européens, n'aient pas attiré jusqu'ici plus d'un millier de blancs et de créoles, elles qui pourraient faire vivre un million d'habitants et ne possèdent guère que 60.000 indigènes, c'est évidemment que des causes de paralysie, de stagnation pèsent sur leur développement et viennent l'entraver.

Ces causes, nous les connaissons : ce sont les inconvénients de leur régime politique et administratif. La juxtaposition de deux autorités égales, rivales en fait, représentatives tout au moins d'intérêts contradictoires, a suscité l'atonie et engendré la stérilité.

Ce régime est-il perfectible, et s'il ne l'est pas, par quoi faut-il le remplacer?

Nous avons dit les raisons qui font qu'à notre avis le condominium doit disparaître. Rien d'heureux ne se produira aux Nouvelles-Hébrides tant qu'il subsistera : « Le condominium est une plante parasite qui tue l'arbre sur lequel elle prospère », a dit l'un de ceux qui les connaissent le mieux. Depuis quinze ans, « les colons n'ont pas un médecin, pas un juge, pas une route, pas de poste, pas de protection » ! La solde de multiples fonctionnaires absorbe toutes les ressources budgétaires, ce qui n'empêche pas les taxes d'être élevées (1).

Toutefois, ce système, si détestable soit-il, offre moins d'inconvénients encore que n'en aurait le partage. Celui-ci nous serait particulièrement désastreux. Nous le considérerions comme la solution la plus néfaste pour notre pays. Dans les îles les plus grandes et les plus riches, qui font partie du groupe du nord, les intérêts français sont prépondérants, mais disséminés. Nous avons des colons dans chacune d'elles et nous ne pourrions nous sépa-

(1) On a souvent demandé un meilleur aménagement des cadres administratifs. Il conviendrait, tout d'abord, de donner à notre commissaire-résident une plus grande fixité. On en compterait près d'une douzaine depuis l'institution du condominium, alors que le même résident anglais est toujours à son poste. Il faudrait également lui assurer une indépendance et une initiative analogues à celles de son collègue anglais. Enfin, il y aurait lieu de le débarrasser des fonctionnaires parasites qui grèvent son budget, et de lui donner, au contraire, les collaborateurs qui lui font défaut.

Au point de vue des finances de l'archipel, il existe trois budgets des Nouvelles-Hébrides: celui du condominium ou des services communs, celui des services français et celui des services anglais. Nous ne parlerons que des deux premiers.

Le budget du condominium s'élève, pour 1921, à 585.500 francs. Il est alimenté en recettes par les taxes douanières locales établies par arrêtés conjoints des deux commissaires-résidents, en date des 27 et 28 décembre 1912, et par diverses autres taxes : droits d'enregistrement et de sortie. Il fait face en dépenses aux services communs : tribunal mixte, police, postes et télégraphes, service financier et travaux d'intérêt général.

Le budget des services français avait été arrêté pour 1921 au chiffre de 553.650 francs, mais il a été remanié depuis. Il comprend en recettes la subvention de la métropole, qui est actuellement de 315.000 francs, les droits de certificats d'origine, d'enregistrement et de greffe, et depuis cette année, le produit de la taxe sur le chiffre d'affaires, ainsi que diverses ressources accessoires. Les dépenses sont presque exclusivement destinées à payer notre administration propre dans l'archipel (personnel et matériel du Gouvernement, de l'inspection du travail, de la justice nationale, du trésor), le service médical et celui de l'instruction publique, enfin l'armement du ketch *la Victoire*, bien modeste au regard de *l'Euphrosyne*, le yacht du commissaire-résident anglais.

rer d'une seule sans sacrifier une fraction de ces intérêts.

Le partage, a écrit de son côté M. Ballande, c'est la solution simpliste à laquelle sont prêts à se rallier et certains administrateurs, qui accepteraient de « couper l'enfant en deux », afin de s'affranchir, à ce prix, de la tutelle anglaise et de la condition un peu inférieure où ils sont placés vis-à-vis des fonctionnaires anglais, et certains colons à courte vue, qui espèrent résoudre ainsi le problème de la main-d'œuvre. « Mieux vaudrait le maintien du condominium, au besoin remanié, que le partage », celui-là au moins « réservant notre emprise économique sans cesse croissante ».

C'est un fait incontestable, en effet, et d'ailleurs incontesté, les Anglo-Australiens de bonne foi s'accordant à le reconnaître, que tant au point de vue numérique qu'au point de vue territorial et commercial, la supériorité des intérêts français aux Nouvelles-Hébrides est manifeste. Les chiffres que nous avons cités, au cours de ces pages, en sont la preuve formelle et efficiente.

Aussi, à ne considérer que la prédominance des intérêts, notre droit à invoquer la maxime de Sir Charles Dilke et à réclamer en notre faveur l'annexion de l'archipel reste-t-il toujours intact. Bien mieux, il grandit et s'affirme chaque jour davantage, la part qui nous revient dans la somme des intérêts en présence se faisant chaque jour proportionnellement plus importante. Considérant les chiffres de la population et du commerce, nous sommes aujourd'hui, vis-à-vis des Anglais, dans le rapport de 3 à 1. Le développement parallèle des intérêts respectifs des deux nations apparaît comme deux progressions aux raisons inégales, la plus élevée réglant la marche des nôtres.

De la solution du partage il convient de rapprocher, parce qu'à notre sens elle y peut ramener, l'idée récente de recourir à un plébiscite pour résoudre la question des Nouvelles-Hébrides.

Quel plus beau principe que le droit, pour les peuples civilisés, à disposer d'eux-mêmes! Mais il n'y a aucune comparaison à établir, ce nous semble, entre les Nouvelles-Hébrides, archipel presque vierge encore, dont la population indigène est restée en grande partie indépendante et la population blanche demeure jusqu'à présent si nombreuse, et des régions comme le Slesvig, la Haute-Silésie ou la Sarre.

S'agit-il de connaître le sentiment de ses habitants de race blanche? Il n'est pas besoin d'un plébiscite pour savoir, à quelques unités près, le nombre de ceux qui, après une condamnation unanime et éclatante du condominium, se prononceront ensuite en faveur de la souveraineté française ou anglaise sur ces îles. Une simple consultation des statistiques peut y suffire.

Le fait même que de nombreux colons anglais joindraient leurs voix aux nôtres pour demander l'attribution de l'archipel à la France n'aurait pas pour effet d'annihiler le faisceau d'intérêts minoritaires qui se dégagerait de cette consultation, et auquel nous aurions donné, par là même, plus de consistance et de force. A ce faisceau, étant donné l'esprit juridique actuel, nous aurions ensuite à faire sa part. Et comme les Nouvelles-Hébrides sont bien moins encore que le Slesvig ou la Haute-Silésie un bloc intangible — et pourtant divisé, — mais une pléiade d'îles, n'aurions-nous pas à craindre de nous trouver par là ramenés au partage, qu'il importe justement d'éviter?

Ne serait-ce pas naïveté, au demeurant, que d'espérer que l'Angleterre et l'Australie pourraient accepter de s'en remettre, dans la recherche d'une solution définitive de cette question, à un simple plébiscite, dont il est possible de prévoir par avance les résultats? Ce serait, pour elles, renoncer dès l'abord, sans espoir de compensations d'aucune sorte, aux droits qu'elles tiennent, que nous le voulions ou non, de l'abandon malencontreusement consenti par nous jadis, ainsi que de leur présence et de leurs intérêts actuels dans l'archipel. A cela, on peut être sûr qu'elles n'accéderont jamais.

Mais n'est-il pas encore un autre danger? Nous ne croyons pas qu'elles consentent davantage à ce qu'un millier de blancs décide du sort de 50.000 ou 60.000 indigènes et d'îles aussi vastes, dotées par surcroît d'excellents ports naturels. Mais ne pourraient-elles pas demander par contre qu'une certaine fraction de ces indigènes soit associée à une consultation de ce genre? Et qui n'aperçoit immédiatement, sans que nous y insistions davantage, les graves conséquences que pourrait entraîner une telle éventualité?

Pour toutes ces raisons, l'idée du plébiscite nous apparaît dangereuse et devoir être écartée.

Quant à céder, d'autre part, ainsi que la proposition officieuse a pu nous en être faite, nos intérêts aux Nouvelles-Hébrides contre remise d'une partie de notre dette à l'Angleterre, dette contractée dans les conditions que l'on sait, pour sauver la liberté du monde, autant dire jamais. Les âmes de nos colons ne sont pas à vendre.

Nous ne pouvons même pas songer à les céder contre compensation. Les Hébrides nous sont indispensables comme complément de la Nouvelle-Calédonie et pour accroître nos possessions si restreintes du Pacifique. Nous en avons besoin pour fortifier notre influence dans cet océan, empêcher que le cercle britannique qui entoure désormais notre colonie calédonienne ne l'étouffe. Non seulement nous avons le devoir de défendre et de soutenir des intérêts prépondérants, mais nous n'avons pas le droit de laisser affaiblir notre établissement en Calédonie, de compromettre notre avenir dans le Pacifique et de restreindre volontairement le rôle que nous avons à jouer dans cet océan.

La seule solution acceptable, c'est la dévolution de la souveraineté pleine et entière de l'archipel à la France. S'il fut un temps, en effet, où la valeur respective des droits des deux nations n'aurait pas permis d'établir en faveur de l'une d'elles une présomption d'attribution, ce temps n'est plus depuis bien des années déjà. La supériorité croissante de nos intérêts n'autorise plus à concevoir, aujourd'hui, que cette annexion puisse se faire au profit d'une autre puissance que la France.

C'est l'éventualité qu'un fervent partisan du condominium, M. Auguste Brunet, entrevoyait lui-même, dès 1908, au cas où la mise en pratique du nouvel organisme international conduirait à un insuccès. « Si, cependant, écrivait-il, par suite des circonstances, il était reconnu que ce loyal essai d'une gestion commune aux Nouvelles-Hébrides était, dans la réalité, impraticable, il n'y aurait qu'une issue raisonnable, conforme à la justice, à l'antériorité de nos droits, à la prépondérance incontestable de la colonisation française : ce serait l'annexion à la France de l'archipel. »

Les Nouvelles-Hébrides sont une dépendance naturelle de la Nouvelle-Calédonie. La géographie l'affirme et l'histoire le prouve. Elles se complètent l'une l'autre par la variété de leurs productions : les Nouvelles-Hébrides essentiellement agricoles, et la Nouvelle-Calédonie surtout minière. Leur groupement politique et administratif est une condition essentielle de leur prospérité. Une étroite solidarité des intérêts et des cœurs les unit dès maintenant, à laquelle il ne serait pas possible d'attenter sans injustice, sans troubles économiques et sans déchirements intérieurs. Les séparer « serait ni plus ni moins que retrancher à un être vivant l'un de ses membres ».

N'est-ce pas nos alliés qui proclament eux-mêmes ces vérités ? Les colons anglais ne demandent-ils pas en personne l'annexion à la France ? Vingt-quatre d'entre eux, agriculteurs ou commerçants, ont signé en 1913 la pétition réclamant cette annexion. Plus récemment, une autre pétition, transmise en 1920 à M. Albert Favre, contenait les signatures de colons anglais aussi bien que français.

Certains esprits anglais et australiens se rendent parfaitement compte de notre supériorité dans ces îles et du minime intérêt qu'à la vérité elles offrent pour l'Australie, déjà si peu peuplée. On pouvait lire ces quelques lignes dans un article de la *Stead's Review* du 11 juin 1921, qui est une publication australienne. « Il est présumé que les hommes d'Etat anglais sont tout à fait désireux de remettre ces îles à la France et que, seule, l'opposition formulée par l'Australie peut l'empêcher. »

L'*Argus*, grand quotidien de Melbourne, publiait récemment un éditorial dans lequel il était dit : « Nous n'avons rien fait, nous avons absolument refusé de faire quoi que ce soit pour améliorer le confort et la prospérité du peuple de ces îles, qu'il soit indigène ou anglais. Nous imposons à leurs produits des droits de douane élevés et nous nous interdisons par là de commercer avec elles... Cette politique empêche les Australiens de placer des fonds dans les entreprises, et puisque nous mettons des entraves au commerce, nous sommes déchus du droit d'exprimer des opinions au regard du contrôle de ces régions. En dehors de nos églises et de leurs missions — et elles méritent toutes louanges — nous n'avons pas essayé d'aider ces peuples et actuellement nous les appauvrissons... Tout le commerce, toute l'industrie, tout le capital, tout le développement des Nouvelles-Hébrides sont devenus français. La France a pris la responsabilité et a, par suite, acquis les droits. Nous avons renoncé à toute responsabilité et nous avons, par conséquent, perdu tous les droits que nous devrions tenir. »

Par malheur, une indifférence coupable a été cause que nous avons laissé passer sans en profiter le moment favorable à l'annexion. Ce moment a coïncidé avec les règlements de la paix. Peut-être s'était-il déjà présenté au commencement de 1917, à l'époque où la France s'engagea à soutenir les prétentions du Japon sur les îles allemandes du Pacifique situées au nord de l'équateur.

De toute manière, nous ne manquions pas encore d'arguments, au lendemain de l'armistice, pour appuyer notre revendication. Le croiseur français *Montcalm* n'avait-il pas accompagné l'expédition australienne qui s'empara des îles Samoa, Bougainville, Bismarck, etc.?... Seule de tous les établissements des alliés dans le Pacifique, notre colonie de Tahiti n'avait-elle pas souffert d'un cruel bombardement? Et pourtant, la part de la France ne comporta aucun mandat, aucune compensation dans le Pacifique. L'Australie, la Nouvelle-Zélande et le Japon y ont été seuls à profiter des dépouilles des vaincus.

La guerre, cependant, avait bien modifié l'état de certains esprits, et notamment les dispositions du Gouvernement australien, dont l'Angleterre, en l'espèce, n'est que le reflet. L'Australie était préoccupée d'obtenir les possessions allemandes du Pacifique austral. Elle avait besoin à ce propos de s'assurer l'appui de la France. Des conversations furent échangées; des assurances furent même recueillies. C'est pure négligence si nous n'avons pas abouti alors et si les Nouvelles-Hébrides ne sont pas devenues françaises!

Détentrice aujourd'hui du mandat sur les archipels allemands, nous ne trouverons sans doute plus l'Australie — et il ne faudra pas nous en étonner — aussi bien disposée à un accommodement. La manifestation de la Nouvelle-Zélande à la conférence impériale de Londres en est une indication.

Est-ce à dire que la conversation ne peut plus être reprise avec chance de succès? Nous ne le pensons pas. Mais il est à redouter, malgré nos titres, que les Nouvelles-Hébrides ne nous appartiennent plus désormais que contre compensation, c'est-à-dire avec de nouvelles concessions et de nouveaux sacrifices.

Déjà, l'on peut apercevoir la nature et le genre des garanties qu'on cherchera à exiger de nous. Elles viseront en premier lieu au respect et au maintien des intérêts anglais et des missions presbytériennes dans l'archipel. L'une d'elles, sans doute, sera la reconnaissance du principe de la liberté commerciale et ce, aussi bien peut-être en ce qui touche la Nouvelle-Calédonie que les Hébrides. On peut rappeler à cet égard, il est vrai, que notre Gouvernement avait proposé, dès avant la guerre, de détacher la Nouvelle-Calédonie des colonies soumises au régime douanier métropolitain et de lui concéder l'autonomie douanière. Une seconde garantie, au sujet de laquelle les Australiens se montreront vraisemblablement non moins intraitables, ce sera la prohibition de toute immigration asiatique aux Nouvelles-Hébrides, voire également en Nouvelle-Calédonie. Mais comme ces colonies manquent de bras et ne peuvent aspirer à leur plein développement qu'avec l'importation d'une main-d'œuvre étrangère, refuser toute entrée à celle-ci équivaudrait par le fait à en interdire la mise en valeur. Nous ne pourrions donc raisonnablement renoncer à certains recrutements de couleur que si l'Angleterre nous accordait, sous réserve, bien entendu, de la protection adéquate, la liberté du recrutement hindou, ou une dérogation en faveur de la main-d'œuvre annamite. En dépit des contingences actuelles, nous ne perdons pas, en effet, l'espoir de voir dans l'avenir l'ensemble de nos établissements océaniens prospérer grâce à la venue d'une large immigration indochinoise.

Ces conditions posées, ce pourrait être, en résumé, une sorte d' « association économique » ou d' « entente régionale » que les Australiens chercheraient à obtenir de nous comme prix de notre souveraineté sur les Nouvelles-Hébrides.

Qui sait toutefois si ce problème, bien qu'envisagé de la sorte, mais isolément, pourra être résolu? Seule, une conversation plus générale, portant sur toutes les questions en litige entre l'Angleterre et nous, permettra peut-être de trouver, dans l'ordre territorial ou économique, les compensations appropriées. Plutôt que de rechercher successivement à chacune une solution satisfaisante, tâche éminemment difficile et délicate, il pourra sans doute être plus aisé de les régler simultanément par un unique accord.

Le jour où la souveraineté française sur les Nouvelles-Hébrides sera proclamée, une question irritante, pourra-t-on dire, aura pris fin ; une « épine sera ôtée du talon de l'Entente ». La France recueillera le prix de sa persévérance et le développement de ces îles, désormais assuré, prendra rapidement un merveilleux essor.

Mais ces résultats, il faut le proclamer hautement, nous les devrons avant tout aux colons français — Calédoniens pour la plupart — qui, depuis des années, ne cessent de disputer les Nouvelles-Hébrides à l'influence étrangère et de lutter pour qu'elles deviennent françaises. C'est à eux que la question doit d'exister encore. C'est grâce à eux que, par un renversement de la géographie et des débuts de l'histoire de l'archipel, son annexion n'a pas été prononcée depuis longtemps par l'Angleterre. Leur patriotisme n'est-il pas à la hauteur de toutes les circonstances? Pendant la guerre, soixante-trois d'entre eux, ce qui représente une proportion élevée, sont venus combattre en France ou en Orient, et cinq y dorment leur dernier sommeil.

Aussi est-ce avec une sincère émotion que nous leur rendons hommage. Ils ont signé là-bas l'une des plus belles pages de l'expansion française et des facultés naturelles de notre race à la colonisation. Au milieu de l'amertume que peuvent causer, au long de cette histoire, les faiblesses et les fautes d'une politique trop souvent hésitante ou négligente, ils nous apportent le plus beau et le plus vif réconfort. Au récit de leurs exploits, nous sentons que notre génie n'est point défaillant et que ses qualités demeurent intactes. A leur ténacité et à leur vaillance vont notre admiration et notre reconnaissance.

Qu'ils tiennent bon! La vérité comme le bon sens finissent toujours par triompher. Par eux et dans un avenir que nous aimons à croire prochain, les Nouvelles-Hébrides ne peuvent manquer de devenir françaises. C'est la seule solution, au surplus, qui réponde au droit et à la justice.

BIBLIOGRAPHIE

BOURGE (Georges). — *Les Nouvelles-Hébrides* de 1606 à 1906. (Paris, Challamel, 1906.)

BRUNET (Auguste). — *Le Régime international des Nouvelles-Hébrides.* (Paris, Rousseau et Challamel, 1908.)

DAVILLÉ (Dr E.). — *La Colonisation française aux Nouvelles-Hébrides.* (Paris, André, 1895.)

DESCHANEL (Paul). — *Les Intérêts français dans l'Océan Pacifique.* (Paris, Berger-Levrault, 1888.)

IMHAUS. — *Les Nouvelles-Hébrides.* (Paris, 1890.)

JARAY (G.-L.). — *La Question des Nouvelles-Hébrides. Revue des questions diplomatiques et coloniales,* tome XXI, n° 219, 1er avril 1906.

LE CHARTIER. — *La Nouvelle-Calédonie et les Nouvelles-Hébrides.* (Paris, Jouvet et Cie, 1885.)

LEMIRE (Charles). — *Les Intérêts français dans le Pacifique.* (Berger-Levrault et Challamel, 1904.)

Les Colonies françaises (notices publiées à l'occasion de l'Exposition de 1889.)

Les Nouvelles-Hébrides. (Paris, Quantin, 1889.)

Les Nouvelles-Hébrides (Notice sur). Ministère des Colonies. (Melun, 1919.)

LIPPMANN (E.). — *Les Nouvelles-Hébrides. Colonies et Marine,* 3e année, n° 5, 1er juin 1919.

PINON (René). — *Origines et résultats de la guerre russo-japonaise.* (Paris, Perrin, 1906.)

POLITIS (Nicolas). — *La Condition internationale des Nouvelles-Hébrides.* (Paris, Pedone, 1901.)

RECLUS (Elisée). — *Nouvelle géographie universelle* (tome XIV), *Océan et terres océaniques.* (Paris, Hachette, 1889.)

RUSSIER (Henri). — *Le Partage de l'Océanie.* (Paris, Vuilbert et Nony, 1905.)

VARIGNY (Comte de). — *L'Océan Pacifique.* (Paris, Hachette, 1888.)

Atlas des Colonies Françaises, par Paul Pelet.

Bulletin du Comité de l'Asie Française (années 1904, 1906, 1907.)

Bulletin du Comité de l'Océanie Française (collection complète, années 1911 à 1921.)

La Dépêche Coloniale (spécialement les numéros des 9 septembre, 10 octobre, 27 et 28 novembre 1920 et du 30 mars 1921).

La France Australe.

Le Bulletin du Commerce de la Nouvelle-Calédonie et des Nouvelles-Hébrides (spécialement les numéros 1161 et 1163, des 15 et 29 juillet 1921).

Le Mois Colonial et Maritime (Enquête sur les Nouvelles-Hébrides, années 1903 et 1904).

Le Néo-Hébridais.

Le Temps (spécialement les numéros des 30 août 1920 et 29 novembre 1921).

Les Questions diplomatiques et coloniales.

Livre jaune. Documents diplomatiques : Affaire des Nouvelles-Hébrides et des îles Sous-le-Vent de Tahiti, 1887.

Loi du 30 juillet 1900 *et décrets des* 28 février 1901, 12 novembre 1901, 24 juillet 1902 et 16 avril 1904.

Rapport de M. Louis Brunet sur la pétition des Français habitant la Nouvelle-Calédonie et les Nouvelles-Hébrides. Chambre des Députés, 8e législature, n° 1114.

Convention anglo-française du 8 avril 1904.

Convention du 20 octobre 1906.

Rapport de M. Paul Deschanel sur le budget du Ministère des Affaires étrangères pour l'exercice 1907. Chambre des Députés, 9e législature, n° 333.

Conférence impériale de Londres (procès-verbal officiel).

TROISIÈME PARTIE

Les Établissements français de l'Océanie

PAR

GEORGES FROMENT-GUIEYSSE

Directeur général du Comité de "l'Océanie Française"

LES ÉTABLISSEMENTS FRANÇAIS DE L'OCÉANIE

CHAPITRE PREMIER

Histoire - Géographie - Population indigène - Administration

SITUATION ET SUPERFICIE

Les Etablissements français de l'Océanie, qui appartiennent au groupe d'îles du Pacifique appelé Polynésie, sont situés au centre du Pacifique sud, à 4.230 milles de Panama, à 2.000 milles de la Nouvelle-Zélande, à 2.200 milles de la Nouvelle-Calédonie.

Ils sont composés d'une centaine d'îles, disséminées sur une étendue de 600 lieues de long sur 500 lieues de large, et forment au total un territoire de 400.000 hectares environ, soit un peu moins de la moitié de la Corse. Ils sont situés entre 7°51' et 27°38' de latitude sud, et entre 140°45' et 163°47' de longitude ouest.

Ils comprennent, au centre, les îles Tahiti et Moorea ou Iles du Vent, avec les îlots qui en dépendent (Tetiaroa et Mehetia), à l'ouest l'archipel des Iles-sous-le-Vent (6 îles) ; Tahiti, Moorea et les Iles-sous-le-Vent forment ce qu'on a appelé les Iles de la Société; au nord-est sont les Iles Marquises (6 îles, plus les îlots Masse et Chanal et l'îlot Motane) ; à l'est s'aligne à la surface de la mer une barrière de plateaux sous-marins sur lesquels les coraux ont élevé leurs gigantesques constructions : c'est l'archipel des Tuamotou, composé de 80 îles basses ; l'archipel des Gambier le prolonge dans le Sud. Il convient de citer encore les îles Tubaï, Raivavaé, Rurutu, Rimatara, connues plus communément sous le nom d'Iles Australes, et l'île Rapa.

HISTOIRE

LES DÉCOUVERTES. — La découverte de Tahiti est attribuée d'après certains au navigateur portugais Quiros qui traversa cette région du Pacifique en 1605 ; pour nous il ne saurait y avoir aucune analogie entre l'île Sagittaria dont il parle et la Nouvelle-Cythère de Bougainville.

Le 5 février 1606, Quiros aperçut les îles Elisabeth, Gloucester, Maïtia, de l'archipel des Tuamotou, et peu de jours auprès une côte qui paraissait habitée. C'est de cette île, (appelée par Quiros île Sagittaria), dont on a voulu faire Tahiti. Il suffit de lire la relation de cette découverte pour être persuadé que Quiros ne pouvait avoir rencontré qu'une île nouvelle des Tuamotou et non Tahiti, sur laquelle la mer ne brise point et qu'arrosent de nombreux cours d'eau :

« On mit quarante hommes dans les canots, dit la relation, mais la mer brisait si furieusement contre la côte qu'il ne fut pas possible d'accoster. Nos gens étaient sur le point de s'en retourner, fort tristes de nous apporter une si mauvaise nouvelle, car nous manquions d'eau et de vivres, lorsqu'un jeune homme nommé Francis Ponce se leva d'un air résolu, criant qu'il serait honteux de retourner vers la flotte sans y porter du secours, et qu'il fallait se dévouer pour le salut de tous. Aussitôt il se déshabilla à la hâte et se jeta à la nage, se dirigeant vers l'endroit où la mer battait la côte avec tant de furie. Les naturels, charmés de ce courage, parurent s'intéresser au sort du jeune Ponce et s'avancèrent dans l'eau pour l'aider. Ils l'amenèrent sur le rivage avec de grandes marques d'amitié, en le baisant sur le front à diverses reprises et en recevant de bonne grâce les caresses qu'il leur rendait de son côté. Trois des nôtres, voyant ceci, se jetèrent à la mer et arrivèrent de même. »

Après être restés quelques heures à terre, les Espagnols regagnèrent leur chaloupe à la nage, sans pouvoir décider les naturels à les accompagner. Le lendemain les navires étant tombés sous le vent, les chaloupes retournèrent vers la plage pour y faire de l'eau. Nul torrent, nulle source ne s'étant offerts, on creusa le sable de la grève, et l'on découvrit ainsi quelques puits d'eau saumâtre. En revanche on trouva des noix de coco en abondance.

En s'avançant dans l'intérieur, les Espagnols virent qu'ils étaient sur un isthme fort étroit et submergé à marée basse.

A la vérité, c'est Wallis, envoyé par le roi d'Angleterre Georges III pour compléter les travaux de Byron, qui va découvrir Tahiti et Mooréa. Wallis jeta l'ancre dans la baie de Matavaï, au nord de l'île, le 19 juin 1767. Amo, chef de Papara, était roi à ce moment. Ecoutons le récit de Wallis :

« Le pays, le long de la côte, présente le coup d'œil le plus agréable et le plus pittoresque qu'on puisse imaginer. Près de la mer il est plat et couvert d'arbres à fruits de différentes espèces, particulièrement de cocotiers ; entre ces arbres se voient les maisons des Indiens, qui consistent en un seul rez-de-chaussée et qui, dans l'éloignement, ressemblent à de longues granges. A la distance d'environ trois milles de la côte, l'intérieur du pays s'élève en petites collines couronnées de bois, et terminées par autant de hauteurs d'où de grandes rivières descendent jusqu'à la mer. »

Quelques traces de sculpture furent relevées :

« Outre leurs maisons, nous vîmes des hangars fermés et, sur les poteaux qui soutiennent ces édifices, plusieurs figures grossièrement sculptées d'hommes, de femmes, de chiens et de cochons. »

Wallis donna à cette île le nom du roi Georges III, et Moorea devint l'île d'York. Il leva l'ancre le 26 juillet 1767.

Tahiti fut revu en 1768 par Bougainville qui, sur la frégate *La Boudeuse*, exécutait un voyage autour du monde, le premier de ce genre entrepris par un Français.

Il mouilla devant Hitiaa, le 2 avril 1768; une passe porte encore le nom de son navire ; il dénomma Tahiti la Nouvelle-Cythère.

Il est intéressant de noter l'accueil qui lui fut fait :

« A mesure que nous avions approché de la terre, dit Bougainville, les insulaires avaient environné les navires. L'affluence des pirogues fut si grande autour des vaisseaux que nous eûmes beaucoup de peine à nous amarrer au milieu de la foule et du bruit. Tous venaient en criant « Taio », ce qui veut dire ami, et en nous donnant mille témoignages d'amitié ; tous demandaient des clous et des pendants d'oreilles. Les pirogues étaient remplies de femmes qui ne le cèdent pas pour l'agrément de la figure au plus grand nombre des Européennes, et qui, pour la beauté du corps, pourraient le disputer à toutes avec avantage. »

Bougainville établit un campement à terre, et noua de cordiales relations avec les chefs indigènes. Il enfouit dans l'île un acte de prise de possession inscrit sur une planche avec « une bouteille bien fermée, contenant les noms des officiers des deux navires ».

L'escale dut être écourtée, le mouillage d'Hitiaa étant peu sûr. Le 15 au matin, *la Boudeuse* appareilla, laissant quelques graines dans l'île : blé, orge, avoine, riz, maïs. « Nous quittâmes ce bon peuple, écrit Bougainville, et je ne fus pas moins surpris du chagrin que causait mon départ que je ne l'avais été de leur confiance affectueuse à notre arrivée. »

Puis c'est Cook, le hardi capitaine, qui, par quatre fois, au cours de ses voyages successifs à travers le Grand Océan, va aborder à Tahiti.

Le 11 avril 1769, sur l'*Endeavour*, il mouille à Tahiti, dans la baie de Matavaï. Il était accompagé de l'astronome Ch. Green, venu spécialement pour observer le passage de la planète Vénus sur le soleil. Le naturaliste Banks accompagnait Cook dans son expédition.

Cook donna aux Iles du Vent et aux Iles-sous-le-Vent, qu'il reconnut quelques semaines plus tard, le nom d'Iles de la Société, en l'honneur de la Société Royale de Géographie de

Londres qui supportait les frais de son expédition. Feuilletons son récit :

« Le teint naturel des Tahitiens est olive, leur peau, délicate, est douce et polie ; la forme de leur visage est agréable ; leurs yeux, et surtout ceux des femmes sont pleins de feu, et remplis d'une douce sensibilité ; leurs cheveux sont ordinairement noirs et un peu rudes. » Et plus loin : « Ils n'enterrent jamais leurs morts, ils les exposent sur une espèce de châssis, et ils ont soin de mettre des aliments auprès d'eux. »

Cook revint à Tahiti en 1773 et 1774 sur l'*Aventure* et la *Résolution*. Aux officiers avaient été adjoints quelques savants, notamment Forster pour l'histoire naturelle. C'est au cours de ce voyage qu'il vit dans la baie de Matavaï une partie de la flotte tahitienne qui se préparait à attaquer Moorea. Cette flotte se composait, au dire de Cook, de 210 pirogues de guerre, montées chacune par 40 hommes.

Cook revint enfin une dernière fois à Tahiti pendant son troisième voyage, en 1777.

LES MISSIONS ET LES CONFLITS. — Avec Cook se termine, tout au moins pour la Polynésie, la page des grands voyages ; alors va naître celle des missions, et, par là même, celle des premiers conflits et des annexions.

L'Angleterre a assisté pendant les dernières années du XVIIIe siècle à ce qu'on a appelé le réveil de l'Evangile. C'est l'heure où les sociétés religieuses ou philanthropiques se fondent de toutes parts. Certes le but de l'entreprise était noble, le zèle religieux qui l'animait des plus louable : il s'agissait d'enlever les populations primitives à l'ignorance, de faire pénétrer chez elles les bienfaits de nos civilisations ; il serait toutefois inexact d'affirmer qu'il ne se mêlait point à cet engouement national des considérations politiques et commerciales ; l'Angleterre venait d'éprouver une perte cruelle par la séparation de ses colonies américaines et déjà elle tournait les yeux par ailleurs : n'allait-elle pas regarder précisément vers l'Océanie, que Cook et les grands navigateurs du XVIIIe siècle venaient de mettre à l'ordre du jour ?

Avec les dernières années du XVIIIe siècle les missionnaires anglais débarquent dans les îles du Pacifique, à Tahiti, aux Marquises, aux Nouvelles-Hébrides.

Vers la fin de 1824 arrive un homme dont le rôle par la suite devait être considérable : c'est Pritchard dont tous les efforts vont tendre à placer Tahiti sous la dépendance, non pas de la Société des Missions de Londres, mais du gouvernement anglais lui-même.

Pritchard avait acquis auprès des Pomaré, et en particulier de la reine Pomaré IV, une influence prépondérante. Lorsqu'en 1836 apparaissent les premiers missionnaires catholiques, avec les P. P. Laval et Caret, Pritchard s'oppose énergiquement à leur venue et les fait expulser ; il faut une première intervention du contre-amiral Dupetit-Thouars, envoyé à Tahiti par le gouvernement français qui, en 1838, conclut avec la reine Pomaré une convention assurant la liberté intégrale à tous les citoyens français, et, un peu plus tard (1839), l'intervention du capitaine de vaisseau Laplace, qui fait ajouter un acte additionnel sur la liberté des cultes, pour contrecarrer des desseins qui nous étaient devenus ouvertement hostiles, Pritchard se rend à Londres demander le secours de son gouvernement (1840).

Quelque temps après son départ, des troubles éclatent à Tahiti, la rivalité des différents chefs amène l'anarchie ; les plus influents demandent notre protectorat et la reine consentirait à le solliciter si les Anglais ne la pressaient de n'en rien faire. C'est à ce moment que Dupetit-Thouars, au retour d'un voyage aux Marquises, au cours duquel il a été assez habile pour décider les indigènes à l'annexion de ces îles à la France, rentre à Tahiti et adresse au gouvernement indigène un vigoureux ultimatum, exigeant des garanties « contre une conduite inique et rigoureuse ». Le lendemain, la reine Pomaré consentait officiellement à l'installation de notre protectorat et le traité signé avec elle était ratifié par le gouvernement français sans que l'Angleterre, occupée par de graves questions de politique intérieure (question irlandaise, question du libre échange), eût pensé à nous faire la moindre opposition.

Comme gage de sa sincérité, et en attendant la sanction du roi de France, la reine Pomaré procédait à l'installation d'un conseil du gouvernement. Ce conseil, conformément aux conditions du Protectorat, était investi du pouvoir administratif et exécutif, des relations intérieures, enfin de la garantie de la sûreté individuelle des propriétés et de l'ordre public. Cet accord était, d'autre part, fortifié par la notification au régent de Tahiti, à la même date, de la nomination de M. Moerenhout en qualité de consul de France, commissaire royal près le gouvernement de la reine. Enfin, par une lettre du 19 septembre, le contre-amiral Dupetit-Thouars, en présentant à Pomaré le lieutenant de vaisseau Reine, nommé membre du gouvernement provisoire, lui donnait l'assurance que rien ne serait changé aux règlements existants.

Mais avec l'année 1843 Pritchard est revenu à Tahiti ; il s'est refusé à reconnaître le fait accompli ; il a encouragé Pomaré à la résistance. Dupetit-Thouars se décide à brusquer les choses, et, le 6 novembre 1843, il proclame la déchéance de la reine et prend officiellement possession de Tahiti. Le capitaine de vaisseau Bruat est installé comme gouverneur tandis que la reine, obéissant aux suggestions de Pritchard, qui s'efforçait de lui persuader qu'elle courait des dangers en restant à Papeete, cherche un refuge (31 janvier 1844), à bord du vaisseau anglais le « Basilisk ».

Ces événements, commentés par tous les éléments hostiles à notre influence, troublèrent profondément une partie de la population ; la presqu'île de Taiarapu servit de refuge aux mécontents et le gouverneur Bruat dut débarquer des troupes à Port-Phaëton et construire un petit ouvrage à Taravao, dans le but de couper les rebelles du reste de l'île. C'est pendant son absence que M. d'Aubigny, commandant à Papeete, fit, à la suite de l'attaque d'une sentinelle française, arrêter Pritchard (3 mars 1844) lequel, remis ensuite par le gouverneur Bruat entre les mains du commandant du vaisseau anglais le « Cormoran » quitta la colonie le 13 mars.

On sait l'émotion que de tels événements déchaînèrent en Europe. L'Angleterre s'est violemment émue, les relations diplomatiques se tendent, on se prépare à la guerre. Le conflit va-t-il éclater ? non. Le gouvernement de Louis-Philippe préfère transiger ; il désavoue notre représentant, le rappelle : Guizot, interpellé à la Chambre, blâme publiquement et l'annexion de Tahiti et l'arrestation de Pritchard ; il fait savoir qu'on en reviendra à la convention de 1842 ; satisfaite, l'Angleterre se contente d'une indemnité à verser à Pritchard.

PAPEETE. — Le port.

Entre temps, les indigènes révoltés ont refusé de se soumettre et se sont retirés dans les montagnes. Des combats sanglants ont lieu sur plusieurs points de l'île (Papenoo, Punavia) ; c'est ce qu'on a appelé la guerre de Vaiti. Cette insurrection ne se termine que par la prise du fort naturel de Fautaua où s'étaient réfugiés les rebelles (17 décembre 1846). Le protectorat fut rétabli et la reine réintégrée dans son autorité.

A partir de 1852, époque à laquelle eut lieu une nouvelle insurrection vite réprimée, aucun trouble ne vint rompre la bonne harmonie qui exista entre le pouvoir indigène et notre protectorat.

Enfin, cinq ans plus tard, une convention définitive était passée avec l'Angleterre qui liquidait tout le passé et reconnaissait désormais notre influence. Cependant, par une faute impardonnable de notre représentant, la convention allait exclure les Iles-sous-le-Vent de la souveraineté de la famille des Pomaré et il faudra, en 1887, à l'occasion des négociations relatives aux Nouvelles-Hébrides, une discussion toute spéciale pour nous en faire reconnaître la possession définitive.

Le 30 décembre 1880, après une période de 23 années au cours desquelles notre protectorat s'était heurté à mille difficultés, et où de nouvelles intrigues avaient failli mettre Tahiti à deux doigts de sa perte, nous transformions ce protectorat en annexion définitive. Les Tuamotou étaient annexées en même temps que Tahiti ; les Gambier allaient l'être l'année suivante et les Iles-sous-le-Vent, nous venons de le dire, en 1887.

Dès les dernières années du XIXe siècle, notre installation était donc devenue complète et définitive dans cette région du Pacifique (1).

(1) Pendant la grande guerre 1914-1918, Tahiti a été bombardée (22 septembre 1914) par la flotte allemande composée par les croiseurs cuirassés *Sharnhorst* et *Gneisenau* (contre-amiral Von Sprée). Le commandant Destremau ordonna de mettre le feu aux approvisionnements de charbon; les canons de la *Zélée* furent débarqués, et celle-ci coula dans la passe. La ville reçut 100 à 125 obus de 204. Les croiseurs firent ensuite route sur les Marquises, où ils séjournèrent fort peu; on sait la fin qui les attendait aux îles Falkland.

GÉOGRAPHIE PHYSIQUE

Tahiti est l'île la plus importante des Etablissements français de l'Océanie ; elle est comprise entre 17°29' et 17°47' de latitude sud, 151°29' et 151°56' de longitude ouest. Elle est formée de deux presqu'îles d'inégale grandeur, lui donnant à peu près dans l'ensemble la forme d'une raquette. La plus étendue, appelée Tahiti proprement dite, est à peu près circulaire ; l'autre, appelée presqu'île de Taïarapu, a la forme ovoïde. Elles sont reliées par un isthme de 2 kilomètres de large, l'isthme de Taravao. La superficie totale est de 104.215 hectares, dont 79.485 hectares pour l'île proprement dite, et 24.730 hectares pour la presqu'île, soit au total un peu plus que celle de la Martinique. Son périmètre est de 191 kilomètres, savoir 119 kilomètres pour Tahiti, et 72 kilomètres pour la presqu'île.

PAPEETE. — Une avenue.

OROGRAPHIE ET HYDROGRAPHIE. — Tahiti présente assez, de loin, l'aspect de deux troncs de cône, dont les hauteurs maxima (l'Orohena et l'Aoraï) sont de 2.237 et

2.065 mètres. Le Diadème ou Maiao (1.235 mètres) doit son nom à sa crête basaltique, découpée en aiguilles : il se profile majestueusement au centre de l'île, comme une imposante forteresse crênelée, que dominent les hautes cimes environnantes. Citons encore le Marau (1.485 mètres), le Tahiti (1.384 mètres), le Mahutea (1.507 mètres), l'Ivirairaï (1.697 mètres), le Tatufera (1.800 mètres), l'Urau (1.256 mètres), le Tevaitohi (1.382 mètres), le Mauru (1.373 mètres), le Tahuotira (1.214 mètres), le Hara-Maoro (1.478 mètres), le pic de Niu (1.324 mètres). Ces montagnes descendent en pente rapide vers la mer, et finissent d'une façon si abrupte que la route a dû être établie parfois à flanc de coteau. Sur la côte ouest cependant, garantie des vents alizés par les fortes arêtes montagneuses, les rivières ont pu, sans entrave, charrier leur limon, et former ainsi des bancs alluvionnaires extrêmement fertiles, dont la largeur atteint parfois 3 kilomètres, et sur lesquels sont principalement établies les cultures.

Ces cours d'eau sont rarement navigables ; ce ne sont, en général, que des ruisseaux qui souvent deviennent des torrents dans la saison pluvieuse. Les plus importants sont : la rivière de Fautaua, formée de trois rivières qui sont elles-mêmes alimentées par les cascades qui sillonnent les flancs de l'Aoraï, du Diadème et du Marau ; la cascade de la Fautaua a une chute de 130 mètres ; elle se jette à la mer à 2 kilomètres à l'est de Papeete, au village de Taaone; la rivière de Papenoo au nord, dans le district du même nom, le Punaru dans celui de Punauia, le Taharu à Atimaono ; le Vaihiria et le Vairaharaha. Presque toutes ces rivières prennent leur source au centre de l'île. La rivière Vaihiria sort du lac du même nom ; celui-ci est constitué par une nappe d'eau profonde et relativement froide, emprisonnée au milieu des montagnes à 430 mètres d'altitude.

Les zones ou vallées antérieures sont inhabitées et couvertes de forêts profondes. Ce sont souvent des cirques imposants, chauds et silencieux, où dominent les manguiers, les goyaviers, les papayers, les fougères, où la main de l'homme n'a jamais porté le moindre coup de hache, et où il serait facile de créer de belles exploitations avec peu d'effort. La plus importante est celle dePapenoo qui s'avance très loin au centre de l'île ; c'est une sorte de grande coupure orientée nord-sud, extrêmement pittoresque et fertile. La vallée du Punaru est également une vallée très profonde, qui communique avec la précédente par le col de Papenoo. La vallée de Fautaua qui s'ouvre en face la passe de Taunoa, un peu au nord de Papeete, communique également avec la vallée du Punaru. Les autres vallées principales sont celles de la Vaihiria, celle de la Papeiha et celle de Tautira, dans la presqu'île de Taiarapu.

RÉCIFS, PASSES ET PORTS. — Tahiti est entourée d'une ceinture de récifs ; celle-ci court à peu de distance du rivage, laissant accès par un certain nombre de passes dans la lagune ainsi abritée de l'Océan. Ces récifs sont l'œuvre patiente des polypiers. Au flanc de la montagne sous-marine, à une distance peu profonde de la surface des eaux, — 60 à 80 mètres, — car ils ne peuvent vivre que dans une eau relativement chaude (20°), les madrépores construisent une vivante muraille qu'ils élèvent peu à peu jusqu'à la lumière. Dès qu'ils émergent, ils s'arrêtent. Ainsi se créent ces grandes ceintures, qui, lorsque les sommets volcaniques s'élèvent au-dessus de la mer, comme à Tahiti par exemple, forment la barrière de corail.

Cette ceinture de récifs madréporiques a donné naissance à un certain nombre de ports naturels, d'accès souvent difficile, mais d'un mouillage sûr. Tel est le port de Papeete, vaste et profond (60 hectares) (1) ; trois passes en permettent l'entrée : au nord la passe de Papeete ou grande passe, qui présente par moment une profondeur de 9 mètres ; à l'est la passe de Taunoa, ou petite passe ; à l'ouest une passe accessible seulement aux embarcations.

Parmi les autres ports, il faut citer Papaïriri, Tautira, Hitiaa, Port-Phaëton, à Taravao, la baie la plus importante de Tahiti où l'on avait songé autrefois à construire un bassin de radoub, et dont on a parlé également comme port d'escale sur la voie de Panama : le chenal qui y mène est large lui-même de 200 mètres.

MOOREA. — ILOTS DE TETIAROA ET DE MEHETIA. — Moorea ou Eimeo, l'île sœur de Tahiti, est située à 9 milles au nord-ouest de cette dernière.

Elle a une forme triangulaire et mesure 132 kilomètres carrés ; son périmètre est de 48 kilomètres.

Comme Tahiti elle est entourée d'une ceinture de récifs, mais son aspect général est un peu différent : les montagnes y sont moins élevées, mais y sont plus imposantes et plus pittoresques. Elles forment un vaste cirque ouvert au nord. Le sommet le plus élevé de l'île est

(1) Le port d'Honolulu aux Hawaï n'a que 25 hectares.

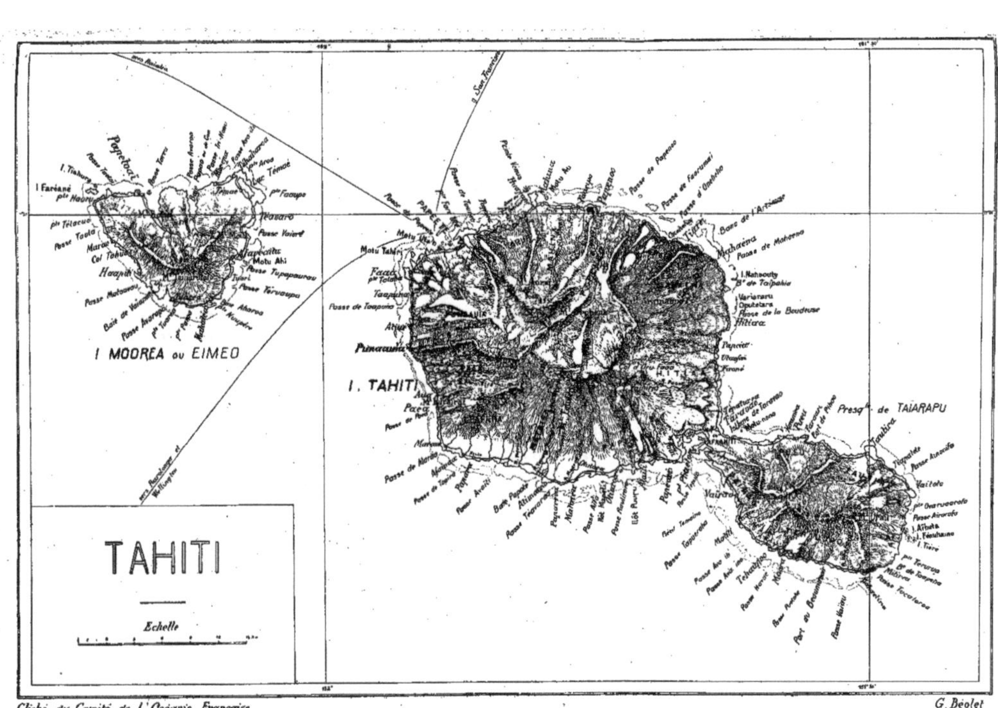

Cliché du Comité de l'Océanie Française

G. Béolet

le mont Tohivea (1.212 m. d'altitude). Les autres points principaux sont : le mont Mouaroa (898 m.), le mont Botui (830 m.), les monts Mouaputa (790 m.), Tiura (753 m.) et Tearaï (775 m.). De ces monts descendent vers la mer de nombreux contreforts à pentes rapides, couverts de végétation.

Moorea possède deux baies profondes : la baie de Paopao, ou baie de Cook, et celle de Papetoaï. Ce sont des anses étroites encadrées par des montagnes imposantes revêtues d'une végétation luxuriante. Leur largeur est de 900 mètres environ ; la sonde y révèle des profondeurs de 37 mètres à 18 mètres, mais les navires y ont à craindre les rafales et les sautes de vent. Dans le district de Papetoai, le port de Haapiti auquel donne accès la passe Matauau, est un des ports principaux de l'île ; un chenal, à l'entrée duquel se trouve un banc, met en communication ce port avec un bassin qui se prolonge vers le sud-est, et qui présente un mouillage satisfaisant.

Les îlots de Tetiaroa, au nord de Tahiti, sont à peu près inhabités ; à l'est l'îlot Mehetia, volcan éteint dont la forme est très bien conservée, est également inhabité, l'eau douce y faisant défaut.

STRUCTURE ET CONSTITUTION GÉOLOGIQUE. — La constitution géologique des îles résulte d'éruptions volcaniques successives qui durèrent pendant des siècles et déposèrent au-dessus d'un massif plus ancien les trachytes, les délérites, les basaltes, qu'ils recouvrent actuellement.

Parfois de longues années de calme intervinrent ; la terre se couvrit alors d'une végétation puissante, dont on retrouve en certains endroits les débris calcinés, sous les coulées de laves ; puis un nouveau cataclysme recouvrit le tout de roches scorifiées. Le refroidissement s'effectuant ensuite, le retrait fit fendre de toutes parts ces roches nouvelles, et par ces crevasses les eaux se précipitèrent vers la périphérie, creusant et élargissant les vallées. Sous l'action de ce ruissellement, et par l'action des agents atmosphériques, des surfaces éruptives érodées fournirent peu à peu, en se décomposant, la terre rougeâtre qui recouvre les flancs des montagnes et le fond des vallées, au milieu de laquelle on retrouve encore des blocs arrondis de roches incomplètement décomposées.

La dénudation complète des sommets, l'absence même de cratères, le profond creusement des vallées, indiquent que ces cataclysmes eurent lieu à une époque vraisemblablement très reculée (1).

CLIMAT. — MÉTÉOROLOGIE. — L'île de Tahiti, dit le Guide de l'Emigrant (2) est renommée depuis longtemps pour la salubrité de son climat ; la température, toujours assez élevée, n'éprouve généralement pas de brusques variations pendant le jour, mais les matinées y sont quelquefois très fraîches. Les plus grandes chaleurs coïncident avec la saison des pluies, et se manifestent de novembre à avril ; le thermomètre atteint alors 33° centigrades. A partir du mois de mai, la température commence à baisser, et la moyenne pendant cette saison est de 25° ; toutefois, le thermomètre descend souvent la nuit jusqu'à 15°.

Des expériences nombreuses faites à Papeete ont permis de constater que si les pluies contribuent à l'abaissement de la température, les vents diurnes n'exercent aucune influence sur le thermomètre ; on ne saurait en dire autant de la brise de terre ou « hupé » qui s'élève le soir, et souffle pendant la nuit. Cette brise se fait sentir de minuit à 6 heures du matin, et c'est alors que le thermomètre accuse le minimum de température.

A proprement parler il n'y a pas à Tahiti de saison absolument sèche. Néanmoins les quantités d'eau qui tombent de juin à octobre sont tellement faibles, si on veut les comparer aux pluies qui surviennent dans les autres mois de l'année, qu'on n'a compté que deux saisons, l'une sèche et l'autre humide.

Il pleut à peu près également à Tahiti pendant le jour et pendant la nuit ; si l'on observe une légère différence entre ces deux parties de la journée, cette différence semble être en faveur du jour.

Les grandes pluies sont généralement accompagnées de violents coups de tonnerre, d'une intensité et d'une durée que l'on ne connaît que dans les régions intertropicales.

Certaines années la quantité d'eau tombée a dépassé 1 mètre ; pendant la saison sèche elle est minime et varie de 0 m. 16 à 0 m. 18.

De mai à août, l'alizé souffle du sud-est ; de septembre à décembre, il vient plus souvent de l'est ; de janvier à mai sa direction est nord-nord-ouest.

On a remarqué que l'alizé venant du sud-est est décomposé par les montagnes de Tahiti en deux courants : l'un, suivant la côte nord-est de l'île, conserve sa direction primitive, tandis que l'autre, longeant la côte sud-ouest, va rencontrer les montagnes de Moorea, où il

(1) R. NAUZIERE. *Les Perles du Pacifique.* Paris 1916.

(2) *Guide de l'Emigrant dans les Etablissements français de l'Océanie.* Imprimerie du Gouvernement. Papeete 1911.

éprouve une nouvelle déviation, pour se réfléchir sur Tahiti, du sud-sud-ouest au nord-ouest. Entre ces deux courants existe une ligne de calmes assez étendue en largeur.

Les ouragans sont assez rares à Tahiti ; les raz-de-marée, encore moins fréquents que les ouragans, se manifestent surtout à l'époque de la saison humide. On peut rappeler les raz-de-marée de 1877, 1878, 1903 et 1906.

La pleine mer a lieu tous les jours de 1 heure à 2 heures dans la baie de Papeete ; les plus grandes marées n'atteignent pas 50 centimètres.

Les oscillations du baromètre sont généralement régulières et se produisent chaque jour à des heures à peu près invariables. La pression atmosphérique minima se manifeste à 4 heures du matin et à 4 heures du soir, la pression maxima à 10 heures du matin et à 10 heures du soir, d'où oscillation diurne et oscillation nocturne ; les hauteurs observées varient entre 756° et 752°.

Les jours les plus courts ont une durée de onze heures ; la durée des jours les plus longs est de treize heures.

LES INDIGÈNES

On comptait en Polynésie en 1911, au dernier recensement, 31.447 habitants, dont 29.219 indigènes ; Tahiti et Moorea en possédaient sur ce chiffre 9.450.

Caractères distinctifs. — Ces indigènes appartiennent à la race maorie. Ils ont la peau bronzée, les lèvres un peu épaisses, le nez un peu épaté ; mais le front est haut, et généralement vertical. L'ovale du visage est régulier, les yeux sont noirs, les dents larges et blanches. Chez les hommes, la moustache et la barbe sont peu fournies, les cheveux sont généralement noirs et lisses, quelquefois crêpus, jamais laineux; les formes bien prises indiquent la vigueur, le torse est droit et cambré. Chez les femmes une épaisse chevelure réunie en nattes tombe sur les épaules. Les yeux sont voilés de longs cils noirs, très fournis, le nez est court et agréablement dessiné, le corps bien pris et remarquablement proportionné.

Origines. — Comme de l'île de Pâques aux Samoa, de la Nouvelle-Zélande aux Sandwich, c'est-à-dire sur un espace trois fois plus grand que l'Europe, les indigènes parlent la même langue, on peut dire, selon toute apparence, qu'ils ont une origine commune.

Quelle est cette origine? Quatre théories ont été soutenues.

Les Polynésiens proviendraient d'un ancien continent qui, peu à peu, se serait affaissé sous les eaux : cette théorie a eu pour défenseurs Cook, Vancouver, Dumont d'Urville, Mœrenhout. Les savants presque unanimement rejettent aujourd'hui cette hypothèse en raison de l'absence de tout organisme propre aux îles d'Océanie ; tout au plus pourrait-on admettre, selon M. Edmond Perrier, qu'un ancien continent a pu être constitué par les Célèbes, la Nouvelle-Guinée, l'Australie, la Nouvelle-Zélande, la Tasmanie, et peut-être la Nouvelle-Calédonie ; on rencontre en effet quelques concordances dans les roches cristallines et les dépôts diamantaires de certaines de ces îles.

Les Polynésiens seraient venus d'Amérique. Jules Garnier à l'appui de cette thèse a invoqué l'action des vents et des courants.

On sait, en effet, que deux grands courants, appelés courant équatorial du Nord et courant équatorial du Sud, traversant le Pacifique, le premier à la hauteur des Sandwich, se dirigeant vers les Mariannes, Formose, le Japon, le second formé de deux courants parallèles dont l'un traverse les Marquises et va se perdre au nord de la Nouvelle-Guinée, tandis que l'autre gagne les Tuamotou et Tahiti, passe entre les Samoa et les Tonga, atteint les Fidji et là se subdivise à son tour en deux branches nouvelles. La vitesse moyenne de ces courants est de 18 à 36 milles par jour ; ce sont, comme on le voit, de véritables trottoirs roulants, parfois assez puissants pour entraver sérieusement la marche des navires. Quant aux vents alizés, dont la vitesse normale est de 14 à 15 milles à l'heure, ceux-ci soufflent presque toute l'année et avec d'autant plus de régularité que le soleil n'est pas dans leur hémisphère.

Mais cela ne saurait expliquer l'origine des migrations, leur direction ; tout au plus est-ce un facteur favorable à l'hypothèse émise et qu'il faudrait étayer d'arguments plus probants. Or, qui pourra accepter que des pirogues, « si perfectionnées qu'elles soient sous le rapport nautique, aient pu franchir des distances de 2 à 3.000 milles et plus, sans but, sans moyens de diriger leur route ? et comment les indigènes qui les montaient auraient-ils pu réunir assez de vivres dans ces pirogues pour passer vingt et trente jours en mer ? et à supposer que la force du vent les ait involontairement poussés au large et les ait à jamais éloignés de la côte, comment peut-on croire qu'une telle éventualité les ait justement surpris, munis d'une quantité de vivres et d'eau suffisante pour un tel voyage ? » (1). Quant aux analogies qu'on a voulu retrouver entre la langue polynésienne et certaines langues du Nouveau-Monde (le Chili par exemple ou la Guyane, ou encore le Mexique), celles-ci sont bien vagues. Sont bien vagues également les similitudes de costumes avec certaines tribus du continent américain.

Les Polynésiens seraient-ils d'origine zélandaise ainsi qu'a essayé de le démontrer le docteur Lesson ? Mais on peut répondre avec de Quatrefages qu'il est difficile de prétendre que la Nouvelle-Zélande a pu être un berceau ; la faune fossile, qui a seulement fourni des restes de reptiles, d'oiseaux et de cétacés, n'a jamais révélé le moindre ossement de mammifères terrestres. Peut-on admettre que l'homme soit né sur une terre où il n'a été précédé que par des oiseaux ?

La théorie la plus accréditée aujourd'hui veut que les Polynésiens soient venus d'Asie. La Pérouse, Molina, Rienzi, de Chamisso, de Quatrefages l'ont appuyée de leur autorité. Après avoir rejeté l'hypothèse de Cook et Vancouver par l'exemple de ce qui arriverait si l'Europe ou l'Asie étaient submergées, à savoir la différence des langues chez les peuples survivants, ces différents savants établissent la fraternité des Malais orientaux et des Polynésiens par leurs caractères physiques, leur langue. Ce système a l'avantage de rattacher la famille polynésienne au berceau commun de toutes les races, l'Asie.

Les courants et les alizés ne sauraient être un obstacle, en effet, pour une telle migration; il ne faut pas oublier, d'une part, qu'entre les deux courants équatoriaux dont nous avons parlé tout à l'heure, il existe un contre-courant équatorial, qui entre les 2e et 8e degré nord se dirige des côtes d'Asie vers le golfe de Panama, et il ne faut pas oublier, d'autre part, qu'à certaines époques les vents d'ouest règnent transitoirement par séries qui vont de trois à quinze jours ; c'est ainsi qu'en avril, et plus particulièrement en septembre-octobre, de telles déviations se font surtout sentir : c'est une espèce de transition entre la mousson et l'alizé, et les indigènes de Raiatéa connaissaient si bien les vents occidentaux qu'ils cinglaient de préférence à cette époque vers Tahiti. L'émigration viendrait donc de l'Ouest, et il faudrait déjà l'accepter pour telle si l'on ne semblait posséder d'autres preuves. Mais l'archipel des Tuamotou reconnaît qu'il doit son origine à Tahiti et dans l'archipel de la Société, l'île sainte, le berceau de la croyance et de la religion est Raiatéa : c'est de là que les royautés de Tahiti se vantent de descendre.

Tous parlent, d'autre part, d'un berceau plus lointain encore, qu'ils fixent au coucher du soleil. Et si l'on voulait, avec Elisée Reclus, remonter plus loin on retrouverait, par les noms donnés à leurs étapes, les origines lointaines de ces migrations. C'est d'abord l'Havaïki primitif, qu'on peut situer hypothétiquement dans une île de l'Indonésie, puis Avaïki, Raro ou les Fidji, les Savaï-i (l'h dans certains dialectes est quelquefois remplacé par l's) ou Samoa, les Avaïki-Raro ou Tonga, Avaï-i, ou Raiatéa, Avaïki-Runga ou Tahiti, Avaïki ou Tuamotou, Havaï-ki ou Sandwich, Avaïki-Tautau ou Nouvelle-Zélande. Ces migrations ont certainement demandé des milliers d'années ; elles ont été faites de succès, d'insuccès, de déviations et de retours ; aux migrations volontaires, les tempêtes ont ajouté une dissémination accidentelle, ce qui a été peut-être le cas pour les Hawaï et la Nouvelle-Zélande. Kotzebue, lors de son second voyage, en 1816, ne dit-il pas avoir retrouvé aux îles Ratak un indigène des Carolines parti en pirogue pour la pêche et qui, surpris par la tempête, avait ainsi parcouru, contrairement à la direction des alizés, une distance de 2.700 kilomètres ? Certaines de ces migrations seraient assez récentes : arrivés aux Fidji aux premiers siècles de notre ère, ce n'est que vers le IVe siècle qu'ils auraient gagné les Samoa et les Tonga, puis de là les îles Marquises, Raiatéa, Tahiti où ils seraient arrivés vers l'an 1000 ; les Hawaï auraient été peuplées deux cents ans plus tard, et la Nouvelle-Zélande seulement vers 1400.

LANGUE. — RELIGION. — La langue primitive était à Tahiti un ancien idiome dérivé de la langue maorie, mais celle-ci a presque complètement disparu depuis cinquante ans : seuls quelques rares vieillards la comprennent encore. Dans cette langue, nombre de mots anglais et français sont entrés qui, peu à peu, ont été transformés par l'usage.

La poésie tahitienne ne nous est connue que par des souvenirs ; les indigènes ayant ignoré l'écriture, la mémoire est restée le seul véhicule de la pensée ; la plupart de ces récits ou de ces chants nous ont été transmis par les premiers voyageurs ; ce sont, presque toujours, des chants guerriers ou de plaisirs confondus. Les Tahitiens possédaient encore une sorte de prose cadencée que l'on répétait en appuyant

(1) Lieutenant de vaisseau DE BOVIS. *L'Etat de la Société tahitienne avant l'arrivée des Européens*, 1865.

sur certaines syllabes et qu'accompagnaient des battements de mains ou des balancements.

Leur religion primitive était assez curieuse; elle était faite de la croyance à un dieu supérieur : Taaroa, créateur de la matière, générateur du temps et de l'espace. Au-dessous de lui l'imagination populaire avait enfanté d'autres dieux ou atouas, au nombre de trente-huit, dont Taaroa était le père. Les Tahitiens possédaient enfin les dieux domestiques, les dieux lares et les dieux manes des Anciens. On ne trouve pas dans cette religion le symbole de la lutte du bien et du mal, rien qui rappelât la lutte entre un bon et un mauvais principe, entre Dieu et Satan. Les Tahitiens croyaient à l'immortalité de l'âme, mais cette croyance était empreinte d'un certain fatalisme ; c'est ainsi, par exemple, que lorsque quelqu'un mourait à Tahiti, son âme se rendait aussitôt au petit promontoire de Teheta; il y avait là deux pierres, la pierre de vie, la pierre de mort. Si l'âme venait à toucher la pierre de mort elle était anéantie à tout jamais; si elle touchait la pierre de vie, elle commençait une série de migrations qui la menaient aux délices éternelles. Les Tahitiens sont aujourd'hui catholiques ou protestants, mais ils n'ont accepté, de l'une ou l'autre de ces religions, que les formes qui répondaient à leurs plaisirs ou à leurs goûts ; ce sont des catholiques ou des protestants peu convaincus.

COSTUME, HABITATION, NOURRITURE. — Le Tahitien n'a jamais connu la loi du travail ; une température douce et toujours égale, un sol d'une prodigieuse fécondité, l'ont fait naturellement insouciant et paresseux.

Avant l'arrivée des Européens, les Tahitiens vivaient presque complètement nus ; les quelques costumes qu'ils revêtaient dans les danses, jeux et fêtes, étaient plutôt des ornements que des vêtements. Le costume actuel des indigènes de Tahiti est des plus simples : la plupart du temps ils n'ont pour tout vêtement qu'une bande d'étoffe de couleur voyante, appelée pareo, enroulée autour du corps et les couvrant de la ceinture aux genoux; ils complètent quelquefois cette toilette rudimentaire par un tricot de coton ou une chemise. Les femmes portent une robe d'étoffe légère sans taille, qui est l'unique et invariable costume féminin en Polynésie. Le chapeau de paille de fabrication locale est l'unique coiffure de la population indigène.

La case tahitienne, telle qu'on l'a décrite autrefois, tend à disparatre ; les indigènes lui substituent aujourd'hui des cases en bois sur pilotis, recouvertes en tôle. La vieille case maorie se rencontre toutefois dans les vallées : bâties sur une estrade reposant sur de gros galets, ou sur pilotis, elles sont généralement assez basses ; leur charpente est faite de branches de bambous et de bourao, plantées verticalement, et réunies par des fibres d'écorce. L'unique ouverture est une porte basse ; la toiture est faite de feuilles de pandanus ou de cocotier.

Le fruit de l'arbre à pain ou maioré et le féi, espèce de banane sauvage, constituent la base de l'alimentation des Tahitiens. Leurs repas, qu'ils prennent en groupes, assis par terre, se composent en outre de poisson, de cochon, d'igname, de taro, le tout assaisonné de sauces diverses, dans lesquelles entrent pour une large part le citron et le lait de coco. Sauf le poisson que les indigènes mangent généralement cru, tous les autres mets sont cuits au four canaque. Ce four consiste simplement en un tas de cailloux sur lequel on allume un brasier. Les aliments sont placés au milieu des cailloux, lorsqu'ils sont très chauds, puis le tout est recouvert de feuilles qui retiennent et conservent la chaleur des pierres (1).

AVENIR DE LA RACE. — La race Maorie a-t-elle diminué dans d'aussi effrayantes proportions qu'il a été dit ?

« Cook en 1774, dit M. Courtet (2), avait estimé la population de Tahiti à plus de 200.000 habitants. La superficie totale de Tahiti étant de 1.042 kilomètres carrés, cela ferait 182 habitants par kilomètre carré. Or les 2/3 de l'île sont difficilement accessibles. Si cette population avait été répartie sur le bord de la mer et sur une profondeur de 2 kilomètres en moyenne, comme Tahiti a au total 182 kilomètres de tour, ce qui donne 378 kilomètres carrés, on aurait 529 habitants par kilomètre carré ce qui est inadmissible pour ceux qui connaissent l'île. Il est vraisemblable que jamais la population n'a atteint 100.000 habitants. »

A Tahiti d'anciens soubassements en pierre, soit sur les plateaux, soit à l'intérieur des vallées, donnent à croire que ces lieux furent autrefois habités ou tout au moins cultivés. Cook corrobore cette hypothèse en écrivant qu'au dire des Tahitiens des hommes noirs et sauvages habitaient les montagnes ; mais le père Amich, qui était à Tahiti à la même époque, nous dit que les indigènes habitaient seule la bande côtière.

Il est donc très probable que les Tahitiens,

(1) *Notice sur les Etablissements français d'Océanie.* Exposition Universelle de 1900.

(2) H. COURTET. *Nos Etablissements en Océanie*, édition du « Comité de l'Océanie Française ». Paris 1911.

vu leur goût pour la nouveauté et pour les plaisirs, se seront transportés partout à la suite des navires européens, d'où les erreurs des premiers navigateurs qui ont pris la population de l'île entière pour celle des lieux où ils se trouvaient.

Le premier recensement sérieux a été fait par les missionnaires anglais en 1829. Il donne 8.568 habitants ; depuis, les recensements officiels donnent : en 1848, 8.157 habitants; en 1857, 7.212 habitants ; en 1862, 10.347 habitants ; en 1887, 9.282 habitants; en 1900, 11.220 habitants ; en 1907, 8.588 habitants ; en 1911, 7.489 habitants.

Donc en dépit de nombreuses épidémies, le chiffre de la population n'a pas sensiblement diminué depuis 1829 (1).

Il y a, il est vrai, un lent mouvement d'affaissement que des mesures appropriées seraient susceptibles d'enrayer ; l'exemple des Iles-sous-le-Vent, que nous verrons plus loin, est là pour indiquer que la race, dans certaines conditions d'organisation et d'hygiène, est susceptible de reprise sérieuse.

ORGANISATION ADMINISTRATIVE

ADMINISTRATION. — La colonie est administrée par un gouverneur qui exerce le pouvoir civil et militaire. Il assure la direction de tous les services, il arrête le budget de la colonie et veille à son exécution. Il a sous ses ordres immédiats un secrétaire général, un chef du service judiciaire, un chef du service de l'enregistrement, un trésorier-payeur, un chef du service de santé, et des administrateurs dans les différents archipels.

Il est assisté d'un conseil d'administration, qui comprend, outre le secrétaire général et les chefs des principaux services (justice et enregistrement), le maire de Papeete, les présidents des chambres de commerce et d'agriculture. Le conseil d'administration est appelé à donner son avis sur toutes les questions qui lui sont soumises par le gouverneur, et notamment sur le budget de la colonie; il donne également son avis sur les tarifs, le mode d'assiette et les règles de perception des diverses taxes à percevoir dans la colonie.

Au point de vue administratif la colonie est divisée en districts composés de 7 membres, dont un résident, un adjoint, 3 conseillers titulaires et 2 conseillers suppléants. Tahiti compte 18 districts, et Moorea 4.

(1) L. REALLON. *La population de Tahiti.* — *Océanie Française*, n° 33, mars 1914.

JUSTICE. — La justice est rendue par des tribunaux français et par des tribunaux indigènes. La procédure civile et l'instruction criminelle sont calquées avec quelques simplifications sur le système judiciaire français.

L'organisation judiciaire de la colonie comporte :

1° 6 justices de paix à compétence étendue, dont les fonctions sont dévolues à des fonctionnaires désignés par le gouverneur et dans les différents archipels à des administrateurs ;

2° Un tribunal de première instance siégeant à Papeete ;

3° Un tribunal supérieur siégeant également à Papeete ;

4° Des tribunaux dits conseils de district, siégeant dans chaque district, avec une Cour d'Appel au chef-lieu, prenant le titre de Haute-Cour Tahitienne et une Cour de Cassation, portant le nom de Cour de Cassation tahitienne.

Ces tribunaux jugent les contestations entre indigènes, relatives au droit de propriété des terres.

AUTRES SERVICES. — La direction du service de santé est confiée à un officier du corps de santé des troupes coloniales hors cadre.

La loi du 15 février 1902 relative à la protection de la santé publique a été rendue applicable aux Etablissements français de l'Océanie ; ses dispositions ont trait aux eaux d'alimentation, à la propreté et à l'hygiène de la voie publique, à la surveillance et à la protection des denrées alimentaires, à l'hygiène des habitations, aux mesures propres à assurer la prophylaxie des maladies transmissibles.

L'hôpital civil est dirigé par un médecin chef assisté d'un médecin résident.

Le service des travaux publics est placé sous l'autorité d'un chef de service détaché du cadre métropolitain nommé par le département.

Le service du Trésor est assuré par le trésorier-payeur assisté d'un fondé de pouvoirs. Le trésorier-payeur est chargé de la recette et de la dépense tant des services de l'Etat que du service local.

La direction du service de l'enregistrement et du domaine, ainsi que la curatelle aux biens vacants, sont confiés à un receveur de l'enregistrement ; dans les archipels les agents spéciaux sont les représentants du receveur de Papeete.

Les autres services existant dans la colonie sont : le service des contributions, le service des postes, le service de l'instruction publique, gendarmerie, police et prison, service des ports et rades.

A signaler encore les services municipaux de la commune de Papeete, les conseils de district déjà cités, l'institution des agents spéciaux dans les archipels et le service des cultes tant pour la religion catholique que pour la religion protestante.

SERVICE MILITAIRE. — La loi du 15 juillet 1889 sur le recrutement de l'armée a été modifiée par les lois du 29 mars 1905 et 7 août 1913. Aux termes de cette dernière loi, le service militaire est obligatoire pour les Français et naturalisés français résidant aux colonies. En conséquence la loi du 6 avril 1915, promulguée dans la colonie, a prescrit le recensement et la revision de la classe 1917.

La mobilisation dans les Etablissements français de l'Océanie eut lieu le 9 août 1914. Une dépêche du Département en date du 7 janvier 1916 prescrivit l'application de la conscription aux indigènes possédant la nationalité française, aux termes de la loi d'annexion du 30 décembre 1880. La colonie a, ainsi, pu donner à la France plus d'un millier de défenseurs, qui sont partis avec entrain et se sont particulièrement distingués en 1918, aux combats de Vesles et Caumont.

TÉLÉGRAPHIE SANS FIL. — Une station de T. S. F. est établie depuis 1915 à Mahina, à 10 kilomètres de Papeete, sur la Pointe Vénus. Ajoutons que le poste de T. S. F. actuel, quelque précieux qu'il soit, n'est qu'un poste provisoire; il constitue la première étape vers la réalisation de la station radiotélégraphique à grande puissance prévue par les Chambres comme devant faire partie du grand réseau intercolonial français.

CHAPITRE II

Les Richesses et la Mise en Valeur

FAUNE

La faune des îles de la Polynésie française, surtout la faune terrestre, est remarquable par son extrême pauvreté. Certaines classes d'animaux, en particulier celle des batraciens, n'y sont pas représentées. D'une manière générale, en dehors des animaux domestiques introduits par les Européens, et du porc sauvage et du rat, on peut dire que les quadrupèdes sont inconnus dans les îles de la Société.

OISEAUX. — La caractéristique la plus saillante de la faune ornithologique de la Polynésie est la prédominance des oiseaux de mer. A Tahiti et Moorea, les oiseaux les plus abondants sur les plages sont : le chevalier, ou bécasse de mer, le héron crabié (otuu), oiseau sacré d'après la tradition des Maori, le pluvier, le courlis, le pape, passereau importé de Nouvelle-Calédonie.

Dans les vallées nichent des oiseaux de mer, grands voiliers, frégates, phaëtons, pailles en queue — ou oiseaux des tropiques, des plumes desquels les indigènes se servent comme ornement, — et les pétrels.

Parmi les autres oiseaux, il faut citer une perruche verte, le martin-chasseur, le coucou brun, les tourterelles et les pigeons verts, une petite hirondelle noire qu'on ne rencontre qu'au fond des plus profondes vallées.

Depuis quelques années on a introduit à Tahiti le merle des Moluques.

REPTILES. — Les reptiles sont à peine représentés dans les îles océaniennes ; le groupe des serpents terrestres manque totalement, et on ne rencontre pas de vrais lézards. Les seuls reptiles terrestres sont les gechos et les scinques, reptiles plus petits que les lézards de muraille de nos pays, et que nos indigènes désignent sous le nom de mokos (1).

Il existe dans les mers de Polynésie un serpent marin que l'on prend quelquefois à la ligne à Tahiti; ce serpent, dont la morsure est à redouter, a une coloration très caractéristique : dos noir brillant, ventre jaune, deux plages colorées séparées par une ligne très nette, allant de la tête à l'extrémité du corps.

Les tortues sont assez communes, particulièrement dans les archipels des Tuamotu et des Gambier. La plus répandue est la tortue verte, objet d'une chasse très active de la part des indigène.

La tortue était un animal sacré chez les Maoris ; elle était mangée en grande pompe près des autels. Sa chair était tabou pour les femmes et les enfants, qui n'avaient pas le droit d'en manger ; les infractions à cette loi étaient punies de mort.

La tortue caret qui fournit l'écaille existe dans les mers de la Polynésie française, mais elle y est assez rare. Les indigènes confectionnaient autrefois des hameçons avec l'écaille de cet animal.

POISSONS. — Les poissons d'eau douce sont peu variés et n'ont pas de forme spéciale à cette région ; les poissons de mer sont au contraire assez nombreux et appartiennent à la faune indique.

Les poissons de rivière sont le nato, sorte de truite d'un goût excellent, et un petit poisson noir appelé oopu. Les anguilles y sont très

---

(1) L.-G. SEURAT. *Les Etablissements français de l'Océanie*. Paris 1906.

belles. Comme poissons de mer, les plus communs sont : les chétodontes, animaux remarquables par leurs vives couleurs et dont les premiers rayons de la nageoire dorsale se prolongent en un long fouet.

Les mulets sont également très répandus, et se tiennent à peu de distance du rivage ; les balistes, poissons cuirassés, sont généralement bons à manger ; les anguilles de mer abondent dans les pâtés de coraux, et sont très redoutées à cause de leur morsure cruelle.

Les orphies, caractérisées par un long bec avec lequel elles produisent en s'élançant la nuit sur les pêcheurs aux flambeaux des blessures souvent mortelles, sont fréquemment vendues sur le marché de Papeete.

Beaucoup d'acanthoptérygiens ; à nommer encore : l'exocet (poisson volant), le tranchoir, le chabot, la bonite, la perche, la carangue, le maquereau, le thon, le rouget, le nohu.

Le poisson est l'aliment favori des indigènes ; la pêche se fait généralement au harpon, et dans quelques cas, quand le récif s'y prête, à l'aide de barrages retenant le poisson, dans une espèce d'enceinte appropriée. Les indigènes, et surtout les Tahitiens, se livrent souvent à la pêche aux flambeaux. Les poissons surpris dans leur sommeil sont piqués avec le harpon que l'indigène tient d'une main, l'autre main tenant la torche. Les indigènes ont quelquefois recours à l'usage des substances qui endorment le poisson.

MOLLUSQUES ET CRUSTACÉS. — Les mollusques jouent dans la vie des Polynésiens un rôle au moins égal à celui des poissons. Un certain nombre est comestible, telle l'huître estimée des Iles Sous-le-Vent, et qu'on trouve en grappes sur les rochers où elle se fixe solidement. Les moules abondent dans les bancs de coraux, émergés à marée basse. Les bucardes, les limes, et surtout d'élégants bénitiers sont nombreux dans ces parages. Les splendides conques servent de trompettes de guerre ou d'appel ; on en tire des sons sauvages et puissants. L'huître perlière donne lieu aux grandes pêcheries des Etablissements français de l'Océanie. Cette industrie fait vivre les populations des îles Tuamotou et des îles Gambier ; nous en reparlerons lorsque nous étudierons ces archipels.

Un certain nombre de crustacés entre dans l'alimentation des indigènes et même des Européens. Les rivières de Tahiti fournissent en abondance d'excellentes crevettes de grande taille et dont la chair est très estimée. Les langoustes se rencontrent en plus ou moins grande abondance dans toutes les îles de l'Océanie ; on les pêche la nuit à la lueur des flambeaux. A signaler également un gros crabe, l'oupaï, qui s'enfouit dans la vase, à l'embouchure des cours d'eau.

Le crustacé le plus apprécié des gourmets est une espèce d'ibacus, ou varo, qui possède deux pattes et qui se plaît dans les trous de sable. On le prend à l'aide d'un piège formé d'un morceau de bois, sur lequel on amarre l'appât.

Les crustacés terrestres sont caractérisés par l'extrême abondance des cénobites ou bernards l'hermites, petits crustacés rouge vif adaptés à la vie terrestre et qui vivent dans les coquilles abandonnées ; le crabe terrestre dénommé tourlourou crible les rivages de ses trous de taupe. C'est un puissant envahisseur ; on compte quelquefois jusqu'à 40 trous par mètre carré (1). Les indigènes le capturent pour le manger.

Aux Tuamotou, et particulièrement dans l'île de Makatea, vivent les crabes de cocotier, crustacés terrestres de très grande taille dont les pinces sont des armes redoutables. Les Tahitiens les nomment d'ailleurs « crustacés qui ouvrent les noix de coco ». Les crabes des cocotiers grimpent sur les arbres avec la plus grande facilité. Ils sont comestibles et très appréciés des indigènes.

HOLOTHURIES. — Les biches de mer fournissent le produit consommé en Chine sous le nom de tripang. La colonie exportait autrefois une grande quantité de biches de mer : plus de 25.000 kilos en 1903. Ce commerce a aujourd'hui presque totalement cessé.

INSECTES. — La faune des insectes est très pauvrement représentée. Ceux-ci n'en sont pas moins, pour certains, fort désagréables. Ce sont les cafards, les cancrelats qui rongent les vêtements, cuir, papier, les fourmis, guêpes, mouches maçonnes. Le moustique abonde dans la brousse ; inconnu dans les montagnes, moins abondant au bord de la mer, il est très répandu dans les vallées ; il est plus fréquent à la saison des pluies qu'à la saison sèche.

Il y a très peu de papillons et de chenilles. Le grillon fait entendre continuellement son cri monotone. Il existe quelques libellules.

Parmi les insectes utiles, il convient de citer l'abeille ; l'abeille introduite à Tahiti est l'abeille ligurienne ; les ruches employées sont très rudimentaires.

---

(1) Paul HUGUENIN. *Raiatéa la Sacrée*. Neuchâtel 1902.

FLORE

La flore des îles de la Société est connue par les travaux d'un grand nombre de botanistes, dont le premier est Forster qui accompagna le capitaine Cook. Ainsi que le dit M. Seurat (1) « la plupart des espèces de plantes qu'on rencontre dans les îles de la Société, exactement 75 0/0, sont des espèces que l'on rencontre dans d'autres localités ; 25 0/0 seulement des espèces sont particulières, en sorte que le caractère le plus saillant de cette végétation est celui d'une végétation introduite. »

Dans les notes qui vont suivre nous signalerons seulement les végétaux présentant une sortes d'arbres à pain : la variété à fruits possédant des graines, et la variété à fruits sans graines. La variété sans graines est la seule qui existe en Polynésie ; c'est dans nos colonies polynésiennes, et en particulier à Tahiti, qu'elle a été le mieux observée. E. Raoul donne les noms de 24 variétés dont 16 seulement méritent d'être multipliées. (1)

Les plus beaux arbres à pain sont ceux qui sont plantés auprès des habitations. Les Tahitiens en ont grand soin, et souvent, pour les protéger, ils établissement autour du tronc une sorte de mur en pierres sèches, ou simplement un cercle de grosses pierres, au milieu duquel ils accumulent les feuilles tombées et toutes sortes de débris végétaux.

TAHITI. — La vallée de Tautira.

certaine importance au point de vue économique.

Les Principaux Produits Alimentaires

Tahiti est, de toutes nos colonies, celle qui est le mieux partagée en produits alimentaires, et surtout indigènes, d'origine végétale. Deux de ces produits, formant la base de l'alimentation, sont à remarquer : le fruit de l'arbre à pain, et le féi.

ARBRE A PAIN. — On distingue deux

A Tahiti l'arbre à pain (uru ou maioré) ne produit pas de fruits toute l'année, et ses fruits ne mûrissent que successivement. La récolte la plus abondante se fait après la saison chaude et humide, c'est-à-dire après l'hivernage.

Le fruit de l'arbre à pain se mange avant d'arriver à maturité complète. A maturité il devient mou, douceâtre, avec une odeur plutôt désagréable, et les Tahitiens font, avec ce fruit, une sorte de pâte, nommée popoï, qu'ils conservent dans de petits silos, et qui sert à

(1) L.-G. SEURAT. *Tahiti et les Etablissements français de l'Océanie* (op. cit.).

(1) E. RAOUL. *Manuel des cultures tropicales.*

leur alimentation, faute d'autres produits. Le fruit contient 25 0/0 de matières non azotées.

Féi. — Le féï est un bananier qui se distingue à première vue du bananier ordinaire, en ce que le régime de fruits est vertical sur la tige, au lieu de s'infléchir. Le féï croît naturellement dans les vallées profondes et fraîches ; sa puissance de végétation est telle qu'il couvre le fond entier des vallées dont le terrain est favorable. Dans les districts où l'arbre à pain est rare, aux époques improductives, c'est le féï qui forme surtout la base de l'alimentation.

Le féï doit être consommé avant sa maturité ; il contient alors 15 0/0 de fécule.

Igname. — C'est un bon aliment et de culture facile. Ses tubercules, qui pèsent parfois 10 kilos, sont comestibles à 6 mois et atteignent leur complet développement à 8. Selon les variétés l'igname contient de 28 à 33 0/0 d'amidon.

Taro. — Le taro était autrefois beaucoup plus cultivé par les Tahitiens qu'il ne l'est aujourd'hui. Ses rizhomes sont considérés comme un des meilleurs aliments indigènes. On le cultive toujours dans les parties basses, très humides, et même un peu marécageuses. On en connaît à Tahiti une dizaine de variétés.

Manioc. — Des racines tuberculeuses grattées de cet arbrisseau, on obtient, après dissolution dans l'eau, et tamisage dans un linge fin, une appétissante farine, qui donne un aliment léger et nutritif. Le manioc doux peut être consommé comme légume, sans aucune préparation. Le manioc amer, d'un rendement plus grand, contient un liquide nocif, dont l'effet se détruit heureusement par la cuisson.

Tahiti. — Le récif circulaire.

Patates douces. — La patate douce, ayant été trouvée partout cultivée par la race polynésienne, de l'île de Pâques à la Nouvelle-Zélande et aux Sandwich, est donc une des plantes que les Polynésiens emportèrent en quittant leur patrie primitive.

La patate dont on cultive plusieurs variétés dans nos Etablissements est un excellent aliment, bien que sa saveur sucrée la fasse rejeter par les Européens. Elle ne se conserve en bon état que pendant un temps très limité ; elle est très productive et l'on peut obtenir une récolte en 4 mois. Les fanes de patates constituent un excellent fourrage (1).

Avocatier. — Parmi les arbres fruitiers il faut citer l'avocatier. Le fruit crémeux de

(1) H. Courtet. *Nos Etablissements français en Océanie* (op. cit.).

cet arbre, de la famille des laurinées, est un des plus appréciés, en raison de son péricarpe butyreux qui fond dans la bouche.

MANGUIER. — Greffé ou non, le manguier donne des fruits d'un goût assez agréable.

PAPAYER. — Quelques plantations de papayers ont été faites à Tahiti. On sait que le papayer contient la papaïne ou pepsine végétale, substance qui a la propriété de digérer la viande.

DIVERS. — Citons encore parmi les plantes alimentaires un certain nombre de plantes introduites par les Européens et qui donnent des fruits plus ou moins estimés tels que : le goyavier, la pomme de cythère, la pomme cannelle, le figuier, la barbadine, etc. (1).

Les Principaux Produits Culturaux d'Exportation

COCOTIER. — La culture du cocotier est la grande richesse de nos Etablissements. Si nous nous reportons aux statistiques publiées par le Gouvernement local, nous constaterons qu'il est exporté annuellement 10.000 tonnes de coprah, pour une valeur de 10 millions de francs. Or, on sait que le coprah de Tahiti est, avec celui de Java, un des plus estimés.

Le cocotier est l'arbre maritime par excellence. Il pousse encore à une certaine distance du rivage ; il aime les terres légères et suffisamment épaisses, et les alluvions meubles; il a une prédilection marquée pour les terrains imbibés d'eau saumâtre et le sel marin joue un rôle très utile dans sa végétation.

Le cocotier est ainsi susceptible de se généraliser dans tous nos archipels, car il rencontre en Océanie des conditions particulières de végétation. Il pousse sur les terres les plus arides, et il n'est pas exagéré de penser qu'avec un peu d'effort le chiffre actuel des exportations pourrait doubler d'ici 10 ans.

Le cocotier est ici la culture par excellence; il commence à donner vers la 7° année. A 10 ans l'arbre entre en plein rapport (environ 10 kil. de coprah par arbre) (1) et son revenu net est alors de 5 à 8 fr. Il produit jusqu'à 70 ans.

Les plantations régulières se font à 10 mètres, quelquefois 9 mètres.

Le cocotier permet certaines cultures intercalaires pendant les premières années ; à pleine maturité les troupeaux peuvent paître sans dommage à son ombre. A partir de la 5° année il n'exige plus aucun soin et il a, de plus, en ces îles où la main-d'œuvre est si rare, l'avantage de ne demander qu'un minimum de bras, pour la cueillette, la préparation et le séchage.

On peut très bien traiter sur place l'amande de la noix de coco, et l'expédier sous forme de farine (dessicated coconut). C'est ce qui a été fait autrefois à Tahiti où cette exportation avait atteint 20 tonnes par an. Cette industrie a été ruinée par les droits prohibitifs établis par les Américains.

On sait que le coprah desséché renferme les deux tiers de son poids en matière grasse. Les modes de séchage sont assez variés : séchage au soleil, au four, à air chaud, dessiccation à la fumée. La dessiccation au soleil est celle qui donne les meilleurs résultats si elle est bien conduite : c'est celle que l'on emploie couramment à Tahiti. Il y a toutefois une tendance, qui s'aggrave, à ne plus poursuivre l'opération du séchage avec toute la sévérité voulue : si Tahiti veut conserver intacte la marque de ses coprahs, des mesures très sévères seront à envisager (contrôle en cours de préparation, expertises à la sortie).

L'huile qu'on retire du coprah est employée dans la fabrication des savons et du beurre végétal.

Grâce à la grande quantité d'albumine et de fibrine qu'elle contient, la noix possède des propriétés nutritives incontestables. L'eau qu'elle renferme, ou lait de coco, est, quand le fruit est jeune, très rafraîchissante, et d'un goût agréable.

L'enveloppe fibreuse de la noix de coco, que l'on nomme dans le commerce, bourre de coco ou coir, est utilisé couramment dans la brosserie, le rembourrage, la corderie, etc. Les Polynésiens ont en particulier utilisé le

(1) *Kawa*. Nous n'étudions ici que les plantes alimentaires et les principaux produits culturaux d'exportation. Toutefois il serait incomplet de ne pas dire un mot des plantes enivrantes et en particulier du kawa.

Les Polynésiens fabriquaient autrefois, avec le piper memysticum, une boisson enivrante, appelée haïva, ou kawa. Cette liqueur était bue dans les grandes solennités. Elle était préparée de la façon suivante : les racines de la plante était grattées avec des coquilles tranchantes, puis données à des jeunes filles qui les mâchaient pendant un certain temps, et les jetaient dans une auge de bois; les racines étaient mélangées avec de l'eau, et on faisait filtrer la liqueur au travers d'un paquet de fibres de pandanus. Cette fabrication, malgré les règlements, subsiste encore dans certains archipels.

(1) Il faut 3.500 cocos secs pour une tonne de coprah.

coir pour faire des cordages imputrescibles, servant à la navigation.

Parmi les autres usages du cocotier, citons: les racines qui sont employées comme remèdes pour les fièvres ; le tronc qui sert à la charpente ; les feuilles qui servent à faire des nattes et à couvrir les cases indigènes ; les fleurs qui sont employées en médecine comme astringent. De la base du spadice on obtient le vin de coco.

VANILLE. — Deux variétés de vanille ont été introduites à Tahiti : la variété *aromatica*, en 1848, par l'amiral Hamelin, et la variété *planifolia*, en 1850, par le contre-amiral Bonard.

La culture de la vanille, en raison de sa spécialité, de la préparation délicate dont la gousse doit être l'objet, ne fut pas facilement admise, et on constate que, trente années après son introduction, l'exportation n'était que d'une tonne environ (1883). Elle est de 7 tonnes aux aux environs de 1890, de 73 tonnes aux environs de 1900, de 120 tonnes en 1905, pour atteindre 256 tonnes, son maximum, en 1910. Depuis la chute a été sensible, en raison de la maladie, qui s'est emparée des vanillières. Toutefois, après avoir atteint 89 tonnes en 1918, les vanillières en voie de reconstruction ont atteint 101 tonnes en 1920. Il faut 3 kil. 600 en moyenne pour obtenir un kilo de vanille sèche.

De même le prix de la vanille a passé par des courbes extrêmement diverses ; alors que, jusqu'à 1900, la valeur moyenne du kilo oscillait aux environs de 12 fr. 35, la vanille, vers 1908, était tombée à 4 fr. Elle était à cette époque extrêmement dépréciée sur les marchés mondiaux, par suite des mauvaises conditions de culture, et d'un séchage défectueux. Depuis, grâce à des mesures prises par l'Administration pour assurer à la vanille une cueillette à maturité, et une préparation rationnelle, les cours ont remonté jusqu'à atteindre 40 fr. le kilo.

La vanille est la culture familiale de l'indigène ; l'homme vaque aux soins de la vanillière et les femmes marient les fleurs. Presque toute la totalité de la récolte est achetée par les Chinois qui la préparent et l'expédient.

Un terrain riche en humus, friable et léger, est celui qui convient le mieux à la vanille. Un sol trop argileux lui est contraire. Il lui faut de la chaleur, assez d'ombre, et beaucoup d'humidité.

On doit faire un choix très rigoureux parmi les fleurs à féconder pour obtenir de belles gousses, longues et bien nourries ; il ne faut féconder sur chaque grappe que trois ou quatre fleurs. Les gousses mûries à l'ombre sont moins parfumées que celles qui ont été exposées au soleil. Il y a donc avantage à élaguer les branches du tuteur, qui pourraient empêcher les rayons de pénétrer jusqu'aux fruits. La cueillette doit se faire à maturité, autant que possible lorsque le temps est beau.

Il faut bien reconnaître que rarement des conditions naturelles de culture ont été rencontrées à Tahiti. M. Meinecke, docteur ès-sciences, envoyé en mission en Océanie, a pu dire que d'une centaine de vanillières visitées et examinées par lui en détail « pas une n'était vraiment belle » (1).

10 0/0 environ étaient à peu près bien soignées, mais la plupart, malheureusement, montraient que les planteurs gaspillaient leur bonne volonté et leur énergie à des mesures mal comprises ; plantes épuisées par la surproduction, plantes provenant des lianes épuisées, plantes souffrant de trop de soleil ou de trop d'ombre, plantes blessées ou endommagées par la main-d'œuvre, couverture du sol négligée, etc... On comprend que dans ces conditions un certain nombre de maladies d'ordre physiologique, d'ordre mécanique, ou d'ordre parasitaire, soient venues s'abattre sur les vanillières et que celles-ci n'aient donné qu'un produit médiocre.

La vanille, cultivée dans des conditions aussi défectueuses, était, par surcroît, mal préparée par les Chinois.

Les procédés de fabrication sont assez nombreux; le premier, qu'on appelle la méthode sous couverture, consiste à poser sur des tables, en général le long d'un mur blanc, de façon à profiter de la réverbération du soleil, des couvertures de couleur brune, sous lesquelles est disposée la vanille. On expose en même temps au soleil des caisses de bois garnies de couvertures intérieures, et dans lesquelles, le soir, on déposera le produit ; c'est dans cette espèce d'étuve que la vanille va suer. Cette opération durera vingt heures et se renouvellera quatre à cinq fois pendant les vingt-cinq à trente jours de la dessication.

Le second procédé est le procédé au four, ou procédé mexicain ; dans un four chauffé à une température de 115°, la vanille est mise pendant seize à vingt-deux heures environ ; elle est ensuite soumise à l'action du soleil, ou placée dans des chambres aérées pendant vingt-cinq à trente jours. C'est une opération très délicate et d'ailleurs difficilement appli-

(1) Dr. MEINECKE. *Les vanillières de Tahiti et Moorea.* Papeete 1916.

cable à toutes les espèces de vanille : à trop haute température, l'épiderme beaucoup plus mince de la vanille de Bourbon, par exemple, éclaterait.

Un troisième procédé est le procédé à l'eau chaude, ou procédé bourbonien. Les gousses sont mises dans de petits paniers à claire-voie et plongées pendant quinze à vingt secondes dans des marmites d'eau chaude, à une température de 80 à 90° ; on peut encore répéter l'opération deux ou trois fois, à condition de ne plonger que de cinq à sept secondes.

Le quatrième procédé consiste... à ne rien faire du tout : c'est le procédé trop longtemps en usage à Tahiti. La vanille cueillie, le Chinois l'achetait, l'étalait sur des claies en plein soleil, répétait l'opération aussi souvent qu'il était nécessaire, puis, l'opération terminée, prenait la vanille et l'empaquetait. C'est cette vanille, cultivée et préparée dans d'aussi défectueuses conditions, qui a occupé pendant longtemps le dernier rang dans les cours de nos vanilles coloniales.

Par les décrets en date des 8 avril, 30 octobre 1913, 16 mars 1917, le Gouvernement local a pris les mesures nécessaires pour mettre fin à un tel état de choses. Un contrôle sévère des vanillières a été établi. D'autre part des patentes spéciales de préparateurs de vanille ont été instituées et ne sont délivrées qu'à ceux qui peuvent donner toutes garanties de technicité désirable.

COTON. — Cocotier et vanille sont les deux richesses actuelles de Tahiti, les deux principales sources de ses exportations.

Le coton fut cependant cultivé autrefois dans la grande île, particulièrement pendant la guerre de Sécession ; ce coton florissait non seulement à Tahiti, mais à Moorea, aux Marquises, aux Iles-sous-le-Vent ; il s'exportait à des prix tels que producteurs et commerçants y trouvaient chacun leur profit. Cela tenait à l'excellence du produit : la fibre était très longue, soyeuse et résistante. La culture du coton resta en honneur à Tahiti jusqu'aux environs de 1885. En 1885, en effet, les exportations dépassent encore 500.000 kilogrammes. Mais à partir de cette date, la culture du coton commence à péricliter jusqu'à ne plus atteindre que 17.000 kilogrammes. Avec l'année 1903 s'achève à Tahiti la culture cotonnière.

L'abandon de cette culture tient à plusieurs causes. Celles-ci ont été exposées dans un rapport présenté par l'auteur de ce travail au Congrès National d'Agronomie Tropicale (1). Nous y reportons nos lecteurs. Certes, il est profondément regrettable de voir cette culture complètement abandonnée dans nos Etablissements, alors que la nature de leur sol et leurs conditions climatologiques offrent à son développement des conditions extrêmement favorables ; ce serait d'autre part un élément nouveau de stabilité économique. Ajoutons encore que la culture du coton a l'avantage considérable de donner un résultat presque immédiat ; elle peut marcher de pair avec la culture du maïs ; bien comprise comme culture intercalaire, elle favorisera spécialement les plantations de cocotiers, en transformant finalement en recettes les travaux d'entretien qui constituent des dépenses très lourdes, et, par là même, improductives.

Le coton, connu par nos filateurs sous le nom de coton de Tahiti, était une variété de coton de Géorgie, longue soie, donnant de 350 à 400 kilogr. de fibres à l'hectare.

CANNE A SUCRE. — Il existe à Tahiti quelques plantations de canne à sucre qui donnent lieu à une production annuelle de 700 tonnes de sucre. C'est une production insuffisante pour la consommation locale, qui importe, en dehors d'une assez forte quantité de sucre en morceaux en provenance de France ou d'Amérique, du sucre brut des Fidji (400 tonnes).

On peut envisager une production de 3 tonnes de sucre à l'hectare. C'est une culture qui pourrait suffire non seulement aux besoins du pays, mais encore produire un mouvement d'exportation si la main-d'œuvre était moins chère.

CAFÉ. — Le café est peu cultivé à Tahiti; le café consommé dans la grande île provient des Iles Australes et des Marquises. Le sol de nos îles se prête admirablement à la culture du café, dont la qualité est extrêmement appréciée. L'exportation, qui avait atteint (1901) 43 tonnes, ne dépasse plus aujourd'hui 500 kilos.

AUTRES CULTURES POSSIBLES. — Il en est de même du tabac qui pourrait donner lieu, si l'on s'en donnait la peine, à une culture rémunératrice ; il y aurait une sélection à faire, de façon à créer une variété locale, susceptible d'affirmer la marque de Tahiti.

Le cacaoyer a été introduit du Mexique à Tahiti en 1848. C'est une culture également délaissée.

(1) FROMENT-GUIEYSSE. *Le coton dans les Etablissements français d'Océanie.* Bruxelles, mai 1910.

Le maïs pourrait devenir une source de revenus pour la colonie.

DIVERS. — Certaines cultures fruitières, comme les oranges, donnent lieu à un mouvement d'exportation sur la Nouvelle-Zélande; l'ananas est consommé presque exclusivement sur place; le fungus, espèce de champignon qui a eu une certaine importance à Tahiti, était dirigé sur la Chine.

BANCOULIER. — Le bancoulier, originaire des Moluques, abonde dans toutes les îles hautes ; ses graines, désignées sous le nom de noix de bancoul, servaient autrefois aux indigènes pour s'éclairer. Ces graines donnent une huile excellente pour la peinture.

KAPOKIER. — Les indigènes se servent de la bourre des capsules du fromager pour garnir leurs oreillers et leurs matelas ; une petite quantité de cette bourre est exportée sous le nom de « soie végétale ».

BOIS. — Les îles hautes sont généralement peu boisées sur leurs flancs ; il n'y a guère que dans les vallées ou sur les plateaux que l'on trouve quelques arbres. Il n'existe d'ailleurs aucune exploitation forestière dans la colonie.

Le bois de rose, le tamanu, sont très recherchés pour la fabrication des meubles et même pour la charpente ; le burao, dont le bois très léger est facile à travailler, fournit des courbes pour navires : c'est l'un des arbres les plus utiles aux indigènes ; son écorce très résisitante donne des liens d'une solidité à toute épreuve; ses rameaux, très légers, fournissent des manches de harpon ; enfin sa fleur est un émollient au même titre que la guimauve.

ÉLEVAGE

Les seuls animaux domestiques que possédaient les Tahitiens, lors de la découverte de l'île, sont : le porc, le chien et la poule. Tous les autres ont été importés (Wallis, Bougainville, Cook, Bligh). Il serait difficile à l'heure actuelle de connaître l'effectif exact du troupeau de Tahiti. On l'a fait varier de 1.300 à 2.600 têtes en ce qui concerne les bovins. En tout cas on constate depuis longtemps que l'effectif local est insuffisant ; aussi l'importation du bétail sur pied s'est-elle imposée. Aujourd'hui on importe des bœufs provenant surtout de Nouvelle-Zélande (1). Pendant les quelques années qui avaient précédé la guerre la Nouvelle-Calédonie avait envoyé du bétail à Tahiti ; ce mouvement n'a pu avoir aucun lendemain par suite de la suppression des services maritimes. En se basant sur le nombre des peaux de bœufs exportés, on peut estimer à plus de 550 têtes le prélèvement moyen annuel sur le troupeau de l'Archipel de la Société. Les bovins de la colonie pèsent en moyenne 250 kilos sur pied et donnent 50 0/0 de viande. Ce bétail est à améliorer par la sélection d'abord, par un élevage méthodique ensuite avec des reproducteurs nouveaux. Actuellement les croisements sont généralement opérés sans méthode, au hasard des rencontres.

L'élevage peut prendre une certaine extension, non seulement en vue de la consommation locale, mais aussi en vue du ravitaillement des navires.

Toutefois une des conditions nécessaires de ce développement, c'est que ce bétail trouve des pâturages suffisants, ou du fourrage vert ou sec, cultivé et récolté en vue de lui fournir la ration journalière nécessaire. Comme Tahiti n'est pas très riche en pâturages, la question fourragère joue donc un rôle essentiel ; or très peu de chose a été accompli dans cet ordre d'idées.

Parmi les fourrages qui sont le plus à recommander, il faut citer l'herbe de Guinée, introduite vraisemblablement par le service de l'artillerie après 1860 ; l'herbe de Para, introduite en 1887 par M. Raoul, en Océanie orientale, et particulièrement à Tahiti ; la canne à sucre, la patate douce ; on estime qu'un kilogr. de feuilles de patates équivaut à 3 kilogr. de foin ordinaire. A citer encore le synadou qui résiste bien aux fortes sécheresses, et supporte bien l'ombrage du cocotier.

***

Tel est le programme de mise en valeur de nos Etablissements. Celui-ci s'ouvre largement aux initiatives de nos compatriotes ; son développement est toutefois fonction de deux graves et importants problèmes que nous trouvons à la base de cette œuvre agricole : 1° la question des terres ; 2° la main-d'œuvre.

Le régime foncier souffre en ce moment d'une indivision lamentable ; la propriété n'est pour ainsi dire établie nulle part, le cadastre est inexistant.

Sur les 6.000 hectares de terres cultivables situées dans la plaine, c'est-à-dire sur les côtes

(1) La Nouvelle-Zélande importe une moyenne de 125 à 150 bœufs par an et de 500 moutons.

mêmes de Tahiti; les Européens possèdent environ 200 propriétés, représentant approximativement 2.000 hectares ; ce qui reste, soit 4.000 hectares, appartenant aux indigènes, est divisé en 5.500 parcelles environ, soit 70 ares par parcelle, en chiffres ronds. Aucun acte, d'autre part, ne constatait autrefois et ne constate encore le plus souvent chez les Tahitiens la propriété du sol qui reposait uniquement sur la tradition.

Si on ajoute que les Tahitiens n'ont pas de nom patronymique, et qu'ils changent plusieurs fois de prénom au cours de leur existence, que les enfants, par suite de la coutume de l'adoption, passent d'une famille dans une autre, avec une étrange désinvolture, et deviennent absolument étrangers à leurs parents par le sang, on comprendra que tout ceci achève de rendre absolument inextricables les problèmes de filiation, et par là même le problème foncier tout entier. Il importe de prendre, pour sortir de cette situation, des dispositions législatives ou fiscales.

L'impôt foncier sur les terres en friche ou indivises serait un de ces moyens. Il aurait pour effet immédiat de forcer l'indigène à aliéner les terres qu'il ne peut cultiver, et lors de l'ouverture des successions, il entraînerait un plus grand nombre de licitations.

Quant à la main-d'œuvre, celle-ci est insuffisante pour l'effort économique que nous sollicitons de nos Etablissements ; il faut introduire au plus tôt une main-d'œuvre immigrée. Les efforts en ce sens de la colonie sont restés jusqu'ici sans résultat. La main-d'œuvre javanaise, introduite en Nouvelle-Calédonie, n'a pas été autorisée par le gouvernement hollandais. Tahiti s'est un moment retourné vers le gouvernement indo-chinois ; là encore, en raison de certaines préventions locales, ses efforts n'ont pu aboutir. La main-d'œuvre japonaise, au point de vue agricole, n'est guère désirable. Il reste en définitive deux mains-d'œuvre, qui semblent susceptibles de pouvoir être établies avec facilité : la main-d'œuvre antillaise, et la main-d'œuvre chinoise : cette dernière aurait peut-être l'avantage d'offrir plus de stabilité ; et depuis la promulgation du décret sur l'immigration, elle ne saurait plus présenter les dangers économiques et sociaux que certains ont cru redouter.

Ces deux grandes réformes constitueraient un grand pas en vue de la prospérité de ces pays qui ne demandent qu'à progresser et qui se prêtent si bien à la colonisation européenne par la douceur et la salubrité de leur climat.

INDUSTRIE

Industries indigènes. — Les Polynésiens fabriquaient des étoffes avec l'écorce battue de diverses plantes ; leur meilleure étoffe était faite avec l'écorce du mûrier à papier, plante qui était très commune dans les îles hautes de la Polynésie, et qui est maintenant très rare. Ils utilisaient également l'écorce de l'arbre à pain, celle du banian. La fabrication des étoffes indigènes ne se fait plus guère qu'aux Marquises, où on la désigne sous le nom de tapa.

La fabrication des chapeaux de paille est en réalité la véritable industrie indigène de Tahiti. Les pailles pour la confection des chapeaux sont abondantes : pia ou arow-root, canne à sucre, bambou, pandanus, fougère ; ce sont là des pailles de luxe. Toutefois la paille de pandanus, qui est commune, très résistante, et peut s'obtenir en grande quantité et à bas prix, sert avantageusement à la confection de chapeaux de paille à bon marché.

Les tresses de paille pour chapeaux se font à Tahiti d'une façon tout à fait artistique ; c'est là une industrie tahitienne très appréciée, et qui pourrait fournir un excellent article d'exportation.

Quelques indigènes savent confectionner avec les pailles du pays, en particulier celle du bambou, des éventails, bouquets, couronnes, corbeilles, etc... qui sont souvent d'un fini remarquables et sont très artistiques.

Intustries européennes. — Les Etablissements français d'Océanie constituent une colonie surtout agricole. Parmi les industries européennes existantes, il faut citer deux sucreries produisant annuellement une moyenne de 700 tonnes de sucre brut, et une huilerie : celle-ci créée en 1917, a exporté l'an dernier 1.000 tonnes d'huile.

Vient ensuite la construction des navires : deux constructeurs livrent à la consommation deux goëlettes d'une jauge moyenne de 100 tonneaux, des côtres, des embarcations.

La plupart des voitures, prolonges, baquets, sont confectionnés sur place.

Une usine électrique assure l'éclairage de la ville de Papeete ; il existe une brasserie, une fabrique de glace et d'eau gazeuse.

Mines. — La seule grande industrie de nos Etablissements en Océanie est celle des phosphates, exploités à l'heure actuelle dans l'île de Makatea, rattachée aujourd'hui administrativement à Tahiti.

L'île de Makatea est un récif corallien mesurant environ 7 kilomètres 1/2 de longueur, sur 3 kilomètres 1/2 de largeur, situé à 130 milles de Papeete.

C'est une île élevée, et ses falaises se dressent à pic sur trois de ses côtés, à une hauteur variant entre 50 et 80 mètres ; celles-ci plongent à plusieurs endroits directement dans la mer, et on voit à mi-hauteur des lignes parallèles de cavernes profondes, dues à l'action des vagues : ces cavernes semblent indiquer diverses étapes, des surélévations successives qui ont porté l'île à son niveau actuel.

Comment ont pu se produire des phosphates comme ceux de Makatea ? Par l'action des déjections des oiseaux sur les roches ou, pour mieux spécifier, par l'action de ce qu'on appelle guano sur les roches sous-jacentes ? Cette action a été montrée par M. Lacroix, professeur de minéralogie au Muséum d'Histoire Naturelle (1). M. de Lalande croit à une autre origine. Il croit qu'il s'est formé, dans certains fonds de nos mers, des dépôts de phosphates autour des coraux. Ces dépôts ont recouvert les pointes de ces coraux et nivelé le fond de la mer. Puis à l'émersion naturelle dont nous avons parlé le dépôt phosphaté est apparu le premier à la surface,

MAKATEA. — Le village des travailleurs.

Toute la partie centrale est couverte d'une végétation dense de cocotiers et de pandanus. Avant que fussent découverts les phosphates, l'île de Makatea était habitée par une centaine d'indigènes, vivant groupés dans un petit village situé au pied des falaises.

Le phosphate de chaux est à peu près au centre de l'île. Il n'est pas en filons ou en couches stratifiées ; il est à la surface du plateau sur le corail. Sa teneur moyenne va de 82 à 85 0/0. C'est donc un phosphate extrêmement riche, rivalisant avec les phosphates des îles Ocean et Nauru, qui ont été récemment acquises par l'Angleterre et l'Australie.

surelevé en même temps que le banc de corail et les roches inférieures. Sur les bords des falaises, l'érosion a fait couler peu à peu dans la mer le pourtour du gisement, mais il est resté intact, ou à peu près, au centre où on l'exploite aujourd'hui (2).

Jusqu'à ce que l'exportation des phosphates de Makatea eut commencé, les seules îles polynésiennes produisant des phosphates étaient des îles anglaises ou allemandes ; la France

(1) *Comptes-rendus des séances de l'Académie des Sciences*, tome CXLIII, page 161.

(2) DE LALANDE. *Une visite aux phosphates d'Océanie.* « Métaux et Alliages ». Février 1913.

peut donc dire qu'elle est entrée dans ce compartiment international du commerce de l'Océanie. Les quantités de phosphates exportés ont été les suivantes :

	Tonnes
1911	11.911
1912	38.488
1913	82.056
1914	72.092
1915	11.724
1916	61.500
1917	27.800
1918	37.500
1919	27.500
1920	29.300

La guerre a, ainsi qu'on le voit, sensiblement ralenti les exportations par suite de la rareté et des difficultés des moyens de communication. On espère avec l'année 1921 exporter désormais une moyenne annuelle de 100.000 tonnes de phosphates.

COMMERCE

Mouvement commercial. — Pendant plusieurs années, de 1903 à 1906, le mouvement commercial des Etablissements Français de l'Océanie a subi le contre-coup d'un certain nombre d'événements malheureux. La baisse très sensible de la valeur de la nacre, survenue en 1903, la mévente des vanilles en 1904, la suppression de la navigation régulière interinsulaire, les cyclones de 1903 et de 1906, ont entretenu pendant trois ans à Tahiti et dans les archipels voisins un état constant de crise économique que l'examen des statistiques officielles caractérise très nettement.

Alors qu'en 1902 et en 1903 le commerce général (importations et exportations) s'était élevé respectivement à 8.585.000 francs, il descendit brusquement à 6.783.000 francs en 1905. A partir de 1906 un mouvement de reprise sensible a recommencé, et n'a pas manqué d'aller chaque année en s'accentuant. Voici ces chiffres depuis 1911 :

Années	Importations	Exportations	Totaux
1911	7.566.650	7.159.119	14.725.769
1912	7.747.181	8.481.366	16.228.547
1913	9.030.474	11.554.507	20.584.981
1914	8.427.029	8.517.952	16.944.981
1915	6.055.717	7.707.539	13.763.256
1916	7.121.348	10.481.651	17.602.999
1917	7.806.294	11.995.792	19.802.086
1918	10.084.856	10.099.196	20.184.052
1919	12.015.719	18.622.495	30.638.214
1920	14.401.153	24.360.901	38.762.054

Ce sont donc là des chiffres nettement satisfaisants et qui témoignent d'une façon indiscutable de la vitalité de notre colonie. Sans doute on ne saurait considérer la dernière année citée (1920) comme une année normale, en raison de la hausse considérable des prix qui l'a caractérisée : l'accroissement en quantité a été loin d'être proportionnel à l'accroissement en valeur; les produits exportés ne se trouvent, d'autre part, représentés que par deux produits agricoles seulement : le coprah et la nacre, ce qui nous a permis de dire autrefois que la colonie n'était pas suffisamment stabilisée.

IMPORTATIONS. — Le commerce d'importation se compose plus particulièrement des produits ou objets suivants (1920) :

Tissus et fils	2.590.890 fr.
Farineux alimentaires	1.802.832
Produits et dépouilles d'animaux	977.105
Ouvrages en métaux......	746.257
Fruits et graines........	703.748
Combustibles minéraux....	561.456
Denrées coloniales de consommation	453.426
Boissons	367.869
Produits chimiques	355.493
Peaux et pelleteries.......	277.887
Métaux	267.036
Animaux vivants........	241.741
Huiles et sucs végétaux..	235.714

Les différents pays de provenance sont les suivants :

Etats-Unis	7.362.161 fr.
Australie et Nouv.-Zélande	4.392.783
Autres pays étrangers	2.050.209
France	595.953

Les Etats-Unis détiennent ainsi la plus grosse part du mouvement commercial de nos Etablissements ; ils leur vendent la plupart des produits fabriqués ; ils restent seuls fournisseurs pour les bois de construction ; par contre en ce qui concerne les denrées de consommation ils sont fortement concurrencés aujourd'hui par la Nouvelle-Zélande et l'Australie.

Celles-ci, qui viennent immédiatement au second rang, envoient principalement à Tahiti les farineux alimentaires et les denrées coloniales de consommation : sucres, etc. (1 million 608.000 fr. contre 839.000 fr. pour les Etats-Unis.) Les autres importations australiennes portent ensuite sur les animaux vivants, conserves de viande, lait concentré et fromage et les tissus.

Il est douloureusement regrettable que la Métropole ne figure dans ce mouvement que pour une somme aussi minime. Actuellement les commerçants locaux, soucieux de satisfaire leur clientèle qui réclame l'article français, sont obligés d'emprunter, à des tarifs exorbitants, les lignes étrangères ; même au prix de ces sacrifices les marchandises commandées en France mettent un si long temps à arriver dans la colonie et elles y arrivent souvent en si mauvais état, par suite des nombreux transbordements en cours de route, que les commerçants sont ainsi tentés de s'adresser de plus en plus à l'industrie étrangère.

EXPORTATIONS. — Les exportations se composent principalement de coprah, nacre, vanille, phosphates, et d'huile de coco, dont la fabrication a commencé en 1917.

Le coprah figure dans ces chiffres pour la moitié de l'ensemble ; il chiffre en quantité pour 8.284 tonnes en 1920 ; si l'on y ajoute les produits transformés par l'huilerie, qui fabrique près de 1.000 tonnes chaque année, cela représente une production totale de 10.500 tonnes environ. C'est un chiffre encore insuffisant si l'on songe aux plantations nouvelles qui ont été faites en ces dernières années et qui démontre bien que des mesures sont à prendre pour préserver nos cocotiers de toutes les déprédations des rongeurs qui sont leurs plus terribles adversaires. Les cours du coprah étaient sur place de 0 fr. 30 le kilo en 1909, ils étaient montés à 0,50 avant la guerre pour atteindre 2 fr. 70 l'an dernier et redescendre à 0,60 au début de 1921.

L'exportation de la nacre est en moyenne de 600 tonnes par an. Ses cours sont, en tout temps, extrêmement variables ; la nacre noire de Tahiti est, en effet, fonction de la mode. Elle a connu en 1920 des cours qu'elle ne retrouvera pas de longtemps. Par suite de l'abondance actuelle de la nacre sur les marchés la plonge n'a pas été ouverte en 1921.

La vanille a fourni 101 tonnes en 1920, contre 182 tonnes en 1919 et 89 tonnes en 1918. Son maximum avait été atteint en 1910 avec 256 tonnes ; à cette époque, cela représentait plus du tiers de la production mondiale. Pour les raisons qui ont été dites plus haut la culture a été en déclinant depuis lors pour atteindre sa courbe la plus basse en 1918.

Les exportations sont dirigées sur les pays suivants (1910) :

Etats-Unis ....Fr.	20.466.367	»
France	1.504.765	»
Australie et Nouvelle-Zélande	764.142	»

Les Etats-Unis absorbent ainsi les 5/6 ou 83 0/0 de l'ensemble des exportations de nos îles, alors qu'avant la guerre ce chiffre, quoique déjà énorme, ne dépassait pas 50 0/0. La France n'apparaît que pour 1 million 1/2 ; encore la vanille, produit riche, payant peu à l'encombrement, atteint-elle pour son compte un peu plus de 1 million.

C'est là une situation regrettable ; le commerce franco-tahitien, qui avait atteint jusqu'à 3 millions 1/2 de francs, soit 14,82 0/0 de l'ensemble, a ainsi décliné jusqu'à tomber à 5,4 0/0. Quant à la Nouvelle-Calédonie qui, à partir de 1912, avait commencé à figurer aux importations avec ses bœufs, ses conserves de viande, elle ne figure plus, faute de moyens de transport, dans les statistiques actuelles.

COMMERCE LOCAL. — Le commerce local est représenté par un certain nombre de maisons de commerce françaises, américaines et australiennes. Toutes ces maisons ont chacune plusieurs goélettes et côtres qui desservent l'île et les archipels. Avant la guerre, les Allemands occupaient en Océanie une situation malheureusement prépondérante. La société qu'ils avaient fondée rayonnait sur l'ensemble des archipels : ils possédaient aux Marquises en particulier une situation privilégiée.

A côté de ces négociants blancs, les Chinois ont accaparé tout le petit commerce ; au dernier recensement ils ne comptaient pas moins de 2.400 répandus à travers les districts de Tahiti, et dans certains archipels, en particulier les Iles sous le Vent. Ils rentraient autrefois dans leur pays après fortune faite ; ils ont tendance, désormais, à se fixer à Tahiti, sans esprit de retour.

Si nos Etablissements disposent d'une flottille locale relativement assez importante (103 goélettes jaugeant un ensemble de 4.387 tonneaux), ils n'avaient point, depuis quelques années, de relations régulièrement établies avec les archipels. Il n'en est plus de même depuis cette année. Le service interinsulaire est assuré depuis avril 1921 par deux goélettes à moteur auxiliaire desservant, la première, tous les quarante-cinq jours, les Tuamotu et les Marquises, la seconde, deux fois par an, les Iles Australes, Rapa et les Gambier. Ces deux goélettes assurent la poste, le service des passagers et le transport des marchandises.

La Banque de l'Indo-Chine a créé une succursale en 1904 à Tahiti.

Au point de vue douanier, Tahiti se trouve placé, par la loi de janvier 1892, dans le groupe des colonies qui ne sont pas soumises au tarif général. Il n'en saurait d'ailleurs aller autrement en raison de la situation géographique spéciale de la colonie. En retour, ses produits, vanille, café, etc., restent frappés du demi-droit à leur entrée dans la métropole.

LES RELATIONS MARITIMES. — Nous avons vu tout à l'heure que le mal profond dont souffraient nos Etablissements était leur manque de communication directe avec la France. A l'heure actuelle, pour se rendre en Océanie, les voies les plus courtes sont : 1° pour les voyageurs, la voie d'Amérique par New-York-San Francisco. C'est celle qui est adoptée depuis plusieurs années pour le transport de la poste. De San Francisco à Papeete, le parcours est assuré par les vapeurs de l'Union Steamship (San Francisco-Sydney), qui effectuent la traversée jusqu'à Papeete en douze jours : 2° pour les marchandises, par la voie d'Australie, les marchandises étant transbordées à Sydney. Tandis que le parcours par la première voie est de trente-cinq jours environ, il en faut au moins le double par la voie de Suez.

De toute façon aucun bateau ne battant pavillon français et abordant à des ports français ne met en relation Tahiti avec d'autres colonies françaises et avec la métropole. Il est donc indispensable qu'un service soit établi au plus tôt; il semble qu'on pourrait envisager pour débuter un vapeur confortable de 1.200 à 2.000 tonnes, qui unirait Papeete à Colon ou Fort-de-France, avec les paquebots réguliers de la Compagnie Générale Transatlantique.

Ce service pourrait faire escale aux Marquises, permettant ainsi à celles-ci d'avoir une porte ouverte vers l'est, ce qui serait précieux et capital pour l'avenir de ce riche archipel. Plus tard, on pourrait envisager un nouvel anneau qui relierait Tahiti aux Nouvelles-Hébrides et à la Nouvelle-Calédonie, avec escale aux Fidji, soudant pour leur plus grand profit nos deux colonies du Pacifique.

Faut-il espérer voir, d'autre part, avec le percement du canal de Panama, Tahiti devenir un grand centre d'escale au milieu du Pacifique? Pour nous il n'y a aucun doute ; nous possédons avec Papeete une situation stratégique privilégiée. Nos îles se trouvent sur la route, et presque toujours à mi-chemin des grands itinéraires. La rade de Papeete offre d'excellents abris dans une région de calmes et de beaux temps constants.

Sa passe, ouverte dans le récif, est large et sûre ; il s'agirait seulement de l'approfondir, de créer des appontements plus importants, de construire un parc à charbon et d'élever, le cas échéant, quelques phares, surtout si l'on veut traverser les Tuamotu. Ces projets sont à l'étude depuis un grand nombre d'années ; nous exprimerons seulement le regret qu'ils n'aient pas encore abouti.

Ajoutons qu'au point de vue touristique, il y a beaucoup à faire à Tahiti et dans nos Etablissements, le jour où ceux-ci seront dotés de moyens de transport plus importants et où l'industrie hôtelière se sera plus complètement développée.

CHAPITRE III

Les Iles Sous-le-Vent - Les Iles Marquises

LES ILES SOUS-LE-VENT

L'archipel des îles Sous-le-Vent, situé à l'ouest de Tahiti, se compose de sept îles et de quelques récifs isolés; les îles principales sont: Raiatéa, Tahaa, Huahine, Bora-Bora, Maupiti; Tubai-Manu et Motu-Iti forment les îles secondaires; les récifs isolés, d'origine madréporique, comprennent Bellinghausen et les Scilly.

HISTOIRE. — Les îles Sous-le-Vent sont le berceau commun des traditions polynésiennes; c'est de là que sont partis les dieux pour leurs brillants exploits : c'est à Raiatéa qu'Oro descendit des nues sur le sommet du mont Tapioi; c'est à Raiatéa que résidait le grand maître des douzes loges d'Aréoïs, de Raiatéa que venaient les oracles et les prédictions les plus célèbres : cette île garda toujours au cours des temps la suprématie religieuse sur les archipels voisins.

Au contraire de Tahiti, l'histoire ancienne des îles Sous-le-Vent est peu connue : celles-ci furent longtemps en guerre les unes contre les autres; une haine irréconciliable semble, en particulier, avoir séparé Raiatéa et Bora-Bora : les conquêtes de Pouni, roi de Bora-Bora, qui asservit tout l'archipel (1760), sont parmi les récits qui sont parvenus jusqu'à nous avec quelque précision.

Les îles Sous-le-Vent furent découvertes par Cook en 1769; le grand navigateur visita Raiatéa, Tahaa et Huahine; il les revit lors de son second voyage en 1773; en 1777 seulement il visita Bora-Bora.

L'arrivée des premiers missionnaires anglais date de 1797; ils s'employèrent pendant de longues années à répandre leur religion sans grands résultats appréciables; ce n'est qu'à partir de 1817 que les missions purent se fixer définitivement aux îles Sous-le-Vent.

Il est inutile de rappeler les années immédiates qui suivirent, lesquelles n'offrent aucun événement saillant, ni l'arrivée des premières missions catholiques en 1837, ni le développement de l'influence française aux îles de la Société, ni les intrigues du missionnaire anglais Pritchard, ni la politique courageuse de l'amiral Dupetit-Thouars : cela appartient pour la plus grande part à l'histoire de Tahiti que nous avons rappelé par ailleurs. On sait que les incidents d'alors, qui nous mirent à deux doigts d'une guerre avec l'Angleterre, furent réglés définitivement en 1847. L'Angleterre malheureusement allait obtenir de la faiblesse du gouvernement de Louis-Philippe que la France n'occupât qu'une partie des îles où elle s'était établie.

La France, en effet, allait commettre la faute de signer avec l'Angleterre la convention du 19 juin 1847 dite convention de Jarnac, du nom de son signataire, notre ambassadeur à Londres, par laquelle nous reconnaissions formellement l'indépendance des îles de Huahine, Raiatéa, Bora-Bora et de toutes celles qui en dépendent et à ne jamais prendre possession, dans l'avenir, à un titre quelconque, de l'une ou de plusieurs d'entre elles. Cette renonciation reposait tout entière sur une fausse déclaration que Pritchard avait obtenue par contrainte de la reine Pomaré, déclaration par laquelle celle-ci affirmait que les îles Sous-le-Vent n'avaient jamais fait partie de ses Etats. C'était d'autre part une renonciation d'autant plus grave que si la France et l'Angleterre proclamaient l'indépendance de l'archipel et s'engageaient à n'y pas porter atteinte, elles ne garantissaient nullement que celui-ci ne pourrait pas tomber un jour au pouvoir d'autres nations. Or, comme l'a fort bien montré M. Paul Deschanel, non seulement les îles Sous-le-Vent allaient constituer pour nous un centre de fraude et de contrebande éminemment dangereux, mais la venue d'une tierce puissance et son installation étaient susceptibles d'anéantir le prix de tous nos efforts passés en permettant de faire à Tahiti et particulièrement au port de Papeete une concurrence redoutable (1).

C'est ce qui se réalisa. A la suite des intrigues du consul des Etats-Unis à Papeete, celui-ci fut désavoué par son gouvernement. Mais dès 1878 l'Allemagne sonde pour son compte le terrain; elle envoie le vaisseau l'*Ariadne*, puis en 1879 le *Bismarck* qui vont essayer d'amener les chefs de Raiatéa et de Tahaa à demander un traité de commerce et d'amitié. Ces premiers essais ne sont couronnés d'aucun succès; toutefois, comme des tentatives analogues sont susceptibles de se produire à nouveau, les autorités françaises, mettant habilement à profit la demande de protectorat faite par certains chefs, décident d'accueillir celle-ci sous réserve de la ratification du gouvernement français et de l'annulation du traité de 1847. Le drapeau français est hissé à Raiatéa (9 avril 1880).

L'Angleterre refusa de reconnaître l'état de fait; toutefois les deux pays parvinrent à tomber d'accord sur le maintien de notre protectorat pour une période provisoire de six mois afin de permettre une entente. En réalité, les négociations durèrent sept années. Le 16 novembre 1887 l'Angleterre consentait à abroger la convention de 1847 (2) et le 16 mars 1888 le gouverneur de nos Etablissements proclamait la souveraineté pleine et entière de la France sur les îles Sous-le-Vent. Le 30 mai 1888 la convention abrogeant définitivement la convention de 1887 était signée à Paris.

GÉOGRAPHIE PITTORESQUE. — Les îles Sous-le-Vent sont, comme Tahiti, entourées d'un récif corallien et sont, comme elle, d'origine volcanique. Leur aspect montagneux décèle de nombreuses et profondes vallées largement arrosées qui viennent aboutir jusqu'à la mer et dont la base seulement est mise en culture. Partout, du littoral jusqu'au sommet, les montagnes sont recouvertes d'une végétation arborescente très dense, presque impénétrable. Leur structure géologique est constituée par des basaltes qui produisent, en se désagrégeant, un sol alluvionnaire basique d'une grande fertilité; une couche épaisse d'humus le recouvre.

Le climat de l'archipel est salubre; la température moyenne annuelle atteint 25°. Les nuits sont douces et la chaleur du jour est tempérée par la brise de mer. Les vents dominants sont les alizés. Les chutes pluviométriques se produisent durant toute l'année; elles sont beaucoup plus abondantes pendant la saison chaude, de novembre à mai; les quantités d'eau qui tombent oscillent entre 1.460 et 3.200 millimètres avec un nombre de jours de pluie allant de 100 à 150 par année; pendant la saison sèche le thermomètre descend parfois en juillet à 16°.

Raiatéa. — Raiatéa et Tahaa sont deux îles jumelles entourées par la même ceinture coralligène; il est à supposer qu'elles ont dû autrefois ne former qu'une île unique, formée comme Tahiti de deux presqu'îles soudées par un léger cordon; un affaissement sous-marin les a définitivement séparées et a laissé entre elles un canal navigable de deux à trois milles de largeur.

La forme de Raiatéa est à peu près triangulaire. L'ossature générale est constituée par deux chaînes de montagnes basaltiques, l'une orientée du nord au sud, l'autre longeant la côte sud-est de l'île; au centre le sommet le plus élevé atteint 1.033 mètres. A la pointe nord le mont Tapioi, de 284 mètres de hauteur, se termine par un plateau horizontal à la base duquel est construite, en bordure de la mer, la petite ville d'Uturoa; du côté sud, la montagne ne dépasse pas l'altitude de 1.000 mètres; elle finit en pente brusque et n'est reliée à la chaîne du sud-est que par des collines de faible élévation. L'une et l'autre de ces chaînes envoient vers la mer de nombreux contreforts qui forment sur les côtes des baies profondes et de belles vallées. C'est une île abondamment arrosée; les montagnes sont assez hautes pour arrêter au passage les nuages poussés par les alizés : leurs sommets, couverts de verdure, absorbent l'humidité de ces nuées et en empêchent l'évaporation.

Raiatéa offre trois passes principales : celle de Tevaitoa, que franchissent les courriers de Nouvelle-Zélande, celle d'Uturoa, celle d'Opoa. De grandes et jolies baies viennent échancrer la côte, découpée d'arêtes et de contours multiples : la baie de la Faaroa est

(1) Paul DESCHANEL. *La politique française en Océanie*. Paris 1887.

(2) Déjà en 1885 la France avait obtenu une première garantie du côté allemand; l'Allemagne avait renoncé à ses ambitions sur l'archipel en échange d'une rectification de territoires en Afrique occidentale.

forteresse. Ce pic apparaît en mer, à 30 milles de distance, sous la forme d'un grand prisme vertical dont la partie supérieure est inclinée vers l'ouest. Les hautes terres de l'île ne se fractionnent pas en élévations successives, mais s'accolent en ramifications basses : aussi, se montre-t-elle comme un immense obélisque surgissant brusquement du sein des eaux. « Lorsque le soir projette ses ombres sur ces mers paisibles, le pic de Paia découpe, sur un ciel orné des splendides couleurs du coucher du soleil sous les tropiques, sa grande silhouette sombre, grandiose, enrichie des teintes violacées dues à la transparence de l'atmosphère, et montre, dans de splendides jeux de lumière, les hardis linéaments de sa pittoresque structure. » (1).

C'est au point de vue de la beauté de ses formes et du jeu de ses couleurs la plus jolie de nos îles Sous-le-Vent. Vincendon-Dumoulin a dit très justement de Bora-Bora qu'elle était un bouquet entouré d'une guirlande verte (2).

C'est une île qui participe de la structure des îles de la Société par sa nature montagneuse et volcanique, et de la structure des Tuamotou par le récif corallien qui l'enclôt presque complètement et qui sert de base à de riches cocoteraies.

La passe de Bora-Bora est la plus large et la plus profonde de toutes ces îles; elle n'a pas moins, d'autre part, d'un demi-mille de longueur. L'intérieur de la baie est une sorte de vaste port naturel. Une route de 2 kilomètres traverse le village et mène au milieu de plantations variées : cocotiers, bananiers, coton, plantes vivrières, enjambant les fossés sur des troncs de cocotiers.

RAIATEA. — Un débroussage.

La superficie de Bora-Bora est de 38 kilomètres carrés.

Maupiti. — Maupiti, vue du large, se présente sous la forme d'un rocher en forme de trèfle, dont le sommet (250 mètres) est couronné par un rempart de basalte assez dénudé.

La passe, longue et sinueuse, est extrêmement difficile, même dangereuse : elle est mal orientée et parsemée de hauts-fonds. Elle ressemble à une étroite rivière, bordée sur chaque rive de deux îles coralligènes recouvertes de végétation, parsemées de cocotiers; au fond, en face d'un grand bassin tranquille, apparaît le village de Maupiti. Les vapeurs de petit tonnage doivent mouiller au milieu de la passe.

C'est une île peu visitée. C'est à cet éloignement et à son importance modeste, qui l'ont préservée plus que toute autre des contacts blancs, que ses habitants doivent d'appartenir au type le plus pur de la race polynésienne.

La superficie de Maupiti est de 25 kilomètres carrés.

Autres Iles. — Tubuai-Manu, au sud-est du groupe, est facile à reconnaître à deux collines dont la plus élevée a 50 mètres; la passe est difficile, le courant très violent; les petites goélettes qui s'y risquent doivent se faire remorquer dès qu'elles donnent dans la passe.

Motu-Iti, récif sans passe, recouvert de quelques îlots boisés, est inhabité, ainsi que Mopelia.

Bellingshausen et les Scilly sont des groupes d'îlots madréporiques exploités pour la nacre.

HUAHINE. — Une baie.

(1) DUMONT-D'URVILLE. *Voyage au Pôle Sud et dans l'Océanie.* Paris 1842.

(2) VINCENDON-DUMOULIN. *Tahiti et îles de la Société.* Paris 1843.

SITUATION ÉCONOMIQUE. — L'archipel des îles Sous-le-Vent est, à l'heure actuelle, celui qui donne les plus grandes espérances et qui fait preuve, dans l'ensemble de nos Etablissements, de la vitalité la plus brillante. La grande richesse de ces îles est, comme à

RAIATEA. — Une baie.

Tahiti, le cocotier : celui-ci s'y développe admirablement et produit encore à 100 mètres d'altitude. Toutes les ceintures littorales sont une verte et dense couronne de cocotiers; les vallées intérieures se débroussent à leur tour. L'Administration possédait aux îles Sous-le-Vent un domaine assez important qu'elle a pu donner en concession ou aliéner à des colons sérieux soucieux de les mettre en valeur. C'est à Raiatéa, à Huahine et à Tahaa que se trouvent les plantations de cocotiers les plus importantes. Ces trois îles réunies ne produisent pas moins, chaque année, de 2.000 tonnes de coprah; l'œuvre se développe avec une très grande persévérance et, d'ici quelques années, on peut espérer que les îles Sous-le-Vent auront doublé leur production actuelle. Le coprah est acheté sur place par les principales maisons de Papeete, dont les goélettes visitent régulièrement l'archipel.

La culture du coton avait été autrefois très florissante aux îles Sous-le-Vent. L'espèce de coton que cultivait l'indigène était un coton longue soie qui rappelait beaucoup le « Sea Island ». La fibre longue pouvait servir de mélange avec les sortes égyptiennes. Malgré des efforts méritoires, il est à craindre que cette culture ne tende de plus en plus à disparaître ; son abandon n'est pas la résultante de l'affaissement des prix d'achat, mais surtout de l'attirance qu'exerce à l'heure actuelle sur l'indigène la culture de la vanille.

La vanille, cultivée aux îles Sous-le-Vent, appartient à la même variété que la vanille de Tahiti; la production de cette liane n'est pas inférieure à une cinquantaine de tonnes. On peut donc affirmer que ce sont les îles Sous-le-Vent qui compensent, dans une large mesure, les déficits causés par la maladie à la vanille de Tahiti.

A côté de ces cultures, il faut encore citer l'oranger, qui fleurit partout, et dont les fruits sont l'objet d'un commerce important avec la Nouvelle-Zélande (près de 5.000.000 d'oranges en 1920). Le kapok, qu'on rencontre particulièrement à Huahine, est malheureusement trop peu exploité commercialement. Le café donne lieu à une petite production, quoique insignifiante. Le caoutchouc pourrait trouver aux îles Sous-le-Vent, ainsi que le cacaoyer, des espaces favorables. Le poivrier serait importé certainement avec profit; le manioc, le maïs feraient d'excellentes cultures intercalaires en attendant les premiers rendements des cocoteraies.

Le commerce des îles Sous-le-Vent dépasse 8 millions. Nous regrettons que, faute de statistiques spéciales, on ne puisse pas le dénombrer exactement. Les principaux produits d'importation sont les tissus, la farine, les conserves, le riz, les boissons, les bois de constructions, la quincaillerie, etc...

Les transactions suivent deux voies : l'une vers Tahiti, à l'aide des petites goélettes locales, l'autre vers la Nouvelle-Zélande, à l'aide des vapeurs de la compagnie de navigation néo-zélandaise qui font escale tous les vingt-huit jours dans le port d'Uturoa.

RAIATEA. — La côte.

LES ILES MARQUISES

Les îles Marquises, situées à 750 milles au nord-est de Tahiti, s'étendent entre 140°45 et 143°6 de longitude ouest et 7°50 et 10°33 de latitude sud. Elles se divisent en deux groupes : le groupe nord comprend les îles Hua-Po, Hua-Ka, Nuka-Hiva et les îles Eiao et Hatutu; le groupe sud se compose des îles Fatu-Hiva, Hiva-Oa, Tahuata, Motane, et de l'îlot de Fatu-Huku. A cet ensemble, il faut ajouter quelques rochers et un attol de sable .La plus grande longueur de l'archipel est de 195 milles, sa plus grande largeur de 48 milles.

Histoire, — La découverte des îles Marquise remonte aux dernières années du seizième siècle.

Le 9 avril 1595, l'adelantade Alvaro Mendana de Neira quittait Callao avec quatre navires, se dirigeant vers la Nouvelle-Guinée, qu'il avait découverte vingt-huit années auparavant, et où il voulait fonder le noyau d'une nouvelle colonie espagnole. Le 21 juillet suivant, la vigie signalait à l'horizon des terres inconnues; à la nuit tombante, Mendana mouillait à la pointe sud de l'île de Fatu-Hiva (la Magdalena). Le 24 juillet, les îles de Hiva-Oa (la Dominique) et de Tahuata (Santa-Cristina) étaient découvertes et Mendana pénétrait dans la baie de Vaitahu, qu'il dénomma la baie de la Madre de Dios. Le 5 août, Mendana reprenait la mer après avoir pris possession du groupe au nom de Sa Majesté Catholique, et l'avoir baptisé du nom de Marquises de Mendoza, en l'honneur de la femme du vice-roi du Pérou qui avait favorisé ses projets.

Les indigènes ont-ils longtemps conservé le souvenir de cette étrange arrivée d'hommes blancs qui, pour la première fois, sur de fantastiques vaisseaux, se montraient à eux? Oui et non, car un tel événement ne tarda pas à sortir du domaine de l'histoire pure pour entrer dans celui de la légende : les légendes marquisiennes au temps de Porter (1813) racontaient que, de nombreuses générations avant l'arrivée de ce voyageur, un dieu nommé Hiti avait visité toutes les îles du groupe, apportant avec lui des cochons et des poules; il s'agit là sans doute d'un Espagnol, si nous en jugeons par certaines ressemblances phonétiques : c'est ainsi que puerco (porc) se dit en marquisien pouarka ou pouaka; si l'on songe qu'avant Mendana aucun Européen n'avait visité les îles, on a toute raison de croire que cette légende se rapporte au navigateur espagnol.

Ainsi, la première venue des blancs s'était déjà perdue dans les mythes d'une tradition quasi-religieuse et s'était déformée, lorsque, cent soixante-dix-neuf années plus tard, apparut la *Resolution*, que montait le capitaine Cook (6 avril 1774). La légende redevenait une page d'histoire. Aux quatre îles antérieurement découvertes par Mendana, Cook ajoutait l'île de Fata-Huku.

L'honneur de découvrir le groupe nord allait revenir, dix-sept années plus tard, à la marine de commerce, avec le capitaine Ingraham, de Boston (mai 1791), et notre compatriote Marchand, un mois après, sur son brick le *Solide*.

En 1792, le lieutenant Hergest, chargé de vivres pour la division de Vancouver, l'Américian Roberts, qui séjourna quatre mois à Vaitahu, visitèrent l'archipel. Puis c'est, en 1797, l'arrivée des premiers missionnaires : le *Duff*, capitaine Wilson, ayant à bord trente missionnaires protestants à destination des différentes îles polynésiennes, mouillait le 5 juin 1797 dans la baie de Vaitahu.

Nous arrivons ensuite à l'expédition scientifique du russe Krusenstern (1804), puis à l'expédition du capitaine américain Porter (1813). Porter, désireux de mettre en sûreté les prises qu'il avait faites sur les Anglais, vint fonder un établissement temporaire dans la baie de Taiohaï.

En 1838, c'est l'apparition presque simultanée du contre-amiral Dupetit-Thouars, sur la frégate la *Vénus* (1) (île de Tahuata, 2 août, et de Dumont d'Urville, sur l'*Astrolabe* et la *Zélée* (île de Nuka-Hiva, 26 août). Le contre-amiral Dupetit-Thouars avait à bord deux missionnaires qu'il devait déposer dans ces îles; il entretint, pendant son séjour, les relations les plus cordiales avec les indigènes, ne tarda pas à acquérir une autorité considérable auprès d'eux, et fut profondément regretté au jour de son départ. Dumont d'Urville ne fut pas accueilli avec des manifestations d'amitié moins sincères.

Quatre années plus tard, le contre-amiral Dupetit-Thouars, qui revenait à Tahiti pour rappeler la reine Pomaré au respect des conventions précédemment conclues, allait, en mouillant à nouveau dans les eaux marquisiennes, annexer les Marquises à la France. Etablir dans ces parages lointains une force militaire qui prévînt les catastrophes dont nos

(1) L'amiral Dupetit-Thouars était chargé par le gouvernement français de venir demander réparation à la reine Pomaré des actes de violence qui avaient été commis, à l'instigation de Pritchard, sur nos missionnaires français.

baleiniers étaient parfois victimes, qui réprimât la turbulence des équipages pêcheurs trop livrés à eux-mêmes, qui aidât à la création d'un centre propice aux missions françaises, tel était le but du gouvernement de Louis-Philippe (1). Au milieu des acclamations répétées des indigènes, le contre-amiral prenait possession du groupe sud le 1er mai 1842, du groupe nord le 2 juin (2).

GÉOGRAPHIE PITTORESQUE. — Au contraire de nos îles de la Société, les Marquises ne sont pas entourées d'un récif corallien, mais elles sont, comme elles, d'origine volcanique. Toutes les côtes sont saines et peuvent être rangées de fort près. Vues du large, elles présentent de hautes chaînes de montagne aux crêtes aiguës, s'élevant de 1.000 à 1.200 mètres; ces chaînes, par des séries de contreforts, tombent à pic dans la mer, enserrant des baies plus ou moins profondes. La végétation, rare sur les hauteurs, grandit dans les ravins, jusqu'à revêtir, dans les vallées intérieures, une dense et luxuriante parure.

Les îles Marquises, situées de 7 à 10 degrés plus au nord que Tahiti, ont un climat plus chaud et plus humide; le thermomètre descend rarement au-dessous de 23°. La chaleur est tempérée par la brise du large qui souffle assez régulièrement; les nuits sont assez fraîches. Les saisons y sont moins tranchées que dans les îles de la Société; à la saison chaude, les pluies tombent quelquefois avec une rare abondance; il arrive par contre que ces îles restent six, huit et même dix mois sans pluies; une sécheresse de huit à dix mois est cependant tout à fait exceptionnelle et anormale. Les îles du sud (Fatu-Hiva en particulier) reçoivent plus d'eau que les îles du nord.

La flore de l'archipel rappelle la flore de Tahiti; ce sont : l'arbre à pain (mei des indigènes, maioré des Tahitiens), le cocotier, le bananier, le manguier, l'oranger, le citronnier, le goyavier, le papayer, l'avocatier, le hau (bourao des Tahitiens), le mio (miro des Tahitiens), le pandanus, le tamanu, bois de charpente et d'ébénisterie, le kapokier, le filao ou bois de fer, l'ama ou bancoulier; le santal, intensivement exploité autrefois, n'existe plus guère; ce sont également les mêmes plantes vivrières, taros, ignames et patates douces. Le tabac et l'indigo poussent à l'état sauvage.

La faune se compose surtout de bœufs et de chevaux, de porcs, de chiens, de chats et de rats; les chèvres, importées par Porter, se sont prodigieusement développées et vivent à l'état sauvage sur les coteaux; les moutons sont peu nombreux; les poules furent assez rares autrefois, en raison d'une superstition tabou qui défendait aux naturels d'en faire usage. Les oiseaux y sont plus répandus qu'aux îles de la Société. La mer fournit d'excellents poissons de roche.

On rencontre presque partout aux Marquises des sources d'eau minérale gazeuse à base alcaline et d'un goût très agréable; dans la baie de Taua (Hiva-Oa) se trouve une source sulfureuse. On n'a pas rencontré, jusqu'à présent, malgré des recherches assez nombreuses, de minerais exploitables.

La superficie de l'archipel est de 1.274 kilomètres carrés (Tahiti, 1.040 kilomètres carrés; îles Sous-le-Vent, 585 kilomètres carrés) ; les îles Marquises sont donc plus grandes que la Martinique (988 kilomètres carrés), un peu moins grandes que la Guadeloupe (1.509 kilomètres carrés).

Nuka-Hiva. — La côte nuka-hivienne est d'un aspect sauvage, désertique et brûlé : c'est une muraille rocheuse, à pic, laissant de loin en loin des échancrures permettant d'accéder aux vallées littorales.

La baie de Taiohaï est le plus beau port naturel de l'île et de l'archipel. Longue de 3 milles, elle forme tout au fond un cirque imposant, presque régulier comme un cratère. Le village indigène est composé d'une cinquantaine de cases enfouies dans la vallée : toutes ces vallées des Marquises offrent cette particulartié qu'au lieu d'être encaissées, comme à Tahiti, entre de hautes montagnes, elles s'ouvrent en éventail et montent en pente douce jusqu'au pied même des chaînes : elles reçoivent ainsi plus d'air et plus de soleil.

Si la baie de Taiohaï est le principal port de l'île, la baie du Contrôleur est la baie la plus riche, située dans la partie de Nuka-Hiva autrefois la plus peuplée. On ne peut guère s'y rendre aisément que par mer, à moins de gravir à flanc de coteau un étroit sentier qui, par lacets successifs, atteint la chaîne qu'il franchit à une hauteur de 900 mètres : ces sentiers, par suite de l'absence de ceinture littorale, sont les seuls moyens de communications terrestres des Marquises. Les trois vallées de la baie du Contrôleur, abritées au fond d'une triple échancrure que protège la pointe avancée du cap Martin, sont un admirable centre de culture.

De l'autre côté de la baie de Taiohaï, à 4 milles environ, est le port de Taioa ou

(1) Max RADIGUET : *Les derniers sauvages.* Paris 1860.

(2) L'établissement du protectorat français sur Tahiti allait suivre peu après (30 septembre 1842).

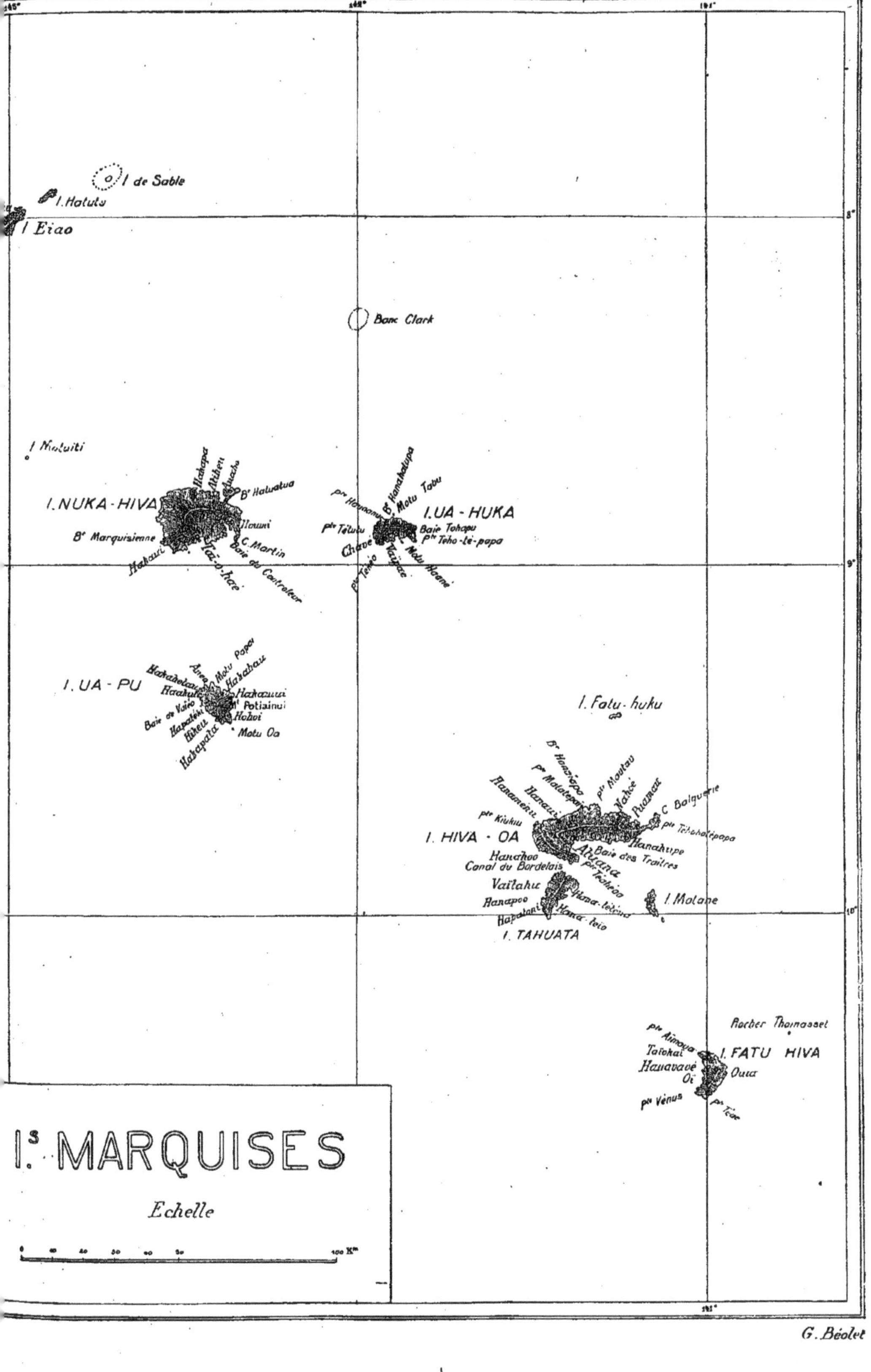
I. de Sable
I. Hatutu
I. Eiao
Banc Clark
I. NUKA-HIVA
Bᵉ Marquisienne
Houmi
C. Martin
Taï-o-hae
Baie du Contrôleur
I. UA-HUKA
Motu Tabu
Baie Tohapu
Motu Hoane
I. UA-PU
Motu Papa
Potiainui
Hohoi
Baie de Vaieo
Motu Oa
I. Fatu-huku
I. HIVA-OA
Hanaiapa
Puamau
C. Balguerie
Baie des Traîtres
Canal du Bordelais
Atuona
Vaïtahu
I. Motane
I. TAHUATA
Rocher Thomasset
I. FATU HIVA
Hanavave
Omoa
Pte Vénus
Iˢ MARQUISES
Echelle
100 Kᵐ
G. Béolet

d'Akaui, dont l'entrée n'a guère plus de 250 mètres.

Toute la partie nord de Nuka-Hiva est une véritable côte de fer, où l'on ne peut guère citer que le district un peu important d'Atiehu.

La plus grande longueur de Nuka-Hiva est de 32 kilomètres, sa plus grande largeur de 19 kilomètres. Elle a une superficie de 482 kilomètres carrés.

Hua-Po. — Hua-Po apparaît à trois ou quatre milles de distance comme une terre très montueuse, surmontée d'aiguilles basaltiques très déliées, semblables à des obélisques. A la pointe sud-ouest, se trouve une anse bien abritée des vents régnants, devant laquelle on peut laisser tomber l'ancre par 20 brasses d'eau; plusieurs anses de sable parsèment la côte sud-ouest; quelques îlots se détachent de la côte méridionale.

Le point culminant de Hua-Po est de 1.190 mètres. L'île a une superficie de 83 kilomètres carrés; elle est à 25 milles de Nuka-Hiva, à 55 milles d'Hiva-Oa.

Hua-Ka. — C'est une île accidentée, dépourvue de plage, flanquée de deux îlots à la partie sud-ouest. La partie occidentale est la plus escarpée; de l'est à l'ouest, elle s'élève jusqu'à une assez grande hauteur (740 mètres), et forme au milieu une haute montagne presque à pic du côté de l'ouest. Il y a, à cette extrémité occidentale, une île formée par un rocher et entre les deux une large masse de pierre plate ayant l'apparence d'une tombe (1).

La circonférence de Hua-Ka est de 20 kilomètres; sa superficie est de 65 kilomètres carrés.

Motu-Hiti, Eiao, Hatutu. — Motu-Iti se compose d'un rocher inhabitable, élevé de 40 mètres, aride et presque stérile.

Les îles Eiao et Hatutu sont situées à l'extrémité nord-ouest de l'archipel. Eiao, élevée de 610 mètres, est inhabitée, bien que présentant une végétation assez intense; la côte orientale est dépourvue d'anse; la circonférence de l'île est de 25 kilomètres carrés environ. Hatutu, à 3 milles d'Eiao, a une hauteur de 420 mètres; elle est moins verdoyante que sa voisine; Hatutu a 10 kilomètres de contour.. Ces deux îles donnent refuge à un grand nombre d'oiseaux de mer.

Dans l'est d'Hatutu, à 9 milles de distance, on voit un banc de corail et de sable qui s'élève de 2 à 3 mètres au-dessus du niveau de la mer : c'est l'île de Sable.

(1) KRUSENSTERN. *Voyage autour du monde* (1803-1806).

Hiva-Oa — Hiva-Oa est l'île la plus grande du groupe sud et de l'archipel entier; c'est une île également escarpée, bordée de hautes falaises noirâtres dont la composition décèle bien l'origine volcanique. Les terres sont extrêmement élevées; le plus haut sommet atteint 1.260 mètres. Toute la partie orientale offre une côte d'une grande aridité, haute, taillée à pic, formant une longue chaîne de rochers ne présentant que des pointes aiguës et des précipices. Des tremblements de terre, des éruptions volcaniques ont indéniablement bouleversé cette contrée.

Au sud s'ouvre la baie des Traîtres avec ses découpures multipliées, ses échancrures profondes. L'île n'offre malheureusement pas les abris sûrs de Nuka-Hiva; la baie de Taoukou, l'une des anses de la baie des Traîtres, présente une sécurité relative à l'époque des vents du nord, et du nord-ouest qui règnent parfois de novembre à février.

De l'autre côté du cap Balguière est la baie de Puamao ou de Perigot, qu'encadre une jolie vallée en pente douce entourée de hautes montagnes.

La plus grande longueur d'Hiva-Oa est de 40 kilomètres; son contour est d'environ 100 kilomètres et sa superficie de 400 kilomètres carrés. Elle est à 38 milles de Fatu-Hiva.

Tahuata. — Séparée d'Hiva-Oa par un détroit large de 3 milles, se dresse l'île de Tahuata, l'île la plus fréquentée du groupe. C'est, elle aussi, une terre haute, mais bien boisée, même sur les sommets, plus verdoyante et moins sauvage que Nuka-Hiva.

La partie orientale de l'île n'offre aucun refuge; la partie occidentale possède au contraire plusieurs baies assez bien abritées, en particulier la baie de Vaitahu qui, la première, donna asile aux navires français : large de 2 milles elle n'a que trois quarts de mille de profondeur.

Tahuata a 60 kilomètres de tour; elle possède une superficie de 70 kilomètres carrés.

Motane. — Motane est inhabitée ; c'est une île d'apparence stérile, quoique présentant quelque végétation sur les hauteurs et dans les ravins. Sa hauteur est de 525 mètres. Elle n'offre aucun abri pour les navires.

Fatu-Huku est un rocher élevé et très à pic, presque plat à son sommet. Il offre tout au plus 5 kilomètres de circuit.

Fatu-Hiva. — Fatu-Hiva est l'île la plus méridionale de l'archipel. Elle est hérissée de crêtes dentelées que couronne un imposant sommet de 1.120 mètres. Sur la côte occidentale la baie des Vierges est la plus superbement découpée des baies marquisiennes.

Fatu-Hiva mesure 35 kilomètres de circonférence. Sa superficie est de 77 kilomètres carrés.

Dans le Nord-Est de la pointe orientale de l'île, à une distance de dix milles environ, se trouve la roche Thomasset, dangereuse la nuit.

NUKA-HIVA. — La baie de Taiohai.

CARACTÈRES ETHNOGRAPHIQUES. — Les Marquisiens sont de taille moyenne (1 m. 70 pour les hommes, 1 m. 60 pour les femmes) ; leurs membres sont parfaitement proportionnés ; leurs articulations sont minces et leur donnent une agilité admirable ; leur marche est pleine d'aisance et leurs mouvements sont gracieux. La figure est plus ovale que ronde, les yeux sont grands et noirs, et ornés de longs cils ; le nez est bien fait, peu épaté.

Le tatouage était autrefois extrêmement répandu chez les Marquisiens. A quel objet répondait-il exactement ? Entre autres hypothèses, Vincendon-Dumoulin se demande si le tatouage n'a pas eu pour but de durcir la peau, de la rendre moins sensible aux insectes ou aux intempéries de l'air ; c'est possible, quoique peu probable. Peut-être ces ornements répandus sur tout le corps ont-ils été autant d'armoiries parlantes, sorte d'écriture grossière relatant l'histoire des individus. Il faut admettre plus volontiers que le tatouage se montre ici sous le double caractère de parure et de signe distinctif de la tribu. Aussi l'affaiblissement de la tribu et le développement de l'usage du vêtement ont-ils porté un coup sensible à cette institution. Le tatouage se pratique aujourd'hui sur une échelle extrêmement restreinte et ne tardera pas à disparatre complètement. Le corps de certains Marquisiens n'est qu'un épais parchemin de dessins variés, ronds, spirales, dentelures capricieuses (1). Quelquefois le tatouage s'est étendu jusqu'aux paupières, aux lèvres, et même à l'intérieur de la bouche. Les indigènes portent souvent, allant des pommettes jusqu'au-dessus des yeux, une large bande noire contournant la figure comme un véritable loup, et donnant aux yeux un éclat tout particulier et sauvage ; chez les femmes les seules parties du corps réservées au tatouage étaient les bras, les mains, le bas des jambes, le lobe des oreilles ; les dessins différaient totalement, d'ailleurs, de ceux employés pour les hommes.

Le tatouage ayant remplacé le vêtement, on ne saurait dire que peu de choses du costume, du moins du costume ancien, car les Marquisiens ont adopté de plus en plus les produits des manufactures européennes : le pareo classique, le pantalon de toile et la chemise de cotonnade, et les femmes le large peignoir de forme tahitienne. Ce vêtement d'autrefois se composait plus exactement d'un certain nombre d'ornements, une étroite ceinture de l'étoffe du mûrier pour le corps, une visière ronde pour le front, un collier de bois divisé en rayons autour du cou, des plaques de bois pour cacher les oreilles, ou bien des dents de cochon pour cacher la fente du lobe, un collier d'os humain pour pendre sur la poitrine, des touffes de cheveux frisés au fer, trophée sanglant conquis sur l'ennemi, pour orner les poignets et les chevilles (2). Les chefs se drapaient quelque-

FATU-HIVA. — La baie des Vierges.

(1) « C'est un ensemble tel que les indigènes paraissent couverts d'une cotte de maille décorée de ciselures infinies. » Dumont d'Urville : *Voyage pittoresque.*

(2) VINCENDON-DUMOULIN. *Nuka Hiva ou les Iles Marquises.* Paris 1843.

fois dans de courts manteaux en étoffe du pays, qui laissaient la poitrine découverte.

Les armes des Marquisiens étaient constituées par le casse-tête, la lance et la sagaie; ils ont poussé dans l'ornementation de ces armes, ainsi d'ailleurs que dans nombre d'objets usuels, leur amour pour le dessin; toutes leurs armes sont ornées d'arabesques fines et légères; leurs cannes, leurs plats en bois, leurs échasses, que nécessitaient dans les saisons pluvieuses les inondations, le sont également. Cet art marquisien si curieux s'est tant bien que mal transmis jusqu'à nous, mais il est appelé regrettablement à disparaître d'ici peu : on peut encore citer tout au plus deux ou trois artistes consciencieux qui cherchent à conserver les traditions d'autrefois. Il eût été utile d'encourager et d'entretenir cet art indigène.

Dans la sculpture proprement dite, les Marquisiens ont également laissé des documents intéressants avec leurs dieux sculptés (tikis) de pierre ou de bois.

On peut voir encore à Hiva-Oa les vestiges des lieux consacrés aux sacrifices; ceux-ci se composent de pierres alignées en forme de siège; les premiers rangs étaient réservés aux prêtres et aux chefs; sur le côté de ces sortes de « stalles » était un grand marae, dont les ruines sont toujours debout; c'était là qu'était égorgée et préparée la victime dont les morceaux choisis étaient offerts aux assistants de marque; des divinités sculptées s'y dressaient autrefois. Porter nous a laissé la description d'un lieu de ce genre dans la vallée de Taiohaï, à Nuka-Hiva (1).

Depuis longtemps l'anthropophagie avait disparu des îles de la Société qu'elle était encore pratiquée ici. Il est évident que l'idée première de l'anthropophagie est dans une idée religieuse pervertie; on en retrouve la preuve dans le simulacre de l'acte qui s'était conservé à Tahiti dans certaines cérémonies, à l'heure où les mœurs s'étaient déjà adoucies. Puis la superstition s'est emparée à son tour de cette coutume : manger son ennemi, cela a été longtemps pour ces peuples primitifs hériter de ses qualités, s'infuser ses vertus : aussi la cervelle, l'œil, le cœur étaient-ils les morceaux particulièrement choisis. L'antropophagie a pu être amenée également par des disettes répétées, des époques de famine, où le fort attaque le faible, dans une âpre lutte pour la vie; or, ces époques ont été fréquentes aux Marquises. Enfin il est bon de rappeler que l'homme est un être omnivore; pour se nourrir il lui faut des aliments variés, et en particulier de la viande : dans ces îles le besoin de manger de la viande a dû s'exalter jusqu'à la frénésie et faire surmonter la répugnance instinctive qu'on a pu constater chez d'autres peuples qui présentaient les mêmes traits de mœurs. Si le cannibalisme a aujourd'hui complètement disparu des Marquises, les temps ne sont pas encore bien lointains où les Marquisiens s'adonnaient à cette atroce coutume; quelques vieux indigènes se souviennent encore du goût de la chair humaine.

(1) David PORTER. *Croisière de la frégate des Etats-Unis « l'Essex »*.

C'est une race qui s'éteint. Dupetit-Thouars (1), Vincendon-Dumoulin estimaient, il y a soixante-dix ans, la population des Marquises à 20.000 habitants; M. Jouan (2), en 1857, à 12.000; M. Eyriaud des Vergnes (3), en 1877, à 6.000; M. Clavel (4), médecin de la marine, en 1884, à 5.000; les statistiques de 1896 donnent 4.323 habitants : aujourd'hui l'archipel en compte en tout et pour tout 3.117. Nuka-Hiva, qui avait 8.000 habitants en 1843 (5) n'en a plus que 552; Hiva-Oa, de 6.000 âmes, est tombée à 1.406. Voici d'autres chiffres encore et qui embrassent une époque récente : entre 1907 et 1911, dates des deux dernières statistiques, les Marquises ont perdu 389 unités ou 11 % de leur population. Au train dont vont les choses, dans cinquante ans le dernier des Marquisiens aura vécu.

Quelles sont les causes de ce lamentable état de choses? Il est indéniable que les fréquentes guerres dont ces îles ont été le théâtre ont contribué à les vider de leur trop-plein; il est avéré, d'autre part, que des migrations nombreuses ont favorisé terriblement leur dépeuplement : des défaites dans les combats, des disettes passagères ont préparé ces migrations qu'ont encouragées les prêtres marquisiens; ils ont réveillé le besoin d'aventures, ils ont poussé à des randonnées vers des rivages inconnus et qu'ils disaient plus propices; les Marquisiens ont ainsi marché sur les traces de leurs ancêtres. Or, de ces migrations nouvelles, combien sont parties qui ne sont jamais revenues? Plus de 800 hommes, femmes et enfants, au dire

(1) Rapport au ministre de la Marine, 1842.

(2) H. JOUAN. *Archipel des îles Marquises.*

(3) EYRIAUD DES VERGNES : *Archipel des Marquises.*

(4) CLAVEL. *Les Marquisiens.*

(5) D'après Roberts, le nombre des habitants de Nuka-Hiva aurait été de 18.000 en 1792 ; d'après Krusenstern (1804), de 12.000. Nous ne tiendrons pas compte des chiffres de Porter qui estimait, en 1813, le nombre des guerriers seulement à 19.200 : c'est là une évaluation certainement exagérée.

de Porter, auraient ainsi abandonné Nuka-Hiva entre 1807 et 1813 (1).

Guerres et migrations sont en tout cas des manifestations déjà lointaines; et la race cependant n'en décroît pas moins. Aussi bien ce qui fauche à l'heure actuelle la race marquisienne, ce sont : 1° la dégradation lamentable des mœurs avec toutes ses conséquences; 2° la mortalité infantile; 3° l'alcool; 4° la lèpre.

Ces causes ne datent malheureusement pas d'aujourd'hui, mais pendant trop longtemps on a laissé se développer ces lamentables fléaux. Depuis l'arrivée des premiers baleiniers jusqu'aux dernières années du XIXe siècle on n'avait rien ou presque rien tenté pour remédier à cette disparition de la race. Il semble qu'en ces dernières années on ait pris des mesures tant pour combattre l'alcool que pour enrayer la lèpre ;si celles-ci sont restées jusqu'ici insuffisantes encore, c'est qu'on a prétendu que toute mesure serait à peu près inefficace et vaine : ce n'est pas notre avis. Il y a dans cet ordre d'idées une observation qui ne saurait être négligeable : en 1902, dans tout l'archipel marquisien, le nombre des enfants était de 792; il était tombé à 724 en 1907 : or, en 1911, il remontait à 955, ayant augmenté en 4 ans de 231 unités ou 25 %. La race est donc à certains moments susceptible d'une reprise. Par l'infusion d'un sang nouveau, par des mesures prophylactiques appropriées, et par un réveil de vie économique, nous pouvons beaucoup. Le cas des îles Sous-le-Vent nous montre qu'on ne doit pas désespérer.

SITUATION ÉCONOMIQUE. — L'archipel des îles Sous-le-Vent et l'archipel des Marquises offrent un contraste saisissant. Alors que les îles Sous-le-Vent, pleines de vie et d'activité, s'orientent depuis quelques années vers des destinées brillantes, les îles Marquises, trois fois grandes comme ces dernières, sont restées des lieux ignorés, malgré la salubrité de leur climat et la richesse prodigieuse de leur sol.

Reliées autrefois par les voiliers qui unissaient mensuellement la Californie et Tahiti et qui faisaient escale à Taiohai (2), desservies de 1882 à 1903 par un petit vapeur intrinsulaire, ces îles sont restées longtemps sans autre contact avec Tahiti que par les rares goélettes de commerce qui, à dates très irrégulières et à escales intermédiaires multipliées (Tuamotou), s'y rendaient une ou deux fois par an. Il n'est pas étonnant, dans de telles conditions, que la colonisation de l'archipel ait été en régressant.

Cela est d'autant plus attristant que ces îles sont riches de possibilités de toute espèce. Le domaine y possède des terres nombreuses, à Nuka-Hiva et à Tahuata principalement, qui peuvent devenir de belles terres de peuplement; par suite de la latitude, grâce à un climat plus chaud et que les vents alizés rendent aussi salubre et aussi sain que celui de Tahiti, elles possèdent des supériorités culturables marquées, et sont susceptibles de favoriser avec toutes chances de succès des cultures nouvelles, comme celles du caoutchouc et du cacao; enfin on n'y rencontre pas ces puissants mapés, qui rendent les défrichements si pénibles aux îles de la Société, et leurs vallées recouvertes de bouraos y peuvent être mises en valeur avec un minimum d'efforts.

Leur principale richesse actuelle c'est le cocotier qui surgit de toutes les vallées littorales et fuse plus vert, plus chargé de fruits que dans les îles de la Société, conséquence d'une aire géographique mieux appropriée encore. Les Marquisiens, moins indolents que les Tahitiens, plus rudes et plus guerriers, furent aussi des peuples plus travailleurs (1). C'est au cocotier, généralisé avec soin par des populations antérieures, que les Marquises doivent d'avoir conservé une parcelle de vie économique; elles produisent environ 1.500 tonnes de coprah, le sixième de nos Etablissements. Il est inutile d'ajouter, malheureusement, que c'est là une production qui ne croît plus en quantité en raison de la stagnation présente et qui serait susceptible de s'éteindre peu à peu si l'on ne prenait des mesures appropriées pour développer des plantations nouvelles.

Au contraire de Tahiti, des îles Sous-le-Vent, des Tuamotou, le séchage par simple exposition est rarement pratiqué aux Marquises par suite de leur climat assez irrégulier; les indigènes ont généralisé un procédé en usage sur une petite échelle dans les îles de la Société et qui consiste à suspendre la coque de la noix, fendue en deux et débarrassée de sa bourre, à une longue pièce de bois posée à son extrémité sur des montants en forme d'X; les quelques Européens d'Hiva-Oa et de Fatu-Hiva qui préparent le coprah emploient le procédé du séchage au four : ces fours sont entière-

(1) Par contre, cet effroyable fléau, l'infanticide, si commun aux îles Sandwich et à Tahiti, et qui fut pour ces îles une telle cause de dépeuplement, ne paraît pas avoir été répandu ici.

(2) Cette ligne a fonctionné jusqu'en 1900, date où la création d'un service à vapeur rapide a fait délaisser l'escale des Marquises.

(1) « Les Marquisiens ont sur les Tahitiens l'avantage d'une énergie au travail qu'il est difficile de réveiller aux îles de la Société. » Rapport de M. des Essarts, 1887.

ment recouverts de maçonnerie; au sommet, sur un plan intérieur légèrement incliné, on glisse des claies; chaque claie contient 300 noix environ; la température reste à peu près constante à 68° et le séchage dure 24 heures.

Le cocotier excepté, il n'y a plus rien que les quelques cultures familiales de l'indigène, arbres fruitiers ou plantes vivrières; la culture cotonnière, un instant florissante, a disparu; les quelques feuilles de tabac indigène récolté ne sortent pas de l'archipel, étant vendues sur place; il en est de même du café, quoiqu'il existe à Hiva-Oa une belle plantation. Quant à l'élevage, son mouvement d'affaires est insuffisant, en raison de l'importance des troupeaux qui vivent en liberté sur les coteaux : les bœufs et les chevaux continuent seuls, avec le porc dont le commerce est si rémunérateur, à donner lieu à quelque trafic.

Or, la culture du cocotier est une culture qu'on peut généraliser sans crainte dans toutes nos îles; l'heure de la surproduction n'est pas encore venue, et devant des usages industriels qui vont chaque jour grandissant, les bénéfices à réaliser ne peuvent que croître au cours des années qui vont venir. D'autre part, toutes les pentes douces de ces vallées en éventail conviennent parfaitement à la culture du coton; le coton, lui non plus, n'a pas à redouter une surproduction prochaine : de plus en plus demandé par l'industrie européenne, il est appelé à se maintenir à des prix rémunérateurs : une société agricole réaliserait dans cette branche une œuvre méritoire et féconde pour elle-même. Le climat plus chaud et plus humide favorise encore la culture du caoutchouc qu'on pourrait déjà, nous l'avons vu, entreprendre avec succès à Tahiti; les Samoa et les Fidji nous donnent un exemple qui ne doit pas être perdu pour nous. Le cacao serait susceptible de réussir. Le café s'est parfaitement acclimaté aux îles Marquises et il est à déplorer que par suite du manque de colons sa culture n'ait pas pris une plus sérieuse extension : l'arabica y vient dans des conditions culturales exceptionnelles et il n'y connaît aucune maladie. La vanille, cette plante précieuse de nos Établissements, qui s'est si superbement généralisée à Tahiti, qui prend un si bel essor aux îles Sous-le-Vent, trouverait ici les mêmes conditions de végétation et donnerait lieu aux mêmes bénéfices. Faut-il ajouter enfin les ressources précieuses qu'avec l'ouverture du canal de Panama un élevage sélectionné pourrait complémentairement apporter?

Les Marquises, en résumé, peuvent et doivent devenir un centre agricole de premier ordre, complétant par leur évolution le cycle d'enrichissement de nos archipels polynésiens. Ajoutons que, depuis quelques mois, le service intérinsulaire a été rétabli; une goélette, tous les quatrante-cinq jours, unit Hiva-Oa et NuKa-Hiva à Tahiti. Certaines maisons de commerce assez importantes se sont, depuis la guerre, substituées à la Société commerciale allemande qui, pendant trop d'années, avait fait des îles Marquises un véritable fief et y exerçait un lourd monopole de fait. Enfin une Société de culture s'est attachée au renflouement de ces îles, qui évolue, à l'heure actuelle, de la façon la plus heureuse. Cette Société se prépare à importer prochainement de la main-d'œuvre immigrée : avec elle et par son effort pourront ainsi se réaliser la mise en valeur rationnelle et l'œuvre indispensable de peuplement de l'archipel marquisien.

CHAPITRE IV

L'Archipel de Tuamotou - L'Archipel des Gambier Les Iles Australes - Rapa

LES TUAMOTOU

L'archipel des Tuamotou, situé entre les 139° et 151° de longitude ouest et les 14° et 23° de latitude sud, occupe une étendue de près de 250 lieues de long, suivant une direction Nord-Ouest Sud-Est, et comprend 80 îles coralliennes ou atolls, à peine élevées de quelques mètres au-dessus des flots, à l'exception de l'île de Makates qui, à la suite d'un ancien soulèvement sous-marin, a été, ainsi que nous l'avons dit, projetée à 70 mètres au-dessus du niveau de la mer.

La superficie des Tuamotou est de 860 kilomètres carrés.

HISTOIRE. — Contrairement aux autres archipels étudiés par nous jusqu'ici, les Tuamotou ne possèdent pas d'histoire ; du moins ce qu'on en connaît se réduit-il à peu de choses. Leurs indigènes n'ont transmis le souvenir d'aucun événement politique ou guerrier susceptible d'éclairer leur passé ; les grands voyageurs du XVIII° siècle se sont contentés de les apercevoir, rarement d'y descendre ; les missions ne s'y sont guère installées et n'ont ainsi provoqué aucun de ces incidents qui illustrèrent si déplorablement Tahiti ou les Gambier ; elles n'ont point connu, enfin, comme Tahiti et les Iles Sous-le-Vent, les conflits internationaux.

Quiros, pour la première fois, reconnut en 1606 les Tuamotou. Nous avons affirmé que l'île Sagittaria dont il parle, et qu'on a voulu longtemps assimiler à Tahiti, n'est autre qu'une des nombreuses îles de cet archipel, et sans doute Anaa. Le Maire et Shooten, dix années plus tard, découvrirent les îles Puka-Puka et Manihi, qui sont les plus septentrionales du groupe ; après une longue interruption, Roggeween les revoyait en 1722 et les dénommait les îles du Labyrinthe, puis il reconnaissait Aurora, ou Makatea, « chargée de broussailles et de sable, tapissée d'une belle verdure ». Byron, en 1765, décrivit les îles Napuka et Takapoto, appelées par lui îles du Désappointement, en raison de leur manque d'atterrissage, les îles Manihi et Ahe (îles du roi George), et Matahiva (île du prince de Galles). Wallis les traversa en 1767 et découvrit l'île de la Pentecôte (Pinaki), l'île de la reine Charlotte (Nukutavaki), l'île Egmont (Pukararo), l'île Gloucester (Parava), l'île Cumberland (Manuhungi), l'île du prince Guillaume-Henri (Negonego).

Bougainville, qui, en 1768, toucha l'archipel plus au sud, et lui donna le nom d'archipel Dangereux, aperçut les Farcadins (Akiaki, Vanutahi), l'île de la Harpe (Hao), l'île des Oiseaux (Hikueru), l'île Croker (Haraïki). Cook, qui traversa ces îles l'année suivante, n'en fait qu'une description succincte et n'y débarqua point. « Leurs habitations, dit-il, étaient situées sous des groupes de palmiers qui ressemblent de loin à des monticules : pour nous qui, excepté les montagnes affreuses de la Terre de Feu, n'avions rien vu pendant longtemps que le ciel et la mer, ces petits bois nous parurent un paradis terrestre ! La plupart des indigènes portaient deux armes dans leurs mains, l'une un bâton mince de 10 à 14 pieds, au bout duquel était un petit nœud taillé à peu près comme la pointe d'une lance ; l'autre avait 4 pieds de long et la forme d'une pagaie ». Cook vit Amanu, Hikueru, Anaa, Hao, qui portent dans sa relation les noms d'îles du Lagon, des Oiseaux, de la Chaîne, de l'Arc. Bonecha (1772-1774) et Bligh revirent quelques-unes de ces îles et ajoutèrent aux découvertes anciennes quelques découvertes nouvelles.

De 1819 à 1829, Bellingshausen reconnut les îles de la partie centrale de l'archipel, notamment Fakarava. De leur côté, Duperrey (1823), Kotzebue (1824), Bechey (1826), en découvraient un certain nombre d'autres et fixaient la position de la plupart d'entre elles.

Les Tahitiens, après de longs et meurtriers combats, s'emparèrent des îles et changèrent leur nom de Pomotou, ou îles de la Nuit (de *po*, nuit; *motu*, îles), en Paumotou, ou îles Soumises.

En 1851, une délégation des chefs de l'archipel demandèrent à l'amiral Bonnard, gouverneur de Tahiti, de transformer définitivement ce nom en celui de Tuamotou, ou îles Lointaines (de *tua*, étendue). Les Tuamotou furent englobées dans le protectorat français en 1859 et annexées à la France en même temps que Tahiti (30 décembre 1880).

GÉOGRAPHIE PITTORESQUE. — Toutes ces îles sont sans exception des îles coralliennes. Elles sont constituées par une couronne de récifs affectant une forme circulaire ou ovoïde et renfermant pour la plupart un lac intérieur nommé lagon. En réalité, les Tuamotou se composent d'un récif frangeant, qui se découvre à mer basse, et d'un récif-barrière qui forme l'île proprement dite, émergée en tous temps et recouverte, ainsi que nous l'allons voir plus loin, d'une certaine végétation. Tandis que la profondeur du lagon est généralement peu grande, la sonde, à l'extrémité du récif frangeant, atteint facilement 2.000 mètres. Ces îles sont limitées du côté du récif extérieur et du côté du lagon par une pente dont la nature est variable ; c'est tantôt du sable corallien, très fin, mélangé de coquilles marines, tantôt de gros blocs de coraux et qu'on gravit avec peine. Ces terres émergées mesurent une largeur qui peut aller de 100 à 500 mètres; dans certaines îles, Fakahina, Pukapuka, cette largeur va jusqu'à un kilomètre; quant à la longueur, celle-ci, quelquefois, est telle que le lagon mesure de bout en bout de 60 à 70 kilomètres : c'est le cas de Rangiroa et de Fakarava.

Les lagons sont en général propices à la navigation; certains cependant sont parsemés d'un grand nombre de pâtés de coraux affleurant qui les rendent assez dangereux; on rencontre, dans d'autres, de petits îlots boisés. La dépression de l'atoll sur plusieurs points de son pourtour fait communiquer le lagon avec la mer, permettant aux goëlettes, lorsque la passe est suffisamment large et profonde, de pénétrer à l'intérieur de l'île : c'est là un avantage précieux puisque ces atolls n'offrent du côté du large aucun mouillage.

L'origine des îles coralliennes est obscure et a donné lieu à de nombreuses hypothèses. Une des plus anciennes est celle d'après laquelle ces îles se seraient élevées par l'activité des organismes coralligènes sur des cratères immenses submergés; cette théorie est aujourd'hui complètement abandonnée : elle supposerait des cratères de dimensions tout à fait inusitées puisque certains lagons atteignent, nous l'avons vu, des superficies considérables.

Vers le milieu du siècle dernier Darwin puis Dana émirent l'hypothèse que les atolls, « monuments funéraires d'îles englouties », étaient dus à des phénomènes d'affaissement : les îles coralliennes se seraient, en d'autres termes, formées autour d'une île volcanique en voie de disparition lente, de telle sorte que les coraux accolés constituant les récifs frangeants auraient successivement pris la forme de récifs barrières puis d'atolls.

Cette théorie fut unanimement adoptée pendant près de 40 ans jusqu'au jour où Murray, à la suite d'observations personnelles faites au cours d'un voyage, sur le *Challenger*, proposa une nouvelle explication. Sur le sommet des ondulations sous-marines qui garnissent le fond de l'océan une lente sédimentation calcaire s'est produite, faisant surgir une série de plateaux sous-marins arasés par les flots et sur lesquels les polypiers ont élevé leurs constructions. Alors la mer, en déferlant, détacha de la muraille vivante des blocs de madrépores et amoncela ces milliers de coraux épars. L'érosion marine, ajoute Agassiz, abaissa ensuite, dans la plupart des îles, les sommets et creusa une dépression lagunaire : celle-ci atteignit bientôt le niveau de la mer et la paroi plus ou moins annulaire qui l'en séparait fut à son tour entamée par des brèches; puis l'érosion aérienne et sous-marine attaqua et fit disparatre les îlots d'importance variée qui pouvaient émerger encore et creusa plus profondément la lagune, créant un parfait atoll.

Alors, sur ces blocs de polypiers, sur ces crêtes que l'air, la sécheresse, l'eau décomposent, ont d'abord végété quelques plantes du littoral aptes à supporter la salure du sol; avec le temps, sous l'influence des pluies, cette salure peu à peu a diminué; les premiers végétaux, en se désagrégeant, ont formé par endroits un maigre humus, composé de feuilles mortes et de débris organiques. D'autres graines y sont venues à leur tour, entraînées par les courants, apportées par les oiseaux; des plantes nouvelles, des arbres nouveaux ont germé, poussé, se sont reproduits; une végétation est née. Les îles sont devenues habitables.

Toutefois, la faible couche de terre végétale, ou plus exactement de terre sablonneuse, ne permet en réalité qu'à un petit nombre de plantes de vivre sur ce sol ingrat. On y rencontre avant tout quelques buissons de mikimiki, petit arbrisseau à fleurs blanches, à bois très dur et très dense, et le pandanus, l'arbuste autrefois le plus utile de ces îles : ses graines, en effet, ont longtemps servi d'aliment aux indigènes qui fabriquaient avec elles une sorte de fécule et elles sont encore une ressource pour les habitants de certaines îles pauvres et éloignées; le tronc et les feuilles peuvent servir d'autre part à la confection des cases; les voiles des anciennes pirogues doubles étaient faites de nattes tressées avec ces feuilles. M. Seurat (1) cite encore le huhu, petit arbrisseau à fleurs jaunes qui a le port du mikimiki, le kahia, excellent bois à brûler, à fleurs blanches très odorantes, le tout recommandé pour la fabrication des pirogues; le nono, de la famille des rubiacées, dont les indigènes, dans quelques îles délaissées, mangent le fruit aigrelet. La flore des îles basses comprend en outre quelques plantes herbacées.

Plus tard, le cocotier aborda dans ces îles et se développa admirablement dans leur sol calcaire; c'est le cocotier qui donne à toutes cet aspect de couronnes verdoyantes, émergeant au-dessus des flots ; cet arbre offre non seulement aux indigènes de nouvelles ressources, soit alimentaires (eau, amande de coco), soit usuelles (habillement, logement, construction), mais encore donne lieu à un important commerce.

Toutes ces îles manquent d'eau, ce qui en rend le séjour particulièrement pénible. Les indigènes se contentent de creuser dans le sol des trous de un mètre à deux mètres de profondeur, où ils rencontrent une eau plus ou moins saumâtre.

Le climat des Tuamotou est très sec et très chaud, malgré la brise des alizés. La réverbération solaire est désagréable. Les cyclones sont assez rares, mais ils ont malheureusement des conséquences d'autant plus pénibles que ces îles sont plus basses : ceux de janvier 1878, de février 1903 et de février 1906 sont restés tristement célèbres; celui de 1906 a coûté la vie à 515 personnes; plusieurs villages ont été submergés par les flots; des indigènes n'ont dû la vie qu'au refuge qu'ils ont pu trouver au sommet des cocotiers, où ils sont restés au prix d'efforts surhumains.

Fakarava. — Fakarava est l'île administrative de l'archipel; elle gît dans le nord-ouest par 16°18 et 147°52. Le côté nord de l'atoll est complètement boisé; sur le côté ouest se trouvent six îlots, situés à près d'un mille en dedans de l'accore du récif.

Trois passes conduisent dans le lagon; la plus importante est profonde et très large; elle est praticable à toute heure, mais les courants y sont violents.

L'île possède deux petits villages, l'un à 6 milles de la passe nord, l'autre à 35 milles, dans le sud. Le premier s'aligne à l'intérieur du récif, le long d'une petite route de 2 kilomètres qui court sous les cocotiers. Près du wharf existe un petit feu; il porte à 6 milles, — jusqu'à la passe; à côté, est le poste d'observation météorologique édifié, il y a huit ans, par les soins et grâce à l'intelligente initiative d'un ancien administrateur; ce poste est le seul qui existe dans tous nos Etablissements polynésiens.

Peu de nacres sont pêchées à Fakarava; le lagon est infesté de requins. L'île possède 154 habitants.

Takapoto. — Takapoto est une île sans passe ; c'est un atoll allongé, boisé sur tout son pourtour. On débarque sur la grève, débarquement facile aux jours calmes, singulièrement dangereux aux jours de grosse mer.

L'île possède 80 habitants environ, mais quintuple dès l'ouverture de la plonge; alors, de hâtifs villages se construisent, composés de petites maisons tout en tôle, maisons de nomades, construites, enlevées en quelques heures, ou petites paillotes en feuilles de cocotiers, ou quelquefois même simples abris formés de branchages fixés en terre et recouverts de feuillage.

Takaroa. — Takaroa est située un peu plus au nord; c'est un long atoll boisé par endroits, conservant encore, par les grands vides de sa végétation de ceinture, les traces du cyclone de 1906.

C'est une île à passe pouvant permettre l'entrée des bâtiments de 3 mètres de tirant d'eau. L'île possède 200 habitants.

(1) G. SEURAT. *Les Etablissements français de l'Océanie* (op. cit.).

Rangiroa. — C'est la plus grande des Tuamotou. Le pourtour de l'atoll est entièrement couvert par des plantations de cocotiers, car le lagon est tellement infesté par les requins que l'agriculture a remplacé l'industrie perlière.

Rangiroa possède trois passes et deux villages (423 habitants).

Niaue. — Niaue est également l'une des plus riches des Tuamotou pour ses plantations de cocotiers. Ses approches sont saines, et c'est le meilleur point d'atterrissage pour les navires qui vont de Tahiti à Fakarava. Mais les courants, aux environs de Niaue, sont violents, portant tantôt à l'est, tantôt à l'ouest.

Niaue n'a pas de passe. L'eau du lagon, qui était douce, est légèrement saumâtre depuis l'ouragan de 1878, qui a dévasté l'île en submergeant le récif.

Anaa. — Anaa était autrefois le chef-lieu des Tuamotou. Malheureusement, le lagon, entouré d'un récif boisé sur tout son pourtour, est inaccessible.

Il n'y a qu'une passe très petite, creusée par les habitants en 1860. Les récifs sont très nombreux dans le lagon intérieur, mais les indigènes les connaissent si bien qu'ils se dirigent même la nuit au milieu d'eux. Il existe à Anaa trois ou quatre espèces de grottes ou cavernes plus ou moins profondes, creusées dans le corail; elles servent aux indigènes de réservoir naturel pour conserver l'eau de pluie.

L'île d'Anaa est la plus peuplée de l'archipel; elle possède 500 habitants environ. Ceux-ci « sont vêtus comme les Tahitiens, et logent dans de petites maisons en planches; ils passent leur temps à manger, boire, dormir, dire des prières, chanter et danser » (1).

Makemo. — Le côté nord de l'atoll de Makemo est bien boisé; son côté sud est presque tout entier émergé, plat et dénudé. L'approche de l'île est dangereuse, car la moindre mer empêche d'entendre le bruit du récif. L'île a deux passes, mais on y trouve des courants dont la vitesse est de 8 à 9 nœuds; ces passes sont saines et profondes et sont praticables aux navires de 5 mètres de tirant d'eau.

Raroia. — C'est une île d'une centaine d'habitants, catholiques ou mormons. Une grande passe permet à tous les bâtiments d'entrer; le village est sur le lagon, à 5 milles 1/2 de la passe; une longue jetée coudée forme devant le village un port bien abrité pour les petits navires. On remarque dans l'île une ravissante allée de cocotiers qui part de l'église catholique et aboutit au rivage. C'est un des rares endroits des Tuamotou où le paysage est joli.

(1) CALLOT. *Les Polynésiens orientaux au contact de la civilisation.* Paris 1911.

Takume. — Takume est renommée pour la pêche des huîtres; c'est un grand atoll bien boisé possédant un grand village à sa pointe nord.

Napuka. — Napuka n'a point de passe permettant l'entrée du lagon; les côtés est et ouest sont boisés d'essences assez différentes de celles qu'on trouve dans le reste de l'archipel. Les habitants, au nombre de 150, bien que catholiques, sont encore dans un état assez voisin de la sauvagerie; ils ne sont convertis qu'à la surface et leurs mœurs sont déplorables.

Fagatau. — Fagatau est une île très pauvre, dont les habitants vivent de graines de pandanus, de poissons et de bénitiers ramassés sur les récifs. Ils n'ont pour se couvrir que des ceintures de feuillage ou des parures d'étoffes européennes.

Hao. — Hao possède une passe large mais difficile, à cause du courant. Le récif-barrière est couvert d'une infinité de petits îlots sur lesquels il n'y a, en général, que des broussailles; 400 habitants environ vivent sur l'île de la pêche des nacres; la population n'habite son village que rarement; elle est sans cesse en courses et se répand au loin.

Hikueru. — Hikueru possède un lagon extrêmement riche en nacres; c'est une des plus fréquentées à l'époque de la plonge. L'île, malheureusement, n'a pas de passe.

Marutea. — Marutea est un des atolls les plus dangereux de l'archipel; au côté sud-ouest le récif-barrière est complètement submergé, et, à la partie nord-est, il n'y a que quelques parties qui émergent, assez pour qu'il y pousse des arbres.

Citons encore, parmi ces innombrables îles : Amanu, avec ses deux passes, île peuplée d'une soixantaine d'habitants; Nihiru, atoll bien boisé dont le récif forme une baie profonde; Arutua, Manihi, Aratika, Kauehi, Matahiva, ces trois dernières susceptibles de devenir, avec Niaue, des points d'éclairage et de reconnaissance au lendemain de l'ouverture du canal de Panama.

Caractères généraux. — Les indigènes des Tuamotou sont au nombre de 3.500 environ (1). C'est en général une race laborieuse, l'une des plus pauvres et des plus déshéritées.

(1) *Recensement de* 1911 : 3.623.

Elle est restée robuste, et, au contraire des races tahitienne ou marquisienne, se développe et s'accroît. Elle doit à la quasi-stérilité de ses terres basses de ne pas s'être déshabituée de l'effort quotidien, de la lutte salutaire pour la vie. On peut même se demander comment des êtres humains ont pu venir fixer leurs demeures dans des îles aussi pauvres, aussi étroites, sans eau, sujettes à d'épouvantables cyclones, alors que tant d'îles verdoyantes auraient pu les appeler et les retenir.

Ce furent, de tout temps, des marins et des nomades; quand leur lagon est épuisé, ils détruisent la hutte familiale et quittent leur île; leur embarcation reçoit femme, enfants et leurs biens; sans doute ils sont un peu plus stables aujourd'hui, mais les déplacements d'îles entières sont fréquents encore à l'heure de l'ouverture des lagons nacriers des autres îles du groupe; ils se hasardent ainsi sur de petits cotres de quelques tonneaux pour de longues traversées.

Les indigènes des Tuamotou ont un type qui rappelle assez le type marquisien; les premiers habitants de cet archipel provenaient d'ailleurs sans doute de ce groupe nord de la Polynésie française. Cependant, à en croire leurs traditions, le berceau de leur race serait aux îles de la Société. Ils sont plus noirs de peau que leurs frères marquisiens ou tahitiens, circonstance due au soleil plus qu'à des croisements avec des races noires dont l'hypothèse de la préexistence a été quelquefois émise.

La religion dominante est la religion catholique; toutefois, les missionnaires catholiques ne sont pas parvenus à amener complètement à eux toute la population de l'archipel; il existe aux Tuamotou un certain nombre de protestants. Il faut citer également des mormons, ou saints des derniers jours, et une secte dissidente, les sanitos ou kanitos. Les catholiques, en tout cas, semblent être plus des deux tiers; leurs missionnaires ont su, dans ces îles, s'abstenir de tout commerce, pour se livrer exclusivement à la propagande religieuse et à l'enseignement. Les prêtres européens n'y sont d'ailleurs qu'au nombre de quatre ou cinq, et comme il n'y existe pas de clergé catholique, il s'écoule dans certaines îles de longs mois avant que l'un d'eux y puisse venir réunir ses fidèles. C'est sans doute à ces longues absences qu'il faut attribuer l'apostasie fréquente d'un grand nombre d'indigènes.

SITUATION ÉCONOMIQUE. — Les deux uniques richesses des Tuamotou sont, comme richesse marine, la nacre perlière; comme richesse agricole, le cocotier.

L'huître perlière des lagons d'Océanie est une variété de la méléagrine margaritifère, qui est caractérisée par une bordure noire bien irisée; ce mollusque a été trouvé pour la première fois il y a près de quatre-vingts ans dans le lagon de l'île Marutea du Sud, par Hugh Cuming (1).

Toutes les îles des Tuamotou ne sont pas des îles nacrières; ne peuvent d'abord être îles nacrières que les îles à lagon; mais, dans beaucoup de lagons, les huîtres sont très rares et font même, dans d'autres, complètement défaut : ainsi, pour les cinquante-cinq îles rattachées administrativement aux Tuamotou, vingt-six seulement renferment des nacres en quantités appréciables, treize en petite quantité; les autres n'en contiennent pas.

Dans les lagons nacriers, on rencontre les huîtres depuis la zone littorale jusqu'à une profondeur de 45 mètres; toutefois, les huîtres se développent difficilement le long du rivage et dans les endroits peu profonds, par suite de la vase qui ne tarde pas à les faire mourir.

La nacre n'arrive guère à sa valeur marchande qu'à l'âge de trois ans; plus tard, ses coquilles se piquent sous l'influence de divers parasites. Il est donc nécessaire de veiller à la pêche par une réglementation sévère, afin de conserver à la nacre des Tuamotou sa renommée justifiée, et d'empêcher le dépeuplement des lagons. Divers arrêtés ont réglementé cette pêche.

D'abord, l'usage du scaphandre, adopté momentanément, a été interdit. Le scaphandre appauvrissait les lagons et jetait sur les marchés une quantité considérable de nacre de qualité inférieure. Les lagons sont d'autre part ouverts par séries triennales et pendant quatre mois de l'année. Pendant les deux années où, par roulement, les îles sont ainsi fermées, les jeunes huîtres peuvent se développer et grossir.

La pêche est libre pour tous les citoyens français. Elle se pratique à nu. Elle n'est d'ailleurs pas sans danger pour les plongeurs, qui ont à affronter la présence des requins.

Les plongeurs des Tuamotou sont certainement parmi les plus remarquables; ils descendent jusqu'à vingt-deux brasses, en moyenne de quatorze à dix-huit, et restent jusqu'à plus de deux minutes sous l'eau. C'est un métier extrêmement dur, mais d'un intéressant rapport : un bon plongeur peut plonger de 40 à 50 fois dans la journée, à une moyenne de cinq à six plongées par heure; il peut ainsi rapporter 50 à 60 paires de nacres, représentant une vingtaine de kilos. Certains plongeurs ramènent quelquefois jusqu'à 100 paires.

(1) G. SEURAT : *Les Etablissements français de l'Océanie* (op. cit.).

Ils ont pour matériel leurs pirogues à balancier, sur lesquelles ils gagnent les eaux nacrières, et pour instrument une lunette quadrangulaire formée d'un verre bleu, entourée d'un cadre mastiqué avec soin : cette lunette, qu'ils posent à la surface de l'eau, leur sert à explorer les fonds afin d'éviter les rides de la mer. Lorsqu'ils ont aperçu l'huître nacrière, et lorsque vient le moment de plonger, ils se mettent sur le bord de leur embarcation et sifflent fortement, aspirant l'air, en emplissant leurs poumons. Puis ils se laissent glisser, les pieds les premiers, le corps vertical, font une révolution sur eux-mêmes et continuent leur descente la tête en avant. Lorsque l'huître est arrachée, c'est-à-dire lorsque le byssus qui la retient est détaché de son support, le pêcheur remonte; quelquefois, s'il a été heureux ou particulièrement habile, il revient avec deux paires. A bord des embarcations, les huîtres sont ouvertes et la chair est rejetée à la mer après avoir été malaxée.

Voici, d'après les statistiques officielles, la quantité et la valeur des exportations des nacres des Tuamotou pour les dix dernières années :

1911	604.810	775.918
1912	627.343	845.239
1913	473.870	987.740
1914	434.842	721.184
1915	292.883	292.883
1916	765.536	765.536
1917	631.098	875.952
1918	468.801	569.511
1919	1.239.160	3.190.494
1920	638.966	3.191.028

Les perles qu'on trouve dans ces huîtres ne le cèdent en rien pour l'orient et pour la forme à celles des pêcheries de Ceylan ou du golfe Persique; on peut en rencontrer de fort grosses, et M. Seurat dit en avoir rencontré une qui ne pesait pas moins de 95 grains, ou 500 centigrammes.

La vente des perles se faisant généralement d'une façon clandestine, surtout pour celles qui ont une certaine valeur, il est impossible de savoir le rendement des pêcheries de perles; toutefois, les statistiques estiment ce rendement à plus de 400.000 francs.

Quant au cocotier, celui-ci est, nous l'avons dit, la seconde ressource des îles Tuamotou, et la seule culture susceptible de s'être adaptée à leur sol corallien. On peut estimer le nombre des cocotiers en plein rapport à plus d'un million et à un chiffre à peu près identique le nombre de ceux qui ont été plantés en ces dernières années.

L'exportation annuelle de l'archipel est d'environ 3.500 tonnes.

En réalité, on peut établir que les rats, par suite d'un manque de vigilance regrettable, détruisent le tiers de la récolte; le second tiers peut être considéré comme employé pour l'alimentation des indigènes ou de leurs bestiaux : cochons et poules, ou comme perdu par suite du non-ramassage des noix, conséquence de l'éloignement de certaines îles et du manque de bras. La maladie n'est pas, d'autre part, sans réduire malencontreusement cette production : « l'aspidiotus vastatrix » fait d'assez sérieux ravages.

Les Tuamotou sont, depuis 1921, reliées régulièrement à Tahiti par un service interinsulaire mensuel. Si, au lendemain de l'ouverture du canal de Panama, les premières lignes de navigation vont doubler cet archipel par le nord, reconnaissant l'île de Matahiva sur laquelle on va établir un phare, il est à supposer que, lorsque ces routes seront mieux connues, lorsqu'elles seront devenues plus familières aux marins, les lignes transpacifiques se décideront à les traverser, cherchant à éviter un déroutement qui ne sera pas inférieur à 155 milles. Il faudra prévoir, en conséquence, des feux vraisemblablement sur les îles Aratika, Kauehi, Fakarava et Niaue.

LES GAMBIER

HISTOIRE. — Les îles Gambier ont été découvertes en 1797 par le capitaine Wilson, commandant le navire le *Duff*, affrété par la Société des Missions de Londres, qui transportait à Tahiti et dans toute la Polynésie orientale les premiers missionnaires anglais. Wilson donna à ces îles le nom de l'amiral Gambier, son protecteur et le principal instigateur de son envoi dans ces parages. Toutefois, d'après certains, le Dr Lesson, en particulier, Wilson n'aurait fait que côtoyer l'archipel, qui aurait déjà été aperçu par Fernandez en 1592 et par Quiros en 1606.

Beechey visita les Gambier en 1828 et leur donna les noms de ses officiers, mais ces dénominations n'ont pas subsisté.

En août 1834, arrivèrent aux Gambier les premiers missionnaires catholiques, les pères Caret et Laval, qui, peu à peu, rayonnèrent sur toutes les îles. M. Paul Deschanel a raconté, dans son ouvrage sur la « Politique française en Océanie », les excès religieux auxquels se livra la mission des Gambier. Bien que le protectorat français eût été établi en 1844 et eut été confirmé en 1871, ce ne fut qu'en 1879 qu'un résident laïque fut installé dans l'archipel. Il y eut, dès lors, de fréquents conflits entre la mission et l'administration. Ces îles devenant un élément de trouble et de convoitise, le gouvernement profita de la demande de réunion à la France, faite par les indigènes le 23 février 1881, pour annexer les îles Gambier, sous la réserve, toutefois, que le code mangaravien serait maintenu; ce n'est qu'en 1887 que les lois françaises furent promulguées.

APERÇU GÉOGRAPHIQUE. — L'archipel des Gambier est situé entre 23° et 23°14' de latitude sud, 137°15' et 137°25' de longitude ouest. Il est à 900 milles de Tahiti. Il comprend les îles suivantes : 1° Mangareva, où se trouve le centre de l'administration, et qui compte deux districts : Rikitea et Taku; 2° Taravaï; 3° Akamaru; 4° Akena, cette dernière inhabitée, bien que son sol soit propice à l'agriculture; et les îlots ci-après : 1° Agakavuité, très rapproché de Taravaï; à marée basse, on peut y aller à pied; 2° Makapu; 3° Makaroa; 4° Motu-Taiho; 5° Kamaka; 6° Manui; 7° Mekiro, îlot où les cobayes abondent.

La position de ces îles et de ces îlots forme un losange bien prononcé, aux angles ainsi placés : supérieur, pointe nord de Mangareva; inférieur, îlot Kamaka; ouest, pointe de Taravaï; est, pointe de l'île Akamaru. C'est au centre de ces points que se trouve le fameux lagon des Gambier, dont les huîtres perlières se font malheureusement de plus en plus rares.

Toutes ces îles et tous ces îlots qui composent l'archipel des Gambier sont, sans exception, de formation volcanique. La plus importante, Mangareva, peut avoir 12 km. de longueur, sur 2 à 3 km. dans sa plus grande largeur. Akamaru et Taravaï comptent 6 à 8 km. de long sur 1 à 2 km. de large. Akena, la plus petite, n'a que 4 ou 5 km. de long sur 1 km. de large.

La distance qui sépare ces îles entre elles varie de 4 à 6 milles.

Le récif madréporique qui entoure la moitié de l'archipel du sud-est au nord-ouest, en passant par l'ouest et le nord, est une langue de débris coralliens, d'une centaine de mètres de largeur, en certains endroits assez étroite, et assez basse en d'autres, pour que les fortes lames du large la franchissent par gros temps ; les points les plus élevés de ces récifs sont, depuis quelques années, couverts de plantations de cocotiers qui commencent à rapporter aujourd'hui.

Dans l'île Mangareva, les points éminents sont les monts Duff (404 mètres) et Mokoto (400 mètres environ) ; les petites montagnes des autres îles varient de 150 mètres à 300 mètres d'altitude.

Le sol des îles Gambier est de nature éruptive dans toute la partie montagneuse. Il est sablonneux dans les régions basses; les petits coteaux sont formés de terre rouge et argileuse.

Les montagnes qui couvrent la superficie presque totale de l'archipel ne produisent guère qu'une sorte de roseau inutilisable qui, vu de loin, donne une teinte cuivrée à toutes ces îles. De-ci de-là, on ne rencontre que quelques rares bouquets d'arbres ayant pris racine sur de minces plateaux ou dans des crevasses de rochers, mais ces essences ne sauraient offrir actuellement aucun intérêt. Ce sont en particulier le bourao, le tamanou, le miro, le bois de fer. Il suffirait d'importer quelques bonnes espèces d'arbres pour en boiser avantageusement toute la partie montagneuse; en permettant l'infiltration des eaux, cela donnerait naissance à quelques sources qui seraient les bienvenues.

Sauf, en effet, quelques petites sources insignifiantes et d'ailleurs très éloignées de la plupart des centres habités, les îles Gambier ne permettent pas qu'on puisse s'y alimenter en eau de source; à l'instar des Tuamotou, il faut y boire de l'eau de pluie; pourtant, à Rikitea, la mission catholique a capté pour ses besoins personnels une petite source qui ne tarit jamais.

Le climat des Gambier est le même que dans le midi de la France. Il y a deux saisons très distinctes : la saison chaude, de septembre à mars, et la saison fraîche, d'avril à août. Les pluies sont intermittentes, mais se font surtout sentir en mai et juin. Température minima : 14°, maxima : 28°. En mai ou juin, il y a quelquefois de la rosée jusqu'à 10 heures du matin; il n'est pas rare d'y voir quelques gelées blanches.

Malgré des conditions atmosphériques favorables, les Gambier, comme les Marquises, sont en proie à la dépopulation; Dumont d'Urville estimait autrefois la population des Gambier à 2.000 habitants; en 1871, elle était encore de 1.000 : elle est aujourd'hui de 525. Nombre d'indigènes sont atteints de maladies contagieuses : lèpre, syphilis, phtisie, etc... Le développement de la natalité est d'autre part presque nul; en outre, beaucoup trop d'enfants meurent en bas âge; un croisement de races avec les indigènes des îles Tuamotou, des îles australes ou de Rapa, qui sont encore saines, et qui émigreraient sans doute aux Gambier si on leur en fournissait les moyens, permettrait d'arrêter la déchéance de cette population autrefois si intéressante. Il faudrait aussi prescrire d'utiles mesures d'hygiène, lutter contre l'alcoolisme et l'insuffisance de l'alimentation (la popoi en particulier), interdire la cohabitation des contagieux avec les membres encore sains, et répandre les principes les plus élémentaires de puériculture.

PRODUITS. — La principale source de richesses des Gambier réside dans l'exploitation des gisements nacriers de leur vaste lagon.

La plonge des nacres constitue la profession véritable du Mangarevien. Le rendement, toutefois, est peu considérable, par suite de la population très réduite de l'archipel : il y a, aux Gambier, de 30 à 40 plongeurs. Comme la saison de plonge est ouverte du 1er novembre au 1er août, alors qu'elle est ouverte, aux Tuamotu, du 1er août au 1er décembre, le Mangarevien ne se fait pas faute d'aller aux Tuamotu; il plonge, en d'autres termes, d'un bout de l'année à l'autre.

Depuis 1904, le lagon des Gambier est divisé en quatre secteurs, dont un, est exploré tous les ans. Le produit de la plonge donne annuellement de 20 à 30 tonnes de nacre.

Ceci explique pourquoi les Mangareviens ont négligé l'exploitation de leurs terres, dont ils ne s'occupent que pendant les quelques mois où la fraîcheur de la température rend la plonge plus particulièrement difficile.

Leur sol se prêterait cependant à tous les genres de cultures. Les vallées assez étroites et peu profondes sont nombreuses. De petits sentiers, sur les bord de la plage ou les routes de la montagne, les relient entre elles. Elles sont remplies de maiorés, dont le fruit fournit la nourriture presque totale des indigènes, d'orangers, de citronniers, de bananiers, etc...

Les petits îlots ne sont pas, par contre, cultivables, sauf Agakavuite, où la langue de terre est assez large, et où on trouve, d'ailleurs, une petite plantation.

L'une des principales richesses agricoles est le cocotier; on trouve aux Gambier de 30 à 35.000 arbres. Il ne faut, toutefois, pas oublier que nous sommes ici par 23° de latitude sud, c'est-à-dire en dehors de la zone tropicale, dans une aire qui n'est par conséquent pas particulièrement propice aux cocotiers. Le rendement en coprah n'est plus, aux Gambier, comparable à ce qu'il est aux îles de la Société et aux îles Marquises. Seuls, les cocotiers plantés près des baies sur fonds sablonneux ont belle apparence et donnent des cocos en assez grosse quantité. Dès qu'ils sont plantés en coteaux ou en mamelons, ils ne fournissent presque plus de fruits.

Les Gambier produisent une certaine quantité de café, 10 tonnes environ; quantité insignifiante si l'on songe aux nombreux terrains où le caféier serait susceptible d'être planté. La plus grande plantation de caféiers des Gambier appartient à la mission catholique; elle est située à Taravaï.

En tenant compte du petit nombre de Mangareviens qui se livrent à cette culture, et des quelques terrains plantés, en comparaison de ceux qui pourraient l'être, on ne peut que regretter les richesses perdues dans cet archipel par suite du manque presque absolu de main-d'œuvre.

DIVERS. — La culture du coton aurait, dit-on, donné autrefois d'appréciables résultats. La culture de la vanille a été l'objet de quelques essais qui n'ont pas eu de lendemain. Depuis quelques années, les indigènes paraissent s'adonner à la culture du manioc; ils cultivent le taro et la patate douce.

Tous les légumes de France viennent parfaitement aux Gambier.

Le pêcher, le pommier, le fraisier y donnent en abondance d'excellents fruits; la vigne vient excessivement bien, les raisins blancs et noirs qu'elle produit sont délicieux et beaux.

Il est regrettable que de tels genres de cultures, particulièrement les cultures fruitières européennes, n'aient pas été entreprises; elles auraient été extrêmement appréciées à Tahiti, où leur débouché aurait été assuré dans les meilleures conditions. Malheureusement, les Gambier sont très éloignées de tous les centres de commerce, et elles ont manqué jusqu'ici de moyens de communication; depuis 1921, elles sont reliées à Tahiti deux fois par an, par un service de goélettes, subventionné par le Gouvernement local; c'est un premier progrès.

Malgré l'étendue de certaines vallées où l'on pourrait faire certainement de bons pâturages et se livrer à un élevage sérieux et méthodique, rien n'existe, ou à peu près. Les animaux domestiques sont rares; les espèces et le nombre en sont très restreints : quelques chevaux de selle, de nombreux sujets de race porcine, et, sur les montagnes, quelques rares troupeaux de chèvres et de moutons. Il serait cependant facile et peu coûteux de faire venir comme autrefois quelques sujets de race bovine des Marquises aux Gambier.

La volaille est nombreuse et de bonne race. Au prix des poulets et des œufs à Papeete, il y aurait de beaux bénéfices à réaliser par des expéditions des Gambier sur Tahiti.

Les Mangareviens tirent quelques bénéfices de la récolte et de la préparation d'un roseau plus souple et plus brillant que celui que l'on trouve ailleurs, et qui, très estimé des tresseuses de chapeaux, est vendu dans toutes les îles de la colonie sous le nom de aého-maareva.

La fabrication des boissons fermentées, notamment du jus d'orange, se pratique aux Gambier d'une façon intensive, qu'il est nécessaire de réprimer sévèrement.

ILES AUSTRALES

HISTOIRE. — Les îles Australes forment un groupe allongé sur un parcours de 400 milles, de l'ouest nord-ouest à l'est sud-est, situé à environ 300 milles au sud de Tahiti, entre les 22° et 24° de latitude sud et 150° et 157° de longitude ouest.

Elles se composent de quatre îles principales, d'origine volcanique : Tubuaï, Raevavae, Rurutu, Rimatara.

Les îles Rurutu et Tubuaï ont été découvertes par Cook, la première en 1769, la seconde en 1777, Raevavae fut découverte par Gayancos en 1775, Rimatara par Henry en 1811.

D'après les renseignements recueillis par le capitaine Wilson, les îles Rurutu, Rimatara et Raevavae se trouvaient habitées par quelques européens, longtemps avant leur découverte. Tubuaï, au contraire, ne fut peuplée que vers le milieu du XVIIIe siècle, par les indigènes de Rimatara.

Lorsque Cook découvrit Tubuaï, il ne descendit pas à terre; en réalité le premier contact de ses habitants avec les Européens fut en 1789, lorsque les marins révoltés du *Bounty* y débarquèrent.

Tubuaï et Raivavae furent placés sous le protectorat de la France en 1842 et annexés en 1880. Le protectorat français sur les îles Rurutu et Rimatara ne fut établi qu'en mars 1889; ce protectorat s'est changé en annexion en août 1900.

APERÇU GÉOGRAPHIQUE. — Tubuaï, située par 23°19' de latitude sud et 151°54' de longitude ouest, a une superficie de 12 milles. Elle est de forme ovale; elle possède deux massifs montagneux à reliefs assez accusés. Le plus important atteint 399 mètres avec le mont Taïta. L'île est entourée d'un récif-barrière où s'élèvent quatre îlots.

La population de Tubuaï est de 543 habitants.

Raevavae sise en dehors des tropiques, par 23°55' de latitude sud et 150°06' de longitude ouest, a une superficie de 6 milles carrés. Elle est de configuration elliptique, entourée d'un récif-barrière presque continu, distant de 1 mille de la côte, et de 27 îlots boisés et bas. Le point culminant de l'île est le mont Ruatara (320 mètres).

La population de Raevavae est de 452 habitants.

Rurutu, située par 22°27' de latitude sud et 153°47' de longitude ouest, est haute de près de 400 mètres.

Le récif, presque contigu à la terre sur tout le pourtour de l'île, n'a que des coupures pour embarcations, et une passe pour petites goélettes; les indigènes, très bons marins, ont parfois réussi à faire échouer des baleines sur ce récif, quand ce cétacé fuyant les grands froids quitte le sud, et fréquente de mai à septembre les parages de l'île.

La population de Rurutu est de 911 habitants.

Rimatara, située par 22°29' de latitude sud et 150°16 de longitude ouest, est petite et haute d'environ 96 mètres. Le récif qui entoute l'île forme un cercle d'environ 3 milles de rayon.

La population de Rimatara est de 415 habitants.

Les îles Australes sont reliées à Tahiti par le même service subventionné qui dessert deux fois par an les Gambier. C'est un archipel très peuplé, eu égard à sa faible superficie; en ce sens ont peut dire qu'avec les îles Sous-le-Vent, c'est le seul archipel de nos Etablissements qui manifeste une certaine vitalité. C'est une population robuste et saine, exempte de tares physiques; on y trouve la lèpre comme partout ailleurs, mais, contrairement à ce que l'on voit d'ordinaire, les habitants de ces îles, qui sont convaincus de la contagiosité de la maladie et qui la craignent, isolent d'eux-mêmes les malades, parfois même avec une rigueur excessive qu'il a paru nécessaire de tempérer.

Le climat des Tubuaï est doux et tempéré, et convient à toutes les cultures. On y récolte le coprah, la vanille, le café, le manioc, la patate; les pommes de terre et les légumes d'Europe y croîtraient parfaitement, si la culture en était encouragée. On cultive avec succès aux Tubuaï le haricot de Lima, mais pratiquement la culture vivrière est représentée par le seul taro. La banane donne lieu à un certain commerce, sous la forme de bananes desséchées et confites, enveloppées dans des feuilles de pandanus, et vendues à Tahiti sous le nom de piéré. La confection des chapeaux de pandanus est également pour ces îles une source de profits (1).

L'élevage de la volaille, en vue de son ex-

(1) Dr L'HERMIER DES PLANTES. *Les îles Tubuai.* — *Océanie Française*, n° 46, nov.-déc. 1918.

portation sur Tahiti, est assez généralement pratiqué. De nombreux chevaux vivent à l'état sauvage dans ces îles. L'élevage du bétail y serait vivement à encourager, les sources étant abondantes et les pâturages sur les hauts plateaux relativement nombreux. Nos îles du sud sont également des centres touristiques tout à fait remarquables et malheureusement trop peu connus.

RAPA

HISTOIRE. — Rapa fut aperçu en 1685 par le capitaine anglais Davis qui lui donna son nom. D'autres pensent, toutefois, que c'est Vancouver qui la découvrit en 1791 et l'appela Oparo. Le capitaine Powell la visita en 1814, puis vint Ellis en 1817, qui constata le vrai nom de Rapa, et le substitua à celui d'Oparo.

Un navire venu de Tahiti y laissa, en 1825, un catéchiste anglican.

Des guerres intestines ravagèrent Rapa en 1830, et de nos jours on peut encore voir les ruines d'un assez grand nombre de forts assez vastes, bien construits, en pierres sèches, et entourés d'un chemin de ronde.

Notre protectorat y fut établi en 1867 ; ce n'est qu'en 1887 que la France a pris définitivement possession de l'île qui, depuis, est administrativement rattachée à l'archipel Tubuaï.

APERÇU GÉOGRAPHIQUE. — Rapa est à 380 milles au sud-est de Tubuaï, et sur le prolongement de la chaîne des îles de cet archipel, à 600 milles environ de Tahiti; elle est à 27°38' de latitude sud et 146°30' de longitude ouest.

Rapa est d'origine volcanique. Elle est de peu d'étendue : 15 kilom. du nord au sud, 10 kilom. de l'est à l'ouest, 40 kilom. de circuit. C'est un ancien cratère, formant un vaste cirque de montagnes à l'intérieur duquel, à la suite d'un affaissement, la mer pénètre. L'île est très accidentée ; partout des pics effilés, des crêtes aux dentelures bizarres, dont le point culminant, le mont Perahu, a 633 mètres. Elle est sillonnée par des contreforts, qui vont rejoindre les divers pics principaux de l'île et descendent jusqu'au bord de la mer. Au sommet des montagnes, aux cols, des forts protégeaient les tribus, autrefois très nombreuses, contre les incursions des voisins.

Ses côtes fermées de falaises, creusées de cavernes, sont bordées d'un récif frangeant; elles sont découpées par de nombreuses baies, au fond desquelles on trouve de nombreuses plages, mais dont l'accès est rendu difficile par les pâtés de coraux qui les encombrent.

Les terrains en plaine sont fertiles, bien que la végétation y soit pauvre.

Les habitants prétendent qu'autrefois leurs ancêtres ont peuplé l'île de Pâques (le véritable nom de Rapa est Rapa-Iti, qui signifie petite Rapa, par oppositon à Rapa-Nui ou grande Rapa, qui est le nom de l'île de Pâques).

Cette population, qui a pu être évaluée, à une certaine époque, à plus de 1.000 habitants, se trouve maintenant réduite, par l'émigration continue, au chiffre de 207 habitants.

La principale ressource de l'île est le café; la production annuelle varie de 10 à 15 tonnes.

Les indigènes récoltent le taro pour leur nourriture personnelle; ils consomment également la viande des chèvres qui pullulent dans l'île. Le poisson est abondant. La culture de la pomme de terre a été tentée à Rapa, mais ne semble pas avoir répondu à toutes les espérances.

On a trouvé à Rapa du fer chromé. Rapa possède également un gisement de lignite reconnu; la couche a une épaisseur de 2 m. à 2 m. 50, reposant directement sur une couche de basalte. Il semble que cette mine ne puisse être exploitée avantageusement. Elle est à 2 kilom. environ de la mer, et à une hauteur de 200 à 500 mètres au-dessus de son niveau; son importance reste donc très problématique.

L'existence de ce gisement jointe à la situation géographique de Rapa, qui se trouve sur l'arc de grand cercle de Panama en Nouvelle-Zélande, et à l'excellence de sa baie, avaient fait désigner autrefois Rapa comme le port éventuel de relâche, au lendement du percement du canal de Panama. On y a renoncé avec raison par suite de son excentricité, de ses difficultés d'approche par temps brumeux et de son insuffisance en ressources.

L'état sanitaire de Rapa est bon; on n'y constate aucun cas de tuberculose ou d'éléphantiasis; le climat est tempéré et humide, la température varie de 15 à 20°. Il semble que ce climat serait favorable au rétablissement des convalescents et des anémiés.

BIBLIOGRAPHIE

BOUGAINVILLE. — *Voyages autour du monde*. (Paris 1772.)

CAILLOT (Eugène). — *Les Polynésiens orientaux au contact de la civilisation*, 2 vol. (Paris 1909-1910.)

COOK. — *Relation des trois voyages du capitaine Cook*. (Paris 1785.)

COURTET (H.). — *Les Etablissements Français de l'Océanie* (édition du « Comité de l'Océanie Française », Paris 1911.)

G. CUZENT. — (Paris 1860.)

DE QUATREFAGES. — *Les Polynésiens et leurs migrations*. (Paris 1864.)

Dr A. LESSON. — *Les Polynésiens et leurs migrations*, 2 vol. (Paris 1880.)

DE VARIGNY. — *L'Océan Pacifique*. (Paris 1888.)

DESCHANEL (Paul). — *La politique française en Océanie*, 2 vol. (Paris 1884-88.)

DE BOVIS. — *Etat de la Société tahitienne à l'arrivée des Européens*. Revue Coloniale 1885.

DUMONT-D'URVILLE. — *Voyage au pôle sud et en Océanie*. (Paris 1842.)

FROMENT-GUIEYSSE (G.). — *Tahiti et les Iles-sous-le-Vent*. (Paris, Office Colonial 1910.)

HUGUENIN (Paul). — *Raiatéa la Sacrée*. (Neuchâtel 1902.)

I. GARNIER. — *Voyage autour du monde*. (Paris 1875.)

MORENHOUT. — *Voyage aux Iles du Grand Océan*. (Paris, 2 vol., 1837.)

PICQUENOT (F.-V.). — *Géographie des Etablissements français de l'Océanie*. (Paris.)

RECLUS (Elisée). — *Géographie Universelle*, tome XIV.

SEURAT (L.-C.). — *Tahiti et les Etablissements français d'Océanie*. (Paris 1906.)

VINCENDON DUMOULIN. — *Tahiti, les Iles Marquises*. (Paris 1843.)

WALLIS. — *Voyage autour du monde*. (Paris 1774.)

LES ILES WALLIS

GÉOGRAPHIE

L'archipel des îles Wallis est situé par 13°20' de latitude sud et 178°30' de longitude ouest. Il déborde des antipodes à l'ouest par Futuna, à l'est par Wallis ou Uvea; ce groupe est placé entre celui des Fidji et celui des Samoa, quoique un peu plus au nord.

Futuna est une île nettement montagneuse, dont le plus haut sommet atteint 1.500 mètres. Uvea est également d'origine volcanique; elle mesure environ 15 kilomètres de long sur 9 de large. Cette île, comme la plupart des îles polynésiennes, est entourée d'une ceinture de récifs de corail, éloignée de la côte orientale de 3 à 4 kilomètres, et qui n'est parfois séparée de la côte occidentale que par une distance de 500 mètres. Cette ceinture offre une ligne à peu près ininterrompue de brisants, et qui assure un calme presque absolu dans l'intérieur du lagon ; sans fissure aucune à l'est et au nord, elle ne présente dans sa partie occidentale que trois petites coupures accessibles seulement aux embarcations légères, et, dans sa partie sud, s'interrompt sur une longueur d'une centaine de mètres : c'est la passe d'Honikulu, seul passage ouvert aux navires venant du large et parfois difficile à franchir, en raison du courant du flux et du reflux.

L'année se divise en saison sèche et en saison des pluies. La première dure du 1er mai au 31 octobre, c'est la saison de l'alizé du sud-est, vent assez fort qui souffle d'une façon continue. Lorsque l'alizé faiblit, des nuages s'accumulent et des ondées plus ou moins durables se produisent, mais peu fréquentes; pendant la seconde saison, au contraire, qui va du 1er novembre au 30 avril, l'alizé cède la place à une brise plus douce, qui souffle du sud, de l'ouest ou du nord, d'une façon peu constante, si bien que le calme caractérise le temps ordinaire de cette saison. Les nuages n'étant pas chassés séjournent au-dessus des îles et déversent des pluies abondantes, parfois cependant le calme cesse brusquement, et ce sont alors des orages violents ou même des cyclones provoquant de nombreux ravages.

La température de la saison sèche varie entre 24° et 28°. Pendant la saison des pluies, la température varie de 27° à 30° en moyenne.

HISTOIRE

L'archipel des Wallis a été découvert en 1767 par le navigateur anglais qui lui a donné son nom. Son histoire, avant cette époque, est assez mal connue ; il semble que ces îles ont dû être colonisées par des indigènes des Tonga ; en fait, des rapports belliqueux ou pacifiques ont toujours existé entre les deux archipels.

Après la découverte des Wallis, l'archipel resta longtemps isolé. Cependant, lorsqu'en 1837 le premier missionnaire, le père Bataillon, débarqua à Uvea, il y trouva deux Européens, un Français et un Anglais, échoués là à la suite d'un naufrage, et qui vivaient en bonne intelligence avec les indigènes.

Le protectorat de la France sur l'archipel remonte à 1842.

POPULATION

Les indigènes de l'archipel sont des Polynésiens purs. La race serait belle si le Wallisien ne professait pas un mépris absolu pour l'hygiène.

L'homme est grand, robuste, bien proportionné, d'un teint jaune cuivré ou brun clair. Il porte les cheveux courts et taillés en brosse, rarement la barbe. La femme est plus petite, mais bien constituée également. Quand elle se marie, elle coupe ses cheveux, qu'elle portera alors courts comme ceux des hommes.

La prohibition de l'alcool a permis à la population d'augmenter depuis la venue des Européens. A Uvéa, il y avait 3.000 indigènes lors de l'arrivée du premier missionnaire ; peu à peu, la population s'est élevée graduellement au chiffre de 4.500. La population de l'archipel Wallis ne diffère guère comme caractère de celle de Tahiti, indolente, paresseuse; son seul plaisir est la pêche et la navigation, elle se nourrit d'ignames, de bananes, de poissons, mangés crus le plus souvent, et les jours de fête de porc et de poulet.

Comme boisson, le Wallisien se sert habituellement de l'eau de puits et de l'eau de noix de coco, mais, notamment dans certaines cérémonies, il fait usage du kawa, qui est une boisson composée d'eau, de racine de pipermethysticum séchée au soleil, broyée puis brassée avec de l'eau.

Le manque d'hygiène est une des principales causes des maladies nombreuses dont sont atteints les indigènes ; presque toutes sont des maladies de peau ; les ulcères et l'éléphantiasis font des ravages considérables.

La langue des habitants est très voisine de celle de Tahiti.

PRODUCTIONS

Le cocotier est également aux Wallis l'arbre par excellence ; l'indigène, paresseux, ne se donne nullement la peine de fabriquer son coprah, et la production moyenne reste environ de 650 tonnes par an, ce qui est regrettable. Cette production pourrait être facilement quadruplée si nous savions imiter les Anglais qui, dans les îles voisines, notamment à Rotuma, imposent aux indigènes l'exploitation méthodique du cocotier.

Le bananier est également très répandu ; il constitue une des nourritures favorites de l'indigène.

L'ananas pousse à l'état sauvage ; on trouve également l'arbre à pain, l'igname, le manioc, l'arrow-root, l'avocatier ; le caféier et le cacaoyer y viennent également fort bien.

On rencontre également en abondance l'oranger, le citronnier, le goyavier, le manguier, le maïs.

Le tabac y pousse admirablement et donne de fort belles feuilles, dont le Wallisien use considérablement.

L'industrie, forcément peu développée, consiste en la fabrication de ficelles et de cordelettes avec la bourre des noix de coco, de coupes plus ou moins travaillées avec la noix, et d'huile parfumée à l'aide de diverses fleurs, avec l'amande.

TABLE DES GRAVURES

TABLE DES CARTES

TABLE DES MATIÈRES

Imp. Dubois et Bauer, 34, rue Laffitte, Paris.

www.ingramcontent.com/pod-product-compliance
Ingram Content Group UK Ltd.
Pitfield, Milton Keynes, MK11 3LW, UK
UKHW021150260726
13994UKWH00001B/379